團體諮商
概念與實作

沈慶鴻 —— 主編

沈慶鴻、郭鳳鵲、吳亭穎、江文彬、陳靜平、王瑄、張天維、王汝廷 —— 著

心理出版社

目 次
contents

主編簡介

沈慶鴻

國立暨南國際大學諮商心理與人力資源發展學系／特聘教授兼系主任

曾任國立暨南國際大學學生事務處／學務長；輔導諮商研究所／所長

長期擔任「團體諮商」課程授課教師

持續獲得各類補助、獎項的肯定，近三年獲得的教學獎項包括：

2019 年：學士班「會談技巧」課程獲得教育部 108 學年教學實踐研究計畫補助

2020 年：碩士班「團體諮商」課程獲選教育部 109 學年教學實踐研究計畫補助

2021 年：「會談技巧」獲得教育部 108 學年全國教學實踐績優計畫（當年獲獎率 8%）

2021 年：獲得國立暨南國際大學 109 學年「績優教學獎」

2022 年：「團體諮商」獲得教育部 110 學年全國教學實踐績優計畫（當年獲獎率 8.6%）

2022 年：獲得國立暨南國際大學 110 學年校內唯一的「傑出教學獎」

2022 年：指導學士班「方案設計」課程小組學生，獲得國立暨南國際大學 110 學年全校性「圓夢計畫」提案競賽第一名（獎金 50,000 元）、第二名（獎金 45,000 元）

作者簡介

沈慶鴻

見主編簡介

郭鳳鵑

國立暨南國際大學諮商心理與人力資源發展學系輔導與諮商碩士班
曾於財團法人台中市私立張秀菊社會福利慈善事業基金會執行青少年生涯輔導
　　與就業服務 5 年

吳亭穎

國立暨南國際大學諮商心理與人力資源發展學系輔導與諮商碩士班
曾於發展遲緩兒童早期療育領域服務 17 年

江文彬

國立暨南國際大學諮商心理與人力資源發展學系輔導與諮商碩士班
曾任家庭暴力防治保護性社工師 7 年

陳靜平

國立暨南國際大學諮商心理與人力資源發展學系輔導與諮商碩士
曾於非營利機構擔任研發專員 6 年

王瑄

國立暨南國際大學諮商心理與人力資源發展學系輔導與諮商碩士班

張天維

國立暨南國際大學諮商心理與人力資源發展學系輔導與諮商碩士班

曾任財團法人「張老師」基金會輔導員 6 年

王汝廷

國立暨南國際大學諮商心理與人力資源發展學系輔導與諮商碩士班

曾在醫院服務擔任醫務社工師 6 年

主編序

「團體諮商」是諮商心理師考試的七大領域課程之一，各校因此都將其列為必修課程，而提供學生兼職或全年實習的實習機構也會將團體諮商的設計、帶領，列為實習生必做的實習內容。由於團體諮商能滿足人們的心理需求與人際互動特性，也一直是實務場域裡重要的服務方法，因此在團體諮商上的「知能兼備」，成為多數學生的修課期待。

國內、外不少學者與專業學會都建議，團體諮商師、團體治療師、領導者的養成訓練應經歷：參與體驗、知識基礎、計畫帶領、督導回饋等四個階段。然而，就碩士班團體諮商課程的教學而言，要在一學期、3 學分、18 週內完成前述四個階段的訓練（更何況已有不少學校的授課時間改為 16 週），幾乎是件「不可能的任務」；特別是近年少子化造成的招生壓力席捲各大學，為了提升招生效益，降低報名門檻、擴大應考資格即成為各系所的因應方式和招生策略，而此作法也形成學生來源、背景多樣化的結果。如何在學生背景不同、經歷不一的前提下，於碩士班兩年修課期間訓練出符合學生期待、專業期待的團體諮商師，實在挑戰著授課老師的能耐，也加重了教學現場的難度。

以暨南國際大學 108 學年修習「團體諮商」的碩二學生為例，在修課的 23 個學生裡，有近半數學生（48 %）來自非輔導諮商相關科系（如數學、戲劇、法律、中文等），三分之二（65 %）學生無工作經驗或無輔導諮商相關工作經驗。此現象顯示了多數學生係第一次修習本課程，許多學生不僅無團體經驗，更未曾體驗、觀察過團體動力，授課老師如何能在一學期的課程時間裡，訓練每一個學生都能成為「知能兼備」的團體諮商師？不僅具備計畫、帶領、評量等能力，同時還能協同合作、觀察團體的領導者？這些一直是我多年來團體諮商教學壓力的所在。

因此，為了爭取時間，讓學生能方便於暑假期間至全臺參與及體驗團體，

每年我們不僅提早三個月（前學期的學期末，約 6 月初）即進行課程期待與
課程大綱的說明，還在別人都在放假的開學前就已開始上課，讓學生有足夠
時間建立團體諮商、治療因子、階段與動力等的基礎知識，且為了能依預期
進度展開團體實作，我還期待學生能實際練習接洽合作機構（學校／機構），
為自己即將展開的團體進行團體計畫與招募準備。而為了維護成員權益、符
合倫理要求，更須在我這個授課教師／倫理守門員的監控下，一一將團體計
畫書、招募海報、不同成員的知情同意書、單次團體設計、團體紀錄等審核
通過，且為了確保團體現場的動力品質，我還為同學間的協同合作建立機制—
—為每位領導者設計、安排了協同領導者、觀察員，讓第一次帶領團體的領
導者隨時得到支持與回饋。

　　四個階段、四個團體（經驗、帶領、協同、觀察各一個）的教學設計，
讓師、生整個學期就在這樣的盲、茫、忙的狀態下進行。學生腦袋裡時時想
著下一次團體的目標、指導語、暖身活動，我則得配合不同學生方便meeting
的時間，或早（早上 7:00、7:30，或者 8:00、8:30），或晚（晚上 8:00、
9:00，甚至到半夜）的討論、示範著。這些讓人無法想像的歷程，其實就是每
年暨南國際大學團體諮商課程的常態，幾乎是手把手的陪伴與督導過程，讓
所有人整學期都處在非常辛苦與耗竭的狀態。但一晃眼，這樣的辛苦十多年
也過去了。

　　然在實作過程中，每當我要求學生應完備不同對象的知情同意，應嘗試
將抽象、零碎的概念化為具體、連貫的團體計畫與過程，或者應讓不同媒材、
活動應用在擬催化且預期達成的團體動力裡時，學生最常提出的要求則是：
有無可以閱讀的書籍、可資參考的範例資料？並困擾的表示：雖然已有許多
團體諮商教科書，但其內容主要是以概念知識的傳遞為主，少數幾本應用性
的書籍則過於簡略，不符合老師對研究生團體計畫、紀錄寫清楚、說明白的
期待，因此他們遍尋不著一本能引導其規劃、發展團體實作，且範例清楚、
歷程完整的書籍，以至於他們只能在網路中搜尋，閱讀著良莠不一、品質堪
慮，且概念不清的資料。

　　這本書就在這樣的期待中產生──為輔諮碩士班學生準備一本能完整呈現團體歷程、團體實作的書籍，以改變諮商專業偏重概念、缺乏實務的出版現況。其實，要出版這樣的一本書並不困難，因為每次期末，辛苦、認真的暨南國際大學團體諮商修課學生都能交出主題多樣、對象多元，且豐碩、厚實的期末報告。以 108 學年為例，23 位修課學生與 18 個分別是國小、國中、大學等不同層級的學校和各類型社區機構合作，服務對象從小學生到老人、從孩子到父母，團體主題更是從家庭照顧者的支持到喪寵飼主的失落關懷、從職場壓力到伴侶不忠等 23 個團體、176 位成員參與，共進行了 141 次的團體，學生的表現不僅獲得了合作機構的高度肯定，更有近九成（86.8%）的成員願意推薦和鼓勵他人參與暨南國際大學研究生帶領的團體，只是我近年未曾間斷的行政工作，早讓各類會議塞滿了所有可用的時間，最後只能一直延遲這本書的出版工作。

　　本書能夠完成，感謝接受我邀請參與此次出書計畫的學生，在他們忙於全年實習或專職工作之際，還願意利用時間進行期末報告的改寫。由於篇幅有限，無法邀請所有學生參與，他們只是暨南國際大學歷年來「團體諮商」課程所有優秀、認真學生的代表，他們在本書呈現的內容都是其親自走過的深刻歷程，實作品質也受到肯定，例如：本書第七章、第八章同時獲得 2020～2021 年「台灣團體諮商與心理治療研究學會」年會暨研討會之「傑出研究獎」，第五章亦為通過該研討會審查之壁報論文，相信這些完整、專業的團體實作範例，不僅可作為修習「團體諮商」課程學生學習及參考的來源，也能成為與從事團體諮商服務之專業同好對話的素材。

　　本書共有十章，由概念、實作兩大架構組成。「概念篇」包括了第一章至第四章，除了說明團體領導者的訓練歷程與階段外，還涵蓋了由計畫撰寫、成員招募、內容設計，再到成效評量的各個步驟，企圖整合團體諮商的重要概念與倫理守則於團體實作中。「實作篇」則包括了第五章至第十章，分別呈現學校（國小、國中、大學）與社區（少年安置機構、身心障礙機構、非營利組織）場域裡，有關之教育性團體（人際技巧學習團體、暴力預防教育

性團體）、支持性團體（早療兒童之家長、寵物離世之飼主）、成長團體（情緒探索、自我探索）等的團體範例。由於實務場域裡規劃、進行的團體次數不一，本書呈現的 6 次、每次 2 小時的分散式團體，主要是配合暨南國際大學「團體諮商」課程週數設計的團體次數（要求學生設計、帶領 6 至 8 次團體），讀者可根據實際需要參考本書內容再做延伸。

另外，在整個資料整理過程中，還要感謝我的研究生張天維、傅宇申，他們在忙於自己論文的文獻蒐集和研究計畫撰寫過程裡，仍願意擠出時間協助校稿、提供閱讀及修改意見，特別是第一章至第四章的範例參考，就是他們的傑作。感謝暨南國際大學諮商心理與人力資源發展學系諮商心理組的老師們，每年碩二學生被團體諮商實作壓力、延長的上課和督導時間壓得喘不過氣來時，他們是學生「哀怨」時最能理解的聽眾，給的「秀秀」也最有效。當然，也要感謝每一年走過團體諮商課程的碩二學生，你們在修課過程中表現出來的「韌力」、每年對學弟妹示範的「恐嚇性忠告」，都有效的幫助學弟妹做好修課準備。

最後，感謝心理出版社林敬堯總編輯及所有投入心力的編輯們，謝謝各位在我們稿件一延再延時給予的耐心和等待，更讓我佩服的是，本書各章的圖、表、附件繁雜，你們仍然展現這麼高品質的校對和排版工作，沒有你們的專業協助，我想本書無法展現這麼好的閱讀品質，真心感謝！

沈慶鴻 於南投埔里

2022 年 4 月 16 日

作者序

郭鳳鵑（第五章）

修課後還能藉此機會檢視學習歷程，真是非常感謝慶鴻老師一路以來的大力支持與指導。團體諮商對自己來說一直都是個關卡，可以在暨南國際大學扎實的學習任務中重新形塑自己的觀點，只有滿懷感謝。內容或許不夠成熟，卻也是實際的執行經驗，感謝讓我們留下實務足跡的機構與少年；如果可以再來過，相信可以創造再一次的美好。

吳亭穎（第六章）

「團體諮商」絕對是研究所生涯中最硬的一門課，老師把 3 學分的課當 9 學分在上，我們除了額外要參加一個連續性團體，還要執行包含自己與組員共三個完整的團體。在這樣的訓練下，到了全年實習仍覺得自己的不足，可見團體諮商之博大精深。很榮幸能得到慶鴻老師的邀請，將自己不甚完善的期末報告收錄為本書的章節之一，期待讀者可在我們未周延的經驗中做學習。同時，也感謝早療協會提供合作的機會，讓此團體能實際執行。在書本出版之際，向一路協助我的人獻上感謝。

江文彬（第七章）

很開心能夠參與本書的撰寫，也謝謝慶鴻老師給我一起參與的機會，沒想到在老師課程中，自己準備的資料、團體計畫、內容設計，以及帶領經驗能成為本書的一部分；此次撰寫過程讓自己再次經歷團體設計一切都從零開始的過程。期待這本書能與團體諮商的初學者分享，希望大家在從事團體諮商工作時都能更加順利。

陳靜平（第八章）

　　「書寫生命旅程的完整篇章」是一個雙重自我實現的奇幻旅程，它除了是一種表達自己對此議題的關注態度外，同時也提供一次完整且扎實的團體諮商訓練。第一次實作的過程雖然緊張，但也培養出對諮商團體的信心與興趣，慶幸曾有扎實的訓練，才得以在實習與工作時，具有帶領團體的彈性與應變能力。也希望能夠提升更多人對團體諮商、喪寵失落議題的興趣，讓第八章的內容效益最大化。

王瑄（第九章）

　　與團體諮商相遇的這段緣份是從慶鴻老師團體諮商課程開始的，當時的我懵懵懂懂，完全不知道團體應如何帶領。但從試帶大學生單次團體開始，到自己設計、帶領完整團體，老師都願意陪伴從頭開始教導、使我們步上軌道，甚至在假日從臺北跑回埔里加班，和我討論團體。在這樣細心且縝密的教導下，原只會帶團康活動的我，逐漸變成有能力掌控團體氛圍、運用團體動力達到目標的領導者。十分感謝老師，而這份感謝不只源於有幸參與出書團隊，同時也感謝老師給予的種種學習機會與陪伴。

張天維（第九章）

　　十分榮幸參與這本書的校對與撰寫，能有機會搶先閱讀這本書；過程中也難免感嘆，當初碩二修團體諮商這門課時，也撞牆了好一段時間，若早一點有本教導我們如何「設計團體、紀錄撰寫、評量成效」的書，也許當時的我就可以少走點冤枉路。非常開心這本書的誕生，希望這本書能成為未來諮商心理師訓練的參考秘笈，幫助許多想學好團體諮商的學生，讓團體諮商的帶領更容易上手。

王汝廷（第十章）

接到老師邀請參與團體諮商實作的書寫時，我先是感到驚訝，接著是不曾間斷的否認與懷疑，畢竟我自己也剛開始學習團體諮商而已，但就在這樣的驚嚇、不自信與自我懷疑中，這本書完成了！過程中無比感謝慶鴻老師的肯定與指導，因為老師給了這個機會，幫助我的學習更上一層樓，也讓我對團體諮商這門學問有更深的了解。謝謝一起經歷這一趟奇幻旅程所有夥伴，我們做到了！

概念篇

第一章

起步：成為團體領導者與團體設計

沈慶鴻

本章聚焦於團體帶領的起點——團體計畫書的撰寫、團體流程的思索與設計；不過在此之前，須先協助團體諮商師做好準備，了解成為一位具效能之團體諮商師應有的知能。

第一節　團體領導者之培育

團體諮商的教學、訓練和督導為諮商師教育的重要議題，不過相對於個別諮商，團體諮商的訓練和督導卻較少受到關注（許育光，2012）。因此，本書的目的聚焦於團體領導者之培育和訓練，然團體領導者的訓練應包括什麼？要經過哪些歷程才能培育出知能兼具、專業受認可的團體諮商師？這些是擬定團體領導者培育計畫需回答的問題。

Stockton 與 Toth（1996）認為，新手領導者在學習團體諮商時，需接受包括基礎講述、觀察團體、演練團體諮商技巧，以及以成員的身分參與團體、擔任團體領導者或協同領導者等的訓練（引自許育光，2012）。Corey 等（2010）曾清楚陳述其對團體諮商師訓練的理念，認為團體諮商師的專業訓練應經歷：經驗性團體、擁有帶領團體的經驗，以及參與受督導之訓練團體等過程。

許育光（2012）以自己尚未修習團體諮商的諮商碩士生為研究對象，累積 2 年、訪談 23 位碩士生帶領非結構諮商團體的經驗發現，實作訓練模式在團體諮商訓練上的重要性，且在團體過程回顧、協同領導討論、自我反思等向度上皆顯示完整實作訓練的重要性，因此建議團體諮商的教學除應兼顧「真實體驗」與「技術訓練」外，還需在實務過程中加上「勇於操作」；亦即「真實參與過」、「知道如何做」、「實際操作過」等三要件，是團體諮商有效的訓練方式。

周永杰、張景然（2019）也認為，要成為一位團體諮商師／領導者需經歷大量的實作練習，才能把理論轉變為實務現場帶領團體的技巧，探索自己在團體中呈現的樣貌，整合自己在團體中所得到的經驗，而可慢慢的成為一個專業的團體諮商領導者；實作過程中，同儕的回饋和老師的指導是新手領導者學習團體諮商的重要部分，同儕回饋可讓新手領導者發現自己不足之處，老師指導可讓新手領導者對於團體諮商中的理論、技巧、實務經驗有更深刻

的學習，這兩部分的加強都可讓新手領導者有更好的學習成效。

刑志彬等（2019）在探索不同世代準諮商師（counseling trainee, counseling intern）之專業認同時，比較了 2006 年、2018 年之準諮商師後發現，目前世代的準諮商師對諮商專業培訓有信心，但對自己可以發揮的專業知識、實務能力卻不具信心，因此建議學校應幫助學生提升信心、增進實務經驗，提醒學校應將「實務能力」作為課程設計與規劃之參考，並在課程中納入接案、帶團體之實作要求。謝麗紅、陳尚綾（2014）也支持增加實作練習的建議，認為新手領導者透過帶領團體的實務經驗，可覺察自己在擔任領導者時的不足。

沈慶鴻（2021）亦認可實作練習對培育團體諮商領導者的重要性，但認為 Corey 等（2010）提出的參與、帶領、督導，以及許育光（2012）指出的真實體驗、技術訓練、實際操作尚不完整，還需強調知識基礎、團體設計的重要性，因此認為團體諮商的訓練應包括體驗、知識、計畫、實作等四階段才算完整，並可在計畫、實作階段融入協同領導及督導之重要元素。

團體心理治療國際認證委員會（International Board of Certified Group Psychotherapist, [IBCGP]）、團體工作專家學會（Association for Specialist in Group Work, [ASGW]）也都認可團體理論、基礎知識的重要性，例如：1993 年成立、致力於培育能將團體心理治療作為自主治療方式之團體心理治療師，並設定了團體心理治療師認證標準的團體心理治療國際認證委員會（IBCGP），規定成為認證之團體心理治療師（Certified Group Psychotherapist, [CGP]）需具備至少碩士學歷，並符合以下四項的標準要求，包括團體心理治療教育、團體心理治療經驗、團體心理治療督導、繳交團體心理治療意見表（reference forms）（如表 1-1 所示）。而獲得認證之團體心理治療師的資格為期兩年，每年須接受 18 小時的繼續教育才有再次申請認證的機會（International Board for Certification of Group Psychotherapists, [IBCGP], 2021）。

四項標準之一的團體心理治療教育，其內容應涵蓋：團體心理治療基礎：歷史的、當代的和文化的觀點（group psychotherapy foundations: historic, con-

表 1-1　團體心理治療師認證標準

階段		內容
1	團體心理治療教育	至少完成 15 個小時的團體心理治療的理論與實務
2	團體心理治療經驗	臨床研究生培訓期間或之後，積累領導或聯合領導 300 小時的團體心理治療經驗
3	團體心理治療督導	臨床研究生培訓期間或之後，接受 75 小時的團體心理治療督導
4	團體心理治療意見表	繳交督導認證意見表、同儕意見表兩份文件

註：引自 IBCGP（2021）。

temporary and cultural perspectives）；團體結構和團體動力；團體形成和團體發展；團體領導：任務和技巧；團體心理治療的行動：倫理、神經科學和個人風格（group psychotherapy in action: ethics, neuroscience and personal style）等內容。

　　美國團體工作專家學會（ASGW）在有關「團體工作者訓練的專業標準」（Professional Standards for the Training of Group Workers）裡也指出，團體工作者的訓練包括兩階段：核心訓練（core training）和專業化訓練（specialization training）；核心訓練涵蓋了課程和體驗要求（coursework and experiential requirements）、知識和技巧（knowledge and skill objectives）兩部分（如表 1-2 所示），也顯示了團體工作者在核心訓練階段應接受並投入團體體驗、團體基礎知識、團體技巧等的訓練（ASGW, 2021）（如表 1-2 所示）。

　　而除了知識、技巧的補充外，團體工作者在核心訓練階段還被要求需有至少 10 小時（建議最好 20 小時）的團體觀察和體驗（experiential requirements）（ASGW, 2020）；而此一團體參與經驗，也獲得 Corey 等（2010）的支持，認為「參與團體是了解團體的好方法」。

　　就像諮商師應具有當事人經驗般，諮商中的自我探索經驗可提高覺察程度，因此這種探索經驗應在訓練課程前或訓練期間加以獲得；此種檢視個人價值、需求、態度與人生經驗的諮商過程，應視為幫助具潛力之諮商師成為更具治療效能之專業工作者的過程，以使其有機會影響他人。而諮商師個人

表 1-2 團體工作者「核心訓練」內容

主題	內容
課程和體驗	1. 研究所期間至少修完一門與團體有關的課程 2. 至少 10 小時（建議 20 小時）的團體觀察和體驗
知識和技巧	包括以下的知識和技巧： 1. 實務的性質和範疇 2. 團體成員及其社會系統的評量 3. 團體計畫 4. 團體執行 5. 領導和協同領導 6. 評量 7. 倫理、最佳實務、多元知能實務

註：引自 ASGW（2021）。

的諮商經驗，是初為諮商師揭露與探索自己能否幫助他人的最佳時機，也是最適合學生學習相關課程的起點（Wise et al., 1989；引自 Corey et al., 2010）。

因此，不斷接受個人、團體諮商的經驗，是專業工作的開始，特別是結合個別諮商和團體導向的成長經驗是成為諮商師理想的引導方式之一（Corey et al., 2010）；想成為諮商師的人，可從團體其他成員的反應中獲益，因為團體經驗的焦點就在幫助參與成員澄清他們想要成為諮商師的動機。林家興（2014）也認為，諮商師透過參加自我探索團體，可擴展諮商師的自我覺察、體驗自我對他人的影響，並有機會體驗作為團體成員的掙扎。

其實，對團體諮商的學習者而言，參加團體的好處還不只自我探索、動機澄清，根據曾在團體諮商課程期間參與團體的研究生反應，參與團體能讓「團體」的概念變得具體，這不僅能讓其體驗到成員的感受、被團體氛圍的影響，還能清楚看見團體事件、團體動力及團體領導者風格，明瞭掌握團體目標的重要性。舉例來說：

「這是我第一次參加團體，能讓自己的故事好好被聽見，並且得到很多人溫暖的回饋，是一件很新奇的體驗；也發覺團體帶領相較於個人諮商，

真是一件更加困難的事，我認為團體領導者需要非常清楚了解到團體的目標是什麼，才能引導成員達到預定的目標；同時，團體間會發生的事，相較於個別諮商更加複雜，成員間的互動也是領導者較難掌握的……」（2020 年參與自我探索團體）

「實際參加團體，課本上的團體知識就不僅是單純的學習，而是身歷其境的體驗式學習，本來很抽象的概念變得較具體……」（2020 年參與自我探索團體）

「較了解團體歷程，會觀察領導者風格、態度，也會偷學怎麼帶團體，有助理論的理解與應用。」（2020 年參與心理劇）

「……開始工作後就覺得『團體』是不有趣的，更多時候認為是無效的；但這半年參與團體，發現團體還是有它無法被個別諮商取代的價值，這是非常重要的體悟，根本改變了自己在實務工作中的假設。」（2020 年參與女性身心靈團體）

當然，團體經驗不一定都是正向的，不過負向經驗也是一種學習，特別是站在「成員」立場的體會，可讓未來的諮商師在帶領團體時深刻知道成員參與團體的期待，並重視成員需求及團體目標的達成與否。此外，研究生在搜尋團體訊息，或向諮商機構、諮商師事務所詢問團體相關資訊的過程中，也能讓他們更貼近成員處境、更具同理心，並使他們了解機構在辦理團體諮商時的各項考量，能真實的理解實務現況。舉例來說：

「……我這次團體最大的收穫是，發現團體成員其實很會忍耐，因此團體領導者一定要提高自己的敏感度及觀察力，多詢問成員的看法、團體目標是否達成，否則成員可能到最後沒收穫也沒說，領導者卻自我感覺良好……」（2020 年參與愛情探索團體）

「參加完團體，第一個感覺是『滿浪費錢的』，原先期望很高，但除了一些人際互動的正向經驗、小覺察、一份測驗很概略的解釋外，其他收

穫都很渺小且零碎……想想可能是領導者很非結構，只讓有意願分享的成員分享，鮮少截斷……，有點像 9 個人輪流說，像大家待在一起進行沒辦法太深入的個別諮商般；還發現協同領導者除了行政工作外，在團體中幾乎沒功能，還滿浪費人力資源的……」（2020 年參與愛情探索團體）

「找團體的過程不太容易，發現舉辦團體的機構不多，花很多時間才找到自己想要的，有在想為什麼這麼多機構不辦團體……」（2020 年找不到團體可參加的研究生）

第二節　團體領導者的知能準備

具備好專業能力是諮商師的基本責任，如何符合證照帶給他人期待的能力保證、信任感及不可質疑性，減低心理師證照帶來的揣想與實務能力間的落差（林郁倫等，2014），是諮商專業教育、諮商師個人努力的方向。

一、美國諮商學會規範之專業責任

美國諮商學會（American Counseling Association, [ACA]）的「倫理守則」（2014 ACA Code of Ethics）中提及，諮商師被期待能夠開放、真誠、準確的與社會大眾和其他專業溝通，並具有與不同人口群工作的多元文化能力，還要能為個人、團體、機構倡議、進行社會變革，以提高個人或團體的生活品質、去除其獲得適當服務的潛在障礙。而在 ACA 倫理守則的九類原則[1] 中，與團體諮商較相關的部分為第二部分的「保密與隱私」（Section B. Confiden-

---

1　包含：A.諮商關係（The Counseling Relationship）、B.保密與隱私（Confidentiality and Privacy）、C.專業責任（Professional Responsibility）、D.與其他專業人員的關係（Relationships With Other Professionals）、E.評量、評鑑與解釋（Evaluation, Assessment and Interpretation）、F.督導、訓練與教學（Supervision, Training and Teaching）、G.研究與出版（Research and Publication）、H.遠距諮商、科技與媒體（Distance Counseling, Technology and Social Media）、I.解決倫理議題（Resolving Ethical Issues）等。

tiality and Privacy）及第三部分的「專業責任」（Section C. Professional Responsibility）（American Counseling Association, [ACA], 2014）。其中，第二部分有關「保密與隱私」留待第二章再做討論，此處則聚焦於「專業責任」中專業知能的準備。

由於諮商師僅在其能力範圍內執業，因此第三部分「專業責任」（Section C）要求諮商師以公開、誠實的方式，與大眾和其他專業人士互動及溝通，並在專業和個人能力範圍內以便利、非歧視的方式提供服務，以遵守 ACA 的道德規範；還鼓勵諮商師為社會做出貢獻，並將其專業活動的一部分用於經濟回報較少或沒有經濟回報的服務。另倫理守則也提醒諮商師應做好自我照顧，以維持和促進自己情緒、身體、心理和精神上的健康，以便能以最好的狀態履行專業責任。

而在「專業責任」裡，與專業能力有關的內容集中於「C.2.專業能力」（C.2. Professional Competence）和「C.4.專業資格」（C.4. Professional Qualifications），相關說明如下。

（一）專業能力（C.2）

1. 能力界線（C.2.a）：諮商師僅在基於教育、訓練、督導、專業證照及專業經驗等能力範圍內執業，且須獲得與成為具有文化知能之相關知識、敏感度、性格和技能等的諮商師，以便與不同社群合作。

2. 專業實踐（C.2.b）：諮商師只在有適當教育、訓練和督導經驗後，才能在不熟悉的專業領域裡實作。在培養新技能的同時，諮商師會採取適當措施，以確保他們的能力並保護他人免受傷害。

3. 就業資格（C.2.c）：諮商師只接受符合他們教育、訓練、督導、專業證照及專業經驗等有資格擔任的職位；諮商師也只聘請有資格和勝任這些職位的人承接專業服務。

4. 有效監控（C.2.d）：諮商師持續監控他們自己作為專業人士的效率，並在必要時採取改善措施。諮商師會採取合理步驟或尋求同儕督導，

以評量自己的諮商效能。

5. 損害（impairment）（C.2.g）：諮商師會監控自己是否有因身體、精神或情緒問題而造成損失或傷害的跡象，並在損害出現時避免提供服務（或提供專業服務）。他們會對造成專業損害的問題尋求幫助，並在必要時限制、暫停或終止執業，直到確定他們可以安全的恢復工作。諮商師會協助同事或主管識別他們自己的專業障礙，並在必要時向出現損害跡象的同事或主管提供諮詢和幫助，酌情進行干預以防止對案主造成迫在眉睫的傷害。

（二）專業資格（C.4）

1. 準確陳述（C.4.a）：諮商師只呈現已完整獲得的專業資格，並糾正其他人對其資格的錯誤描述。諮商師應清楚區隔有償工作和自己志願投入的工作經驗，並明確描述自己接受的繼續教育和專業訓練。

二、美國團體工作專家學會有關團體能力之規範

美國團體工作專家學會（ASGW）之「最佳實務」（Best Practices）中，關於團體領導者之「團體能力」（B.2. Group Competencies）有以下規定：

團體工作者需具有如 ASGW 團體工作者專業訓練標準所描述之團體基本知識，以及能掌握團體動力的原則和能執行團體的核心能力。他們須獲得與多樣案主工作的知識、對個人的覺察、敏感度和技巧，並有足夠的知識和技巧執行其將運作之各類型團體（如心理治療、諮商、心理教育等團體類型）。（ASGW, 2020）

具體而言，團體領導者應具備的專業能力包括（ASGW, 2020）：

1. 了解各類團體的功能和轉介標準，以進行適當的轉介。
2. 具備團體動力與團體治療的基礎知識。

3. 了解個人特質對團體的影響，以及如何在團體情境中應用倫理守則。

4. 熟悉團體動力和成效的研究與文獻。

5. 了解團體歷程、階段和成員角色。

6. 了解參與團體對成員的利弊、風險，以及篩選成員的標準。

7. 熟悉團體工作的定義、目的和團體類型。

8. 重視評量在團體歷程的角色。

而在了解團體領導者需經歷的訓練階段，及應具備之專業責任、專業能力後，新手領導者還需面對一連串的問題和議題，Corey 等（2010）因此提醒新手團體領導者，需常常詢問自己以下的問題：

‧ 怎樣才能讓團體開始運作？

‧ 要使用哪些技巧？

‧ 要等待團體自行運作嗎？

‧ 一旦團體開始運作，要如何繼續下去？

‧ 相較其他成員，較喜歡某位成員時該怎麼辦？

‧ 如果我（領導者）犯了些錯誤，會造成成員嚴重的心理傷害嗎？

‧ 知道的理論夠多嗎？能在團體中應用嗎？

‧ 可在團體分享我的焦慮嗎？

‧ 團體出現較長的沉默（prolonged silence）時，該如何處理？

‧ 我可以自己喜好的方式來參與或涉入自己帶的團體嗎？

‧ 我有足夠的知識和技巧，有效的與不同文化的成員工作嗎？

‧ 被整個團體攻擊時，該怎麼辦？

‧ 怎樣才能知道團體正在幫助成員改變？

‧ 要怎樣才能同時和多人一起工作？

‧ 若我情緒出現，與團體成員一起哭泣時，該怎麼辦？

第三節　團體諮商之實作與計畫

一、準／新手團體諮商師的焦慮

各專業學會／協會均會針對其所屬會員，訂定專業能力之規範與要求，故不論完整與否，每位團體諮商師應都歷經過不同階段或內容的訓練，但對處於專業學習階段的諮商師，如初學諮商師、受訓諮商師、實習諮商師等準諮商師（counseling trainee, counseling intern），或處於專業依賴階段、初入實務職場的新手諮商師（novice counselor），在實務經驗較少的狀況下，技術運用實不若資深諮商師般的順暢與靈活（許育光，2012）。

而從不少的研究結果中，都可看見準／新手諮商師在經驗不足下帶領團體常發生的困境，例如：由於缺乏經驗，新手團體諮商師進行團體時，常是在充滿焦慮和陌生的情境下進行，並會出現許多不適應的行為，包括同理心技巧表達困難、用詞過於僵化，以致無法覺察成員說出的情緒字彙；無法積極的追蹤，導致忽略成員發出的重要訊息、失去探索成員情緒的機會（許育光，2012）。另外，因新手領導者想盡快回應團體成員的期待，以致沒經過探索和領悟階段就太快進入問題解決的階段（張景然，2003），以及新手諮商師在帶領結構性團體時，容易忽略團體歷程的要務在於催化成員間的互動，而非過度聚焦在特定、單一的成員身上（黃冠穎等，2006）。

謝麗紅、陳尚綾（2014）帶領新手團體諮商師反省其自身個人因素對帶領團體的影響時，發現不少新手諮商師因無法忍受沉默而出現過度的反應或介入，或因過度緊張而無法適當引導成員；其次，新手團體諮商師會因著個人的特質與議題而有不同的帶領風貌，有些因過度擔心、缺乏自信，在帶領團體時出現緊張、焦慮，甚至挫折感受；由於對理論的不了解和專業知識的不充足，新手諮商師很難把抽象的理論化為具體的活動方案，在設計方案時會執著於活動形式及時間掌握，而無法考量到團體成員的不同特性。

此外，針對實習諮商師的調查發現，多數實習諮商師並未受到適切的團體治療訓練（林家興，2014）；周永杰、張景然（2019）也發現，正在接受團體領導者訓練的準諮商師，在團體帶領前的準備顯得沒方向感，出現迷茫、不知所措的感覺，因此無法描繪出結構性團體的輪廓，因而在把抽象的理論應用到活動方案設計或帶領結構性團體時面臨困難；在帶領團體前，會出現焦慮、緊張，擔心自己無法因應突發事件，害怕自己沒辦法把上課學到的團體諮商技巧運用在結構性團體裡。

由此看來，對理論基礎和團體工作的認識不清、規範與設限概念模糊、不知如何處理當下的人際互動和突發狀況、無法掌握技巧介入的時機、無法克服焦慮感且自信不足等，是準／新手諮商師可能出現的困境。因此如何減少準／新手諮商師團體諮商學習過程中的困境產生和干擾程度、陪伴他們走過經驗不足的摸索過程，是訓練者／授課教師的重要任務。

二、團體計畫的重要性

團體實作練習的重要性，不僅在研究和文獻中被強調（刑志彬等，2019；沈慶鴻，2021；周永杰、張景然，2019；許育光，2012；謝麗紅、陳尚綾，2014；Corey et al., 2010），在筆者的學校課堂裡，每一屆都有許多學生－團體諮商的學習者表達對實作練習的強烈期待，並建議能在授課大綱中加入實作練習的規劃。

然要進行團體諮商的實作練習，就得由團體計畫書的撰寫開始；想要學習成為團體領導者的準諮商師，唯有一步步透過計畫書撰寫的過程，才能試著將其對團體的想像、團體成員的期待和目標——不論是自我探索、認識情緒與表達情緒、練習人際互動或衝突解決，在計畫撰寫的過程中逐一落實。而一份完整、具體，與主題、目標、成員需求相吻合的團體計畫書，才能解決準諮商師在團體帶領過程中的迷茫、沒方向感，以及很難把抽象的理論化為具體活動方案的問題，並協助準諮商師改善團體設計時執著於活動形式，而無法考量團體成員不同特性及無法描繪出結構性團體輪廓的困境。

Corey（1990）也相當重視團體計畫書的撰寫，更表示團體領導者若想成功的帶領團體，就要花時間來計畫它；並強調團體諮商應始於團體計畫書的撰寫（Masson et al., 2012/2013）；Masson 等（2012/2013）甚至認為，團體之所以有問題，多數是因為團體沒有計畫，而缺乏團體計畫是團體領導者最大的錯誤。

此一缺乏團體計畫、未撰寫完整計畫書的現象，在臺灣諮商實務場域裡頗為常見，不少團體在開始前並無完整的團體計畫書，就算少數附有計畫書的團體，其計畫內容也顯得過於簡略，讓人無法清楚了解團體諮商的目標、主要內容，也無法得知這群成員進行團體諮商的必要性或適切性。此現象之所以長期存在，贊助經費、辦理團體的機構不看重團體計畫書、覺得沒必要，或認為成員不需要知道有關團體計畫的內容等，都是原因；而諮商師過度忙碌、沒意識到團體計畫書的重要性及對團體帶領的影響，也是其未在團體開始前完成計畫書撰寫的可能原因。參與團體的成員不知道有團體計畫書，也不知道自己擁有閱讀團體計畫書之權利等，亦對實務場域缺乏完整團體計畫書的現象有影響。

團體計畫書應由團體實際領導者負責規劃，並進行內容撰寫；若團體有協同領導者，則團體領導者、協同領導者應共同參與團體計畫的討論，一起分擔團體計畫書的撰寫工作，因為這樣他們才能合作帶領團體，並共同掌握團體的方向和目標、了解團體形成的原因及成員需求。即使有時候，機構辦理團體的構想非由團體領導者提出，但團體領導者在接受機構帶領團體之邀請或委託時，也必須清楚知道機構辦理團體的動機、期待領導者透過團體達成的目標，並了解成員招募方式、機構與成員間的關係、機構期待成員參與團體後可能出現的改變等訊息後，才能設計出符合機構及成員期待的團體計畫與內容。

三、團體計畫書的項目與內容

團體計畫書中應有哪些項目才算完整？什麼是團體計畫書中須呈現或提

供的重要資訊？有關這些，學者間的看法並不相同，似乎也無固定的架構或格式；但不論如何，計畫是要讓團體相關之利害關係人，包括團體領導者、團體成員（含具監護權的監護人）、提供場地的機構、提供經費的贊助者，以及協助成員招募或轉介的合作機構等，都能了解團體預計達成的目標、可能進行的內容、吻合團體目標之成員招募條件、參與團體可能出現的風險等，目的在讓相關人員都能理解團體、給予支持、作好準備，共同促成以達到團體最佳成效。

為協助、引導團體領導者在思索、設計及撰寫團體計畫書時有較完整的架構，此處蒐集和參考了 Corey 等（2010）、Toseland 與 Rivas（2017），以及張景然（2004）書中所提供之團體計畫書格式範例，列出團體計畫書中可包括的項目（如表 1-3 所示）。

表 1-3　團體計畫書之項目比較

Corey 等（2010）	Toseland 與 Rivas（2017）	張景然（2004）
1. 形成團體	1. 前言	1. 團體名稱
2. 團體目標	2. 團體目標	2. 團體目標
3. 團體格式	3. 贊助機構	3. 團體性質
4. 團體結果	4. 成員資格	4. 團體時間
	5. 招募方式	5. 團體地點
	6. 團體組成	6. 團體領導者
	7. 團體說明	7. 參加人數
	8. 訂定契約	8. 指導老師
	9. 團體準備	
	10. 經費安排	

由表 1-3 可知，三個不同來源之團體計畫書範例內的項目各自不同，除了「團體目標」是三個範例共同的交集外，其餘項目則各自不同；三者相較，Toseland 與 Rivas（2017）的計畫書內容雖較完整，不過其還缺少了「團體領導者」的介紹及「團體評量」兩個相當重要的部分。在此分享多年來授課與督導準諮商師學習團體諮商時所提供的團體計畫書格式（如表 1-4 所示）。

表 1-4　團體計畫書格式建議

團體計畫書（可直接指出主題、目標人口、團體性質的標題）

一、計畫緣起

包括：目標人口面臨的問題或需求、以團體作為諮商適切方式的理由，以及合作機構或執行場域的背景、使命或特性

二、團體目標

為引導團體內容設計，盡可能清楚、具體，有層次

三、理論觀點

為達成團體目標、滿足成員需求而融入的理論觀點，並藉此引導團體內容設計

四、辦理單位

主辦、承辦、協辦或合辦；由此可看出團體的合作機構與可用資源

五、設計與帶領

通常由團體領導者負責團體內容的設計與帶領，除團體領導者外，可能還包括協同領導者、觀察員等之專業背景介紹

六、團體時間

清楚說明次數、時間（每次時間），參與成員才能事先做好時間規劃與準備

七、團體地點

場地須考慮安全、隱密、舒適性、方便活動，並具有團體活動可使用的相關設備

八、邀請對象

預計邀請之團體成員的目標人口群條件，包括性別、年齡等基本資料，以及其他生心理狀態或經驗等

九、招募及篩選方式

若透過招募，則須說明招募、面談、篩選方式，以及納入、排除的條件。

十、團體特性

說明團體特性（例如：成員同質性或異質性、開放性或封閉性、密集式或分散式等），增加參與者對團體的了解。

十一、團體內容

以團體活動設計總表呈現，包含單次團體的目標、活動內容，以及該次活動的理論觀點依據。

十二、團體評量

說明團體成效評量的方式、指標、工具使用等。

十三、經費來源

十四、其他

此格式建議團體計畫書應包括以下幾類項目，以讓相關人員能在較短時間就對團體有概括性的了解：

1. 與團體形成有關的項目：如計畫緣起、對象、次數、時間、地點、經費等。
2. 與機構及團體領導者有關的項目：如辦理單位、團體領導者介紹等。
3. 與團體成員有關的項目：包括成員需求、條件、招募管道及篩選方式等。
4. 與團體運作有關的項目：如團體目標、團體特性、理論觀點運用、團體內容、團體成效評量等。

範例參考

團體諮商計畫書範例可參考本書第五～十章第一節「團體設計」。

第四節　團體計畫與內容構思

一、團體的形成脈絡

團體諮商是形成性團體（formed group），而非自然性團體（natural group），是機構基於服務理念、諮商師基於專業考量或案主需求而促成或辦理的團體；由於團體諮商是諮商師提供諮商服務的策略或方法之一，因此「團體」應有其形成的脈絡和機構場域，不會憑空出現。諮商師進行團體計畫前，應先了解團體形成的背景與辦理動機，並釐清團體定位、領導者角色及與機構間的關係。一般來說，團體領導者與機構有以下幾種關係狀態：

1. 機構要進行團體，而由諮商師擔任團體領導者（不論諮商師為機構的專職人員、兼職人員，或是接受機構委託的行動諮商師），機構完全授權領導者自行決定團體主題、對象、各項細節及團體評量等工作。

2. 機構要進行團體，且大致設定了團體對象、性質和目標，並邀請諮商師擔任團體領導者。團體領導者雖須遵循機構原先設定的目標和方向，但詳細的團體內容、評量方式，領導者可自行決定，有時也能微調機構原先設定的團體架構。

3. 機構要進行團體，且已決定了團體對象、性質、目標、內容和次數，諮商師僅負責團體帶領和結果評量。

4. 諮商師關心某些案主群，並認為團體諮商是服務、協助該案主群的有效方法，因此在完成團體計畫書後主動聯繫機構，取得機構支持和資源後，即執行團體帶領的相關工作；機構對團體可提供建議，但通常都會尊重諮商師對團體的規劃與安排。

5. 諮商師因關心某些案主群，自行尋找場地、招募成員後，即開始了團體各項工作。

　　先了解團體形成的脈絡，是要協助諮商師於團體計畫開始前，釐清其與團體所在機構或社區間的關係——與機構是權責相當的合作？還是機構僅提供場地，不介入專業工作？並確認團體領導者是此一團體的負責人？還僅是執行者？以及區別「團體領導者」的角色和責任範疇，是否涵蓋了計畫書撰寫？場地尋找？成員招募？成員篩選？團體帶領？團體評量？成果報告？而團體領導者對於團體相關事務的決定權限，是可全權決定或是部分決定？若是部分決定，則可決定的範疇又有哪些？

　　以上這些，都是團體領導者在團體形成前應確認的重要事項。當然這些關係、角色、權限並非全有或全無，也非固定不變，但為了避免誤解與錯估，在機構場域及與機構合作的過程中，諮商師須不斷的與機構進行澄清和討論。

　　由於每個機構皆有其所屬的專業領域（如教育、社會福利、衛生醫療、司法）、服務定位（如預防推廣、危機處理、創傷復原）與服務對象（如一般學生、被安置兒少、受暴婦女），諮商師在計畫團體時，若想得到機構的支持與資源，須先了解合作機構的發展脈絡與關注對象，以及其對「團體諮

商」此一服務策略的態度、過去曾進行過的團體主題、未來想要拓展的團體類型與服務對象。

不論如何，凡是影響諮商師規劃及發展團體之事項，都須在團體計畫時確認；若能針對機構、諮商師都關注的對象、皆重視及有興趣的議題計畫團體，就可在最有準備的狀況下執行團體諮商的服務工作。

二、確認「團體形成」之相關因素

在與團體辦理機構釐清關係、角色、界線範疇後，團體領導者就可依序展開團體計畫的工作。首先須確認的是，與「團體」形成有關的基礎項目，即團體諮商計畫的緣起或動機、對象、次數、時間、地點、經費等。Masson 等（2012/2013）也提醒，計畫階段有四件重要的事須做決定，那就是：招收哪些成員？如何招收成員？團體聚會次數？團體聚會時間？總體而言，就是與「團體成員」、「團體時間／次數」有關的決定。

不過，團體成員、時間／次數的決定雖然重要，諮商師仍須先清楚回答「為何要辦此團體」、「為何要在這（機構）辦此團體」等問題，唯有如此才能回應後續有關對象、時間等諸多問題。以下依序說明各項內容，供團體領導者計畫團體時參考。

（一）團體諮商計畫的緣起與動機

> 清楚說明目標人口面臨的問題或需求、以團體作為諮商適切方式的理由；預計合作機構或執行場域的背景、使命或特性

團體計畫書是在團體尚未正式對外宣傳、招募時，領導者向所屬機構、合作單位、經費贊助單位說明其對目標人口群的關心、對其需求及處境的理解、分析困境產生的原因，以及解決其困境可強化的技巧等，並強調「團體諮商」是服務此人口群重要且適切的策略，透過「團體」能協助目標人口群

達到所設定的目標。領導者可透過期刊或研究等文獻資料的蒐集、引用公私部門的調查報告、分析機構服務經驗，或陳述自己的觀察，來說明、撰寫團體諮商計畫書。

> ─ 範例參考 ─
>
> 團體諮商計畫的緣起與動機範例，請參考本書第六章第一節「緣起與理念」，或第十章第一節「緣起與理念」。

（二）團體對象

> 預計邀請參與、成為團體成員的目標人口群條件，包括性別、年齡等人口基本資料，以及其他生心理狀態或經驗等

人數差異，是團體諮商與個別諮商最基本的差異，個別諮商只為單一案主服務，團體諮商則是為一群人服務（2 位以上，可能是 6～8 位，也可能是 11～13 位）；這群人可能是看了宣傳資訊後自願報名，也可能是因家長要求、老師轉介，甚至是國家法律規定而來的非自願成員。然而不論自願或非自願，團體計畫書、招募海報中均須清楚陳述團體成員的條件，以讓本身有意願參與或協助提供資訊者能傳遞正確訊息，合作的網絡機構也能正確的進行轉介。

由於團體都針對特定的人口群做設計，因此領導者須清楚掌握目標人口群的特性，並在計畫書中列出團體成員的條件、人數，還需說明若報名人數過多、不適合成員的篩選方式，以及是否會在團體前安排面談、聯繫或召開說明會的計畫（有關面談、成員篩選將於第二章再做說明）。雖然，團體人數沒有一定，且人數的多少還需考慮團體性質、成員年齡；通常愈偏向治療性團體的參與人數就愈少，而教育性、成長性團體的人數則較多，另兒童團體的人數也較成人團體的人數少。Corey 等（2010）則認為，8 人左右是大到

可以充分互動、小到可以讓每位成員討論且擁有「團體」感覺的最理想人數。

　　許育光（2013）則建議，偏向心理教育性質的團體人數可以多一些，但不超過 25 人，個人議題的諮商或治療性團體人數則在 10 人上下；小學階段因學童專注力有限、團體時間較短、學校內干擾因素多，故 6 人以下為宜，最多不超過 8 人；大專生與成人團體的人數可較多，約為 8～12 人，若團體短於 1 小時，則人數就應減少為 6～8 位以內。

範例參考

團體對象範例，請參考本書第五章第一節「邀請對象」與「成員來源」，或第七章第一節「邀請對象」與「成員來源」。

（三）次數與時間

清楚說明次數、時間（每次時間），參與成員才能事先做好時間規劃與準備

　　團體時間、次數的設定也須同時考慮團體成員的年齡、團體主題或類型，例如：Corey 等（2010）書中所列包括不同機構情境、對象、主題，以及次數和時間之團體範例（如表 1-5 所示）；整體而言，成員年紀愈輕，團體時間就愈短；成人團體的時間通常較長，2 小時的團體較普遍。至於團體次數，則與團體類型有關，通常 1 週 1 次，多在 12～16 週；Corey 等也指出，通常持續一學期、15 週左右的大學生團體是較適宜的，因為這樣的團體長度才足以發展出對團體的信任感、有機會檢視個人的進步狀況，並產生改變。

表 1-5　團體主題與時間設定

機構情境	對象	主題／性質	次數／時間
社區機構	12～19 歲 犯罪青少年	改變團體 （Making a Change）	每週 1 次共 15 次 每次 60 分鐘
學校	高中生	憤怒管理團體	每週 1 次共 8 次 每次 60 分鐘
心理衛生機構	亂倫倖存者	支持性團體	每週 1 次共 12 次 每次 75 分鐘
醫療機構	30～50 歲女性	飲食異常團體	每週 1 次共 12 次 每次 120 分鐘
健康管理機構	成人男性	性別角色探索團體	每週 1 次共 16 次 每次 90 分鐘

註：引自 Corey 等（2010）。

　　有關團體時間、次數的決定，許育光（2013）建議可透過以下幾個角度來考量：

1. 校園場域的團體大都需配合課程時間，小學一節課 45 分鐘、國中以上一節課 50 分鐘，兩節課包含中間的下課時間，雖然約有 110 分鐘的團體時間，但在考量成員專注力的前提下，仍建議 90 分鐘為宜。

2. 從團體發展階段來看，團體運作需在人際熟悉、凝聚力建構、互動模式、彼此關懷的合作關係下進行，通常凝聚力形成，或最快達到較佳工作狀態需要 4～5 次團體歷程，較緩慢的可能需要 6～7 次；一個團體若次數太少，則在凝聚形成後即宣告結束，其效果就難以顯現。因此，若目標設定上希望運用團體協助成員增進了解、抉擇和行為改變，則次數至少要 10 次以上。

3. 可根據團體的屬性、招募和執行難易程度作不同規劃。在規劃心理教育導向團體，為兼顧歷程和短期可達成的具體功能，次數大約 8～10 次；若性質為問題解決導向的諮商團體，且期待實際的改變行動可於真實生活情境中進行，而每週持續的探討和追蹤、支持與鼓勵、修正和調整等均需要時間，因此諮商團體可考慮以每週進行 1 次、約 12

次左右（10～14次）的長度；另外，心理治療或以性格模式改變為導向的團體，次數則需要較多，每週1次、約經歷6個月、20～24次較為恰當。

以上有關團體次數、時間和人數上的建議，是需要在非常理想的狀況下才能達成，然而實務上，國內團體在次數、時間上均縮短許多，自願性團體以6～8次較普遍，很少超過10次。近年來，為吸引成員參與、考慮出席狀況及時間便利性，密集式團體（一天6～8小時，2～4天的長度）已愈來愈普遍。

┌─ 範例參考 ─────────────────────────┐
│ 次數與時間範例，請參考本書第八章第一節「時間與地點」，或第十章第 │
│ 一節「時間與地點」。 │
└──────────────────────────────┘

（四）團體地點

> 場地須考慮安全、隱密性、舒適、方便活動，並有團體可使用的設備

確定團體場地、設備和資料等行政工作，亦是團體前需要確認、進行的準備工作（張景然，2004）。一般而言，團體需要隱密、方便活動、不受外在聲音干擾、讓成員覺得安全的空間，以及提升活動效果的設備，如電腦、螢幕、白板、音響等。至於多數團體場地必備的和室地板，是否必須？其實並不一定，因為對年紀較大、行動不便的成員，或者內容設計有較多書寫活動的團體，成員坐在有桌子、可靠背的椅子上，可能更為舒適。

┌─ 範例參考 ─────────────────────────┐
│ 團體地點範例，請參考本書第五章第一節「時間與地點」，或第八章第一 │
│ 節「時間與地點」。 │
└──────────────────────────────┘

（五）經費編列

預估團體過程中相關物品、設備、場地、人員等所需費用

　　最後，還需確認的就是經費問題，包括團體過程中可能使用到的器材費、文具費、場地費、團體領導者的服務費用等。此外，有些為國小兒童舉辦的團體，機構還編有點心費，讓這些小小成員可在中間的休息時間取用。另為家庭照顧者舉辦的喘息團體，有時也會準備一些餐點，讓照顧者之身、心、靈在團體中都能受到照顧；（單親）家長參與團體也有孩子照顧的需求，因此需編列托育費用或工讀生津貼，以提供照顧服務。

　　不論是教育、社會福利、衛生醫療等多數機構通常都編有提供團體諮商服務的年度預算，或預計向政府、聯合勸募等單位申請經費的方案活動，因此對案主提供的服務多數是免費的。若有需要收費的團體諮商服務，也要在團體公開資訊中清楚註明團體的費用、繳費方式及退費說明。不過，不論團體是免費提供，還是收費後參與，團體領導者皆須在團體計畫書中清楚列出可能的支出，並註明擬支出的品項、數量，以及經費來源。經費的清楚、透明，亦是機構展現團體績效責任（accountability）重要的表現之一。

第五節　結語

　　團體諮商是諮商重要的服務方式之一，利用團體動力及人際互動特性，同時關照一群成員的作法讓諮商服務頗具效益，陳若璋（2020）在回顧大學校園諮商服務 30 年來的變化時就曾指出，雖然學生問題、校園文化已改變不少，但絕大多數的諮商中心仍以二級預防為焦點、個別諮商和團體諮商工作為主體，自我探索、人際關係，抑或是原生家庭、情感關係、生涯發展等一直都是最受學生歡迎的團體諮商主題。此一經驗與回饋再次證實了，團體諮

商的設計、帶領能力是諮商師必備的專業能力，而大量的實務練習成為有效能之團體領導者的必經過程。

參考文獻

中文部分

刑志彬、許育光、羅家玲（2019）。準諮商心理師專業認同之跨世代分析：內、外部預期因素初探。輔導季刊，**55**（1），1-17。

沈慶鴻（2021）。四合一的「團體諮商」課程：「體驗、閱讀、計畫、實作」交融後準諮商師的專業自我效能。教育部 109 年教學實踐研究結案報告。

周永杰、張景然（2019）。無心理輔導諮商背景之碩士班學生對結構式諮商團體的學習體驗初探。中華團體心理治療，**25**（2），17-34。

林郁倫、陳婉真、林耀盛、王鍾和（2014）。心理師校園駐區服務的困境、需求與挑戰：由臺北市國中輔導人員之觀點。輔導與諮商學報，**36**（1），37-64。

林家興（2014）。諮商倫理：臨床應用與案例分析。心理。

張景然（2003）。大學生成長團體實務：新手團體領導者效能的提昇。輔導季刊，**39**（4），41-50。

張景然（2004）。團體諮商的觀念與應用。弘智文化。

許育光（2012）。碩士層級新手諮商師領導非結構諮商團體之經驗分析。輔導與諮商學報，**34**（2），23-44。

許育光（2013）。團體諮商與心理治療：多元場域應用實務。五南。

陳若璋（2020）。大學諮商中心的新變化和新挑戰：其架構與因應校園性侵、暴力、自殺議題。五南。

黃冠穎、李珮瑜、黃筱喬（2006）。新手團體諮商員的省思：以各自我成長團體為例。輔導季刊，**42**（2），58-70。

謝麗紅、陳尚綾（2014）。新手領導者對青少年團體帶領經驗之分析研究。輔導與諮商學報，**36**（2），65-81。

Masson, R. L., Jacobs, E. E., Harvill, R. L., & Schimmel, C. J.（2013）。團體諮商：策略與技巧〔程小蘋、黃慧涵、劉安真譯，第 7 版〕。五南。（原著出版年：2012）

英文部分

American Counseling Association. [ACA] (2014). *Ethical & professional standards*. https://www.counseling.org/knowledge-center/ethics#2014code

Association for Specialists in Group Work. [ASGW] (2021) . *ASGW guiding principles for group work* (Approved by ASGW Board-05/2021). https://asgw.org/wp-content/up-loads/2021/07/ASGW-Guiding-Principles-May-2021.pdf

Association of Specialists Group Worker. [ASGW] (2020). *Professional standards for the training of group workers*. https://asgw.org/wp-content/uploads/2020/06/ASGW-Professional-Standards-for-the-Training-of-Group-Workers.pdf

Corey, M. S., Corey, G., & Corey, C. (2010). *Group: Process and practice*. Brooks/Cole.

International Board for Certification of Group Psychotherapists. [IBCGP] (2021) . *What is a certificated group psychotherapist?* https://www.agpa.org/cgp-certification/

Toseland, R. W., & Rivas, R. F. (2017). *An introduction of group work practice* (8th ed.). Allyn & Bacon.

第二章

招募：倫理原則與團體諮商中的應用

沈慶鴻

由於團體諮商情境的特殊與多變，讓倫理議題更顯複雜，本章聚焦於團體計畫、招募及運作應有之倫理作為，以協助即將帶領團體之諮商師做好團體準備、善盡倫理責任。

第一節 團體諮商的倫理原則與內涵

　　專業倫理是諮商專業工作者執行服務時應遵循的工作準則。在團體諮商工作中，倫理議題橫跨了整個團體歷程，且因諮商師／團體領導者須對整個團體與個別成員的福祉負責，但相較於個別諮商，團體領導者對團體諮商的歷程方向與內容控制性較低，成員除了會被潛在的負向經驗影響外，亦可能面臨其他成員的面質與批評而衍生了倫理議題（Howard & Randall, 2007；引自林家興，2014）。因此，保護和維護成員權益的團體諮商倫理作為就顯得更為重要。

一、ACA 倫理守則

　　美國諮商學會於「倫理守則」之首頁即指出，諮商專業社群應遵守的六項道德原則（ACA, 2014）：

1. 自主性（autonomy）：增進案主自我決定的權利。
2. 無傷害性（nonmaleficence）：避免造成傷害。
3. 獲益性（beneficence）：藉由心理健康促進，提升案主及社會福祉。
4. 公正性（justice）：平等對待每位案主，促進公平、公正。
5. 忠誠性（fidelity）：信守承諾並建立信任的諮商關係。
6. 誠實性（veracity）：能誠實的與案主互動。

　　在ACA倫理守則的九個主題中，與「團體諮商」較直接相關、團體領導者須知曉並遵循的倫理守則，除了本書第一章已說明之「專業責任」（Section C）中專業能力（C.2）、專業資格（C.4）外，「諮商關係」（Section A）及「保密與隱私」（Section B）因涉及團體形成與團體運作，因此更顯重要。此處將針對「諮商關係」、「保密與隱私」相關內容進行說明，供團體領導者參考（ACA, 2014）。

（一）諮商關係（Section A）

信任是諮商關係的基石，諮商師為促進案主利益和福祉、增進健康關係、催化案主成長和發展，有責任尊重和維護案主隱私和保密權利（rights）；諮商師積極了解案主不同的文化背景，並探索自己的文化身分，以及這些背景、身分如何影響諮商過程中的價值觀和信念。此外，還鼓勵諮商師投入很少或完全沒有經濟回報的專業活動，以為社會做出貢獻。

A. 諮商 關係	・A.1.案主福利（Clients Welfare） ・A.2.諮商關係中的知情同意（Informed Consent in the Counseling Relationship） ・A.3.接受他人服務的案主（Clients Served by Others） ・A.6.管理和維持界線與專業關係（Managing and Maintaining Boundaries and Professional Relationship） ・A.7.在個人、團體、機構和社會層次的角色和關係（Roles and Relationships at Individual, Group, Institutional, and Societal Levels） ・A.9.團體工作（Group Work） ・A.11.終止和轉介（Termination and Referral）

1. 案主福利（A.1）

(1) 主要責任（A.1.a）：尊重案主的尊嚴並促進其福利，是諮商師的主要責任。

(2) 紀錄和文件（A.1.b）：諮商師建立、保護和維護專業服務所需要的檔案。無論採用何種媒介，諮商師都會提供充足且及時的文件，以確保服務提供和服務的連續性。諮商師會採取合理的措施，確保文件內容能準確反映案主的進展和服務。如果紀錄和文件需要修改，諮商師也會根據機構或機構政策進行紀錄的修改。

(3) 諮商計畫（A.1.c）：諮商師和案主共同設計可成功改變的合理承諾，以及符合案主能力、氣質、發展階段和環境的諮商計畫。諮商師和案

主定期審查和修改諮商計畫，以評量服務持續的可行性和有效性，同時尊重案主的選擇自由。

(4) 支持網絡（A.1.d）：諮商師理解到支持網絡在案主生活中的多重意義，並會在案主同意下，於適當時機將他人（如宗教／精神／社區領袖者、家庭成員、朋友）的支持、理解和參與視作積極的資源。

2. 諮商關係中的知情同意（A.2）

(1) 知情同意（A.2.a）：為讓案主自由選擇是否與諮商師建立或保持諮商關係，案主需了解諮商過程、有關諮商師的足夠資訊；因此諮商師有責任也有義務以書面和口頭形式提供前述資料，以保障諮商師和案主權利。知情同意之事可在諮商過程中持續討論，並記錄在諮商紀錄中。

(2) 資訊類型（A.2.b）：諮商師向案主解釋服務性質，並告知案主以下（但不限這些）內容，包括服務目的、目標、技術、程序、限制、潛在風險和效益、計費方式和費用，以及諮商師資格、資歷、相關經驗、諮商方法，還有若諮商師喪失工作能力、死亡後的繼續服務方式等。諮商師會採取各種措施以確保案主了解診斷的意涵、測驗和報告的預期用途。案主有保密的權利，並了解保密的限制、紀錄內容、諮商計畫、拒絕服務的權利、拒絕的可能後果。

(3) 發展和文化敏感性（A.2.c）：諮商師會以兼顧發展、文化的方式，使用清晰易懂的語言與案主溝通有關知情同意的問題。當案主無法理解諮商師的語言時，諮商師會提供必要的服務（例如：安排合格的口譯員或筆譯員），並在考慮文化影響下調整作法。

(4) 無法同意（A.2.d）：諮商師提供未成年、無行為能力者或其他無法自願同意者諮商服務時，會試圖以適切方式尋求案主對服務的同意；諮商師會盡力在案主選擇的權利與接受服務的能力，以及代表案主做決定之父母的合法權利及責任間取得平衡。

(5) 委託案主（A.2.e）：諮商師在與被強制要求接受個別諮商／團體服務的案主（mandated clients）合作時，會討論保密限制，還會在諮商開始前，解釋什麼樣類型的資訊會與誰分享；案主可拒絕服務，諮商師也會盡所能的與案主討論拒絕服務的潛在後果。

3. 接受他人服務的案主（A.3）

當諮商師得知案主與其他心理健康專業人員存在專業關係時，會要求案主告知其他專業人員，並與這些專業人員建立正向、協同合作的專業關係。

4. 管理和維持界線與專業關係（A.6）

(1) 過去關係（A.6.a）：諮商師會考慮將曾接觸的人納為諮商案主時的風險和益處；這些潛在的案主可能與諮商師有過非正式、不太熟悉、其他關係，或彼此曾是某些協會、組織或社區的成員；當諮商師接受這些人成為案主時，會採取知情同意、諮詢、督導、記錄等適當措施，確保專業判斷不會受到影響，也不會有剝削案主的情況發生。

(2) 專業關係中的角色改變（A.6.d）：當諮商師改變最初（或最近）契約關係中的角色時，會取得案主的知情同意，並向案主說明其有拒絕與改變服務的權利；這些角色改變包括：①從個別諮商改為關係或家庭諮商，反之亦然；②從評估角色改成治療者角色，反之亦然；③從諮商師角色轉變為調解員角色，反之亦然。案主須完全了解諮商師角色改變的可能後果。

(3) 非專業互動或關係（A.6.e）：當互動可能對案主產生傷害時，諮商師會避免與前案主、其伴侶或家人建立非專業關係。此點適用面對面、遠距互動的關係。

5. 個人、團體、機構和社會層面的角色和關係（A.7）

(1) 倡議（A.7.a）：在個人、團體、機構和社會層面出現阻礙案主成長和／或發展的潛在障礙時，諮商師會在適當的時候進行倡議以解決這些障礙。

(2) 保密和倡議（A.7.b）：諮商師會在代表案主倡議前獲得案主的同意，以改善服務、消除阻礙案主成長和發展的系統性障礙或限制。

6. 團體工作（A.9）

(1) 篩選（A.9.a）：諮商師篩選潛在的團體諮商／治療參與者。在可能範圍內，諮商師選擇需求與團體目標一致、不會妨礙團體進程，且其幸福感不會因團體經驗而受到損害的成員。

(2) 保護案主（A.9.b）：在團體環境中，諮商師採取合理的預防措施來保護案主免受身體、情感或心理的創傷。

7. 終止和或轉介（A.11）

(1) 終止和轉介的能力（A.11.a）：若諮商師缺乏提供專業服務的能力，應避免進入或持續諮商關係；諮商師應熟知與文化、臨床有關的轉介資源。

(2) 終止和轉介的價值（A.11.b）：應限制諮商師只因個人的價值、態度、信念及行為等因素而轉介案主；此外，諮商師應尊重個案的多元性，若對案主有價值議題，諮商師須接受相關訓練。

（二）保密與隱私（Section B）

諮商師理解信任是諮商關係的基石，渴望透過持續的合作夥伴關係、適當界線的維護及保密，贏得案主的信任；諮商師會以具文化能力的方式（in a culturally competent manner）與案主溝通有關保密的方式或作為。

B. 保密與隱私	・B.1.尊重案主的權利（Respecting Client Rights） ・B.2.保密例外（Exceptions） ・B.3.與其他專業共享資訊（Information Shared With Others） ・B.4.團體和家庭（Groups and Families） ・B.6.紀錄和文件（Records and Documentation） ・B.7.個案諮詢（Case Consultation）

1. 尊重案主的權利（B.1）

(1) 多元文化／多樣性考量（B.1.a）：諮商師保持對保密與隱私之文化意涵的認識和敏感性，尊重對資訊揭露的不同看法。諮商師可與案主就如何、何時、與誰共享資訊進行討論。

(2) 尊重隱私（B.1.b）：諮商師尊重潛在案主和現有案主的隱私。只有在對諮商過程有益的情況下，才會向案主蒐集隱私訊息。

(3) 尊重保密（B.1.c）：諮商師保護潛在案主和現有案主的機密訊息，僅在獲得同意或合理的法律或道德情況下才會揭露訊息。

(4) 限制說明（B.1.d）：在開始和整個諮商過程中，諮商師會告知案主保密的限制，並確認須違反保密的情況。

2. 保密例外（B.2）

保密例外的情形，包括嚴重和可預見的危害和法律要求（B.2.a）；關於生命終止決定的保密性（B.2.b）；傳染性、危及生命的疾病（B.2.c）；法院命令的揭露（B.2.d）等。若需揭露時，應做最低程度的揭露（minimal disclosure），並盡可能在保密訊息揭露前知會案主，邀其參與揭露決策的過程。

3. 與其他專業共享資訊（B.3）

(1) 部屬（B.3.a）：諮商師盡一切努力確保包括員工、受督導者、學生、文書助理和志工等部屬維護案主的隱私和保密。

(2) 專業團隊（B.3.b）：當服務涉及不同學科專長之治療團隊時，案主將被告知團隊的存在和成員、會分享的資訊、分享資訊的目的。

(3) 保密環境（B.3.c）：僅在可合理確保案主隱私的環境中討論須保密的訊息。

(4) 第三方付費（B.3.d）：只有在案主同意下，諮商師才會向第三方付費者揭露訊息。

4. 團體與家庭（B.4）

在團體工作（B.4.a）中，諮商師清楚解釋了團體保密的重要性和保密範疇。

5. 紀錄和文件（B.6）

有關揭露或轉介（B.6.g）部分：除非發生保密的例外，否則諮商師應取得案主可向合法第三方揭露或傳輸紀錄的書面許可；諮商師會採適當措施，確保諮商紀錄的接收者能對資料的保密具敏感度。

6. 個案諮詢（B.7）

(1) 尊重隱私（B.7.a）：諮詢關係中共享的資訊僅供專業討論；書面和口頭報告僅供與諮詢密切相關的目的，並盡一切努力避免案主隱私被侵犯。

(2) 揭露保密資訊（B.7.b）：諮商師僅在與諮詢目的有關之範圍內揭露資訊；諮詢同事時，除非事先獲得該個人或組織的同意，否則諮商師不會揭露足以識別案主或與其相關之個人、組織的身分。

（三）專業責任（Section C）

專業責任中除了有關專業能力（C.2）、專業資格（C.4）的內容外，與團體諮商有關的還包括 C.3、C.5、C.6 等內容。

C. 專業 責任	・C.3.廣告和招募案主（C.3. Advertising and Soliciting Clients） ・C.5.不歧視（C.5. Nondiscrimination） ・C.6.公共責任（C.6. Public Responsibility）

1. 廣告和招募案主（C.3）

(1) 精準廣告（C.3.a）：以廣告或其他方式展示諮商服務時，諮商師會以不虛假、不誤導、不具欺騙性的精準方式呈現服務成果。

(2) 推薦（C.3.b）：諮商師不會要求自己現有的案主、過去的案主或其他易受不當影響者協助推薦；若有被推薦者，諮商師會與其討論被推薦的影響。

(3) 他人的陳述（C.3.c）：在可行的情況下，諮商師會盡力確保他人有關諮商師或諮商專業的陳述是準確的。

(4) 聘僱（C.3.d）：諮商師不會利用他們的工作場所或機構隸屬關係為他們個人的執業招募案主、主管或諮商師。

(5) 向服務對象推銷（C.3.f）：諮商師不得利用諮商、教學、培訓或督導關係，以欺騙或對易受傷害的個人施加不當的影響，以推銷他們的產品或訓練活動。但是，諮商師教育者可採用他們為教學目的所編寫的教科書。

2. 不歧視（C.5）

諮商師不縱容、不參與歧視，無論是對潛在的或目前的案主、學生、員工、被督導者；諮商師也不會因為案主的年齡、文化、身心障礙、種族、族群、宗教、性別（gender）、性別認同（gender identity）、性取向（sexual orientation）、婚姻／夥伴關係、語言偏好、社經地位、移民身分等，或受法律禁制的研究參與者，而拒絕他們的參與或給予不公平的對待。

3. 公共責任（C.6）

(1) 性騷擾（C.6.a）：諮商師不參與或縱容性騷擾。性騷擾可包括單一次強烈或嚴重的行為，也可以是多個持續或普遍的行為。

(2) 通報第三方（C.6.b）：諮商師會準確、誠實和客觀的向第三方——法院、保險公司或其他評量報告的接收者等，報告他們的專業活動和判斷。

二、ASGW 指導原則及最佳實務

美國團體工作專家學會（ASGW, 2021）為引導不同學科或目的之學者和團體領導者所公告的「ASGW 團體工作指導原則」（ASGW Guiding Principles for Group Work）指出，「團體工作是一種廣泛的專業實踐，涉及在團體中應用知識和技能幫助相互依賴的人們聚在一起，以實現他們個人、關係和集體的目標；不同群體的目標可能包括完成任務、發展與工作、教育、個人發展、個人和人際關係問題的解決等新觀點，以及心理、行為和情感的治療和修補」（ASGW, 2021）。

ASGW 團體工作指導原則有四個部分，分別是：(1)團體定位與過程；(2)團體工作價值；(3)原則、價值和多樣性；(4)團體工作中的訓練、實務、督導和研究。其中，「團體工作中的訓練、實務、督導和研究」（Part IV: Foundations for Training, Practice, Supervision, and Research in Group Work）中有關「團體前計畫原則」（Section C. Guidelines for Pre-Group Planning）部分，有以下與「專業揭露和知情同意」有關的內容。

C.6.專業揭露和知情同意

團體專家尊重團體成員的隱私，以及參與專業揭露的過程。他們確保會依成員生活狀況（如年齡、能力）提供知情同意和／或同意。

（一）文化敏感（C.6.a）

團體領導者應覺察、敏感於保密和隱私在文化及權力上的差異。領導者尊重成員對資訊揭露的不同觀點，同時促進團體成員對知情同意的理解。

（二）專業揭露（C.6.b）

團體領導者之專業揭露，應包括關於團體保密、例外和限制、理論取向、

團體性質、目的和目標等訊息，以及可提供的團體服務、團體成員和領導者的角色與責任、領導者資格、執照、認證和專業從屬關係、許可服務的機構等訊息。

（三）知情同意（C.6.c）

團體領導者帶領未成年和其他依賴者參與的團體，應以適當方式進行知情同意過程，包括透過口頭、書面和其他技術輔助的方式提供資訊。領導者定義機密性及其限制〔例如：法律、道德例外和期望；隱含在治療計畫、文件和保險使用中的豁免（waiver）；無法確保其他成員都會保密〕。領導者有責任告知所有成員保密的必要性、違反保密規則的潛在後果，以及法律的溝通特權不適用於團體討論中（除非州法規中有規定）。

（四）遠距醫療和專業揭露（C.6.d）

團體領導者傳達在遠距醫療模式下進行團體工作的特定法律和道德考量。這些考量包括（但不限於）強調團體成員參與團體過程之虛擬環境及原始物理環境中保密的重要性，並確保團體成員了解相關的保密限制。

（五）訊息溝通（C.6.e）

團體領導者以符合成員發展階段和文化的方式與成員溝通。領導者以口頭和書面形式向潛在成員（須考慮團體類型）提供專業訊息，包括：專業揭露、與未成年人的知情同意／同意、團體目的和目標、自願和非自願成員參與團體的期待、成員和領導者的角色期望、進出團體的相關政策、物質濫用的管理政策、對強制性團體的政策和程序、相關文件的要求、向他人揭露資訊、成員在團體外的接觸和影響、團體領導者的諮詢等。

另外，ASGW 之「最佳實務指引」（Best Practice Guidelines）亦在「團體計畫最佳實務」（Section A. Best Practice in Planning）中，提出應進行有關「專業揭露聲明」（professional disclosure statement）的內容（Thomas & Pender, 2008）。

A.6.專業揭露聲明

團體工作者應認識並敏感於具有保密和隱私之文化意涵。團體工作者尊重成員對資訊揭露的不同意見。成員會得到一份有關專業揭露的陳述，包括保密性和保密例外情況的資訊、理論取向、團體性質、目的和目標、可提供的團體服務、團體作用和責任、執行特定團體之團體工作者的資格、特定執照、認證和專業從屬關係、認證機構的地址等。

三、台灣輔導與諮商學會諮商專業倫理守則

台灣輔導與諮商學會公告之「諮商專業倫理守則」中，與團體諮商有關的內容，主要在第二部分「諮商關係」中「當事人福祉」與「諮商機密」裡，相關內容如下（台灣輔導與諮商學會，2001）。

（一）當事人福祉（2.1）

諮商計畫（2.1.4）：諮商師應根據當事人的需要、能力及身心狀況，與其共同研擬諮商計畫，討論並評估計畫的可行性及預期的效果，盡量尊重當事人的自由決定權，並為其最佳利益著想。

（二）諮商機密（2.3）

內容包括保密責任（2.3.1）、預警責任（2.3.2）、保密的特殊情況（2.3.3）、當事人的最佳利益（2.3.4）、非專業人員（2.3.5）、個案研究（2.3.6）、團體諮商（2.3.7）等。在「團體諮商」中明確指出：「領導諮商團體時，諮商師應告知成員保密的重要性及困難，隨時提醒成員保密的責任，並勸告成員為自己設定公開隱私的界線」。

第二節 專業倫理原則之實務概況

由 ACA、ASGW、台灣輔導與諮商學會所公告之諮商專業倫理守則皆可看出，各個專業組織均盡可能的建立清楚、明確的倫理規範，然因實務場域的複雜與多變，倫理原則雖然理想但並不容易遵循。分享兩篇國內團體諮商之倫理研究，以反映實務場域中倫理行為的落實狀況。

一、倫理信念與倫理行為

為了解國內諮商師進行團體諮商時的倫理信念與倫理行為，李佳儒等（2012）以立意取樣法，透過北、中、南、東四區諮商心理師公會、大專校院、社區諮商機構和公私立高中等進行問卷調查，發出 180 份問卷，在回收率 56.7% 的情況下得到 100 份有效問卷，針對 25 個情境、七類團體諮商倫理信念或行為（專業知能、團體篩選與組成、知後同意、保密、關係界限、時間限制、免受傷害等）進行調查，有以下的重要發現。

（一）領導者之教育程度、團體時數在部分倫理信念與行為上有顯著差異

分析發現，博士層級受試諮商師在「未受過團體領導者之訓練而進行團體諮商」之倫理行為，較碩士層級合乎倫理，在團體諮商專業訓練上也較為完備。另外，團體帶領時數較長者比時數較少者，在團體理論和技術的使用上較謹慎，對告知成員關於領導者和團體的訊息亦較完備。

（二）專業倫理之信念共識與知行衝突

整體而言，受試諮商師在團體領導之倫理信念與倫理行為上具一致性，不過在 25 題、七類團體諮商的倫理準則中，仍有 13 個情境、六類倫理準則出現較高比例的倫理不適當行為，以及信念與行為之知行衝突比。為便於理解，此處將倫理信念（不適當信念）共識度低、不適當倫理行為發生率高、知行衝突比較高的情境整理於下（如表 2-1 所示）。

表2-1　團體諮商之倫理信念與行為：信念共識與知行衝突

準則	內容	不適當信念共識度	不適當行為發生率	知行衝突比
專業知能	• 使用不熟悉的理論或技術	76%	72%	52%
	• 接受超越自己知能的成員	84%	69%	54%
	• 未能持續參與倫理或法律課程	84%	67%	53.5%
團體篩選與組成	• 未和成員討論個人參與團體之利益與風險	95%	52%	47%
	• 未依據團體的或成員的需求篩選成員	79%	48%	35%
知後同意	• 未告知成員關於團體的保密與限制	96%	52%	49%
	• 未取得未成年案主和父母的書面知後同意	83%	67%	52%
保密	• 未持續提醒成員保密的重要性	94%	43%	38%
時間限制	• 未持續提醒成員團體結束時間	86%	76%	62%
	• 因為成員後期出現嚴重或惡化的情況，而延後團體療程	66%	69%	38.8%
	• 未告知成員有權利在任何時間離開團體	70%	57%	30%
免受傷害	• 未提醒成員不要在未準備好的狀況下做過早或過度的自我揭露	80%	57%	42%
	• 允許團體對某一成員施以壓力	84%	55%	32.3%

註：引自李佳儒等（2012）。

1. 專業知能：雖然有超過四分之三（76%、84%、84%）的受試諮商師在「使用不熟悉的理論或技術」、「接受超越自己知能的成員」、「未能持續參與倫理或法律課程」等三情境的倫理不適當信念上具共識度，但仍有超過六成諮商師出現（72%、69%、67%）這些不適當倫理行為，且在這三情境中倫理信念與行為之知行衝突比皆超過五成（52%、54%、53.5%），表示有超過半數的受試諮商師在此三行為上知行不一。

2. 團體篩選與組成：在「未和成員討論個人參與團體之利益與風險」上，受試諮商師對其為倫理不適當信念的共識度高達95%，但還是有超過半數（52%）的諮商師出現此不適當倫理行為，呈現47%的知行衝突比。另有近半數（48%）的受試諮商師出現「未依據團體的或成員的需求篩選成員」之不適當倫理行為。

3. 知後同意：雖在「未取得未成年案主和父母的書面知後同意」之不適當信念上，受試諮商師間有83%的共識，但仍有三分之二（67%）的諮商師出現過此行為；另在「未告知成員關於團體的保密與限制」一情境上，受試諮商師間雖有高度共識（96%），但仍有半數（52%）的諮商師曾出現此不適當倫理行為。

4. 保密：雖有94%的受訪者在「未持續提醒成員有關保密的重要性」是不適當的共識，但仍有43%的受訪者曾出現此不適當行為，呈現約四成（38%）受訪者出現倫理知行衝突的現象。

5. 時間限制：有76%的受試諮商師曾出現「未持續提醒成員團體結束時間」、69%曾出現「因為成員後期出現嚴重或惡化的情況，而延後團體療程」，以及 57%曾出現「未告知成員有權利在任何時間離開團體」等不適當倫理行為；不過因諮商師在不適當倫理信念之共識度不高（86%、66%、70%），所以倫理的知行衝突較不明顯。

6. 免受傷害：同樣的，約半數受試諮商師出現「未提醒成員不要在未準備好的狀況下做過早或過度的自我揭露」（57%）、「允許團體對某一成員施以壓力」（55%）等不適當倫理行為；不過因共識度只有八成，受試諮商師在此類之倫理信念、行為的知行衝突比並不高（42%、32.3%）。

二、未成年兒少團體的倫理困境

想了解為兒童、少年等未成年成員提供團體服務時，團體領導者可能面臨的倫理困境及曾使用的因應策略，李佳儒等（2010）因此招募帶領團體時

數超過 50 小時，且曾遭遇團體諮商倫理困境與發展出因應策略的諮商師進行個別訪談，總計 7 位女性、2 位男性，共 9 位諮商師參與，其中 4 位服務於國小或國中，身兼教師與諮商心理師，另外 5 位為兼任諮商心理師；所有受訪者皆有帶領國中、國小、社區團體的經驗。

彙整受訪諮商師的經驗發現，帶領未成年團體曾出現六類倫理困境（如表 2-2 所示），包括團體前篩選困境、雙重關係困境、保密困境、知後同意與自主權困境、團體動力的負面影響、干擾成員的處理等議題（李佳儒等，2010）。

（一）團體前篩選困境

1. 團體成員篩選困難：指的是學校諮商師常遇到的「執行團體」與「篩選成員」間的困難，「……有一半的人（不符資格的人）還是來參加，怕經費被削掉，還是要辦」。

2. 轉介者對團體或諮商功能認知不足：擔任成員轉介者或篩選者的相關人員對團體諮商的功能和認識不足，因此會轉介議題複雜但不適合團體主題的成員，「他們覺得說有人來幫我帶團體，而且花了錢，就會希望把最棘手的都丟給你」。

（二）未成年成員與領導者間的雙重關係困境

1. 多重角色模糊專業界線：「成員有些是我目前任教的學生，很難避免帶到自己班的學生」是學校諮商師會碰到的問題。

2. 轉介資源匱乏：由於校內缺乏足夠的專業輔導人力，因此出現團體成員需要協助，但無其他資源可轉介的難題；「……大部分（個別輔導）都自己來，帶團體我也自己來」。

3. 未成年成員人際需求高易形成非專業關係：有些成員會於團體結束後，主動和諮商師建立團體外的關係，「小孩他很喜歡你，會一直很想來找你……」，他們較難區辨專業關係與師生關係的不同。

（三）保密困境

1. 保密與系統合作的兩難：特別是與學校合作時，領導者需對行政系統負責，又需思考如何介入以符合當事人最大福祉，「成員在團體裡顯現一些行為，會讓我覺得需要父母和老師來協助，可是我如何去維持保密性，有時候對我來說是困難的」。

2. 未成年成員對保密的認知限制：成員有時無法完全了解團體保密規範的意義或重要性，因此會忘記或輕忽保密這件事，「（國小）成員之間彼此很難保密……他們很容易會把話傳出去」。

（四）知後同意與自主權困境

1. 機構強制或約束成員參與團體：有些學校考量未成年較難主動求助，或基於行政便利強制學生參與團體，或未主動告知學生有參與與否的權益，「他們（成員）是被告知要參加，所以沒有選擇權」。

2. 對成員流失的焦慮而未告知其擁有的自主權：成員流失可能引發其他成員仿效，使領導者會對是否告知成員其有參與與否的自主權，而感到焦慮和遲疑，「剛開始會告知他們有離開的權益，但之後完全不強調，有一部分是擔心，萬一成員真的走了」。

3. 監護人知後同意與未成年成員福祉的兩難：領導者擔心出現「監護人反對成員參與」之情形，可能會增加校方和家長間的衝突，並損及兒童接受諮商服務的權益，「學校的行政流程上沒有告知父母，過去經驗中，有些父母會怕為孩子貼標籤」；有時也會因增加行政聯繫的複雜度，「擔心太大費周章了……」，而未告知監護人。

（五）團體動力的負面影響

1. 未成年成員團體外的人際關係造成團體帶領困難：當成員有較親近或互動頻繁的團體外關係時，例如：事前認識、同屬獨特的團體成員等，會造成領導者在團體議題處理上的困難，「成員間的熟悉程度比

　　和領導者更熟，不能單純把成員看成個體，也要考量他們回去那個團
　　體的適應、權力議題」。

2. 特異成員無法獲得團體支持：有些成員的經驗和大多數成員相異時，
　　無法獲得團體支持，「在過程中他沒有辦法被了解，因為他跟人家的
　　情況不一樣」。

3. 隱而未說的訊息阻礙揭露：當成員有隱而未說的訊息或關係時，常會
　　阻礙其在團體裡的自我揭露，與團體對其的影響程度，「兩人欲言又
　　止，後來才知道，A 的男朋友是 B 的前男友，所以有一些禁忌」。

（六）干擾成員的處理

　　處理無法遵守團體規範、持續干擾團體進行的成員並不容易；因為不服
從團體規範的成員不僅較難從團體中受益，亦會阻礙團體進行，「你要求他
（成員）聽別人說話，他做不到，甚至會動不動發脾氣，與其他人吵架、打
架」。

　　在表 2-2 中，除呈現未成年團體可能出現的倫理困境，也列出整理自受訪
諮商師提供的因應策略，供未來有機會帶領未成年團體之領導者參考。

第三節　團體宣傳與成員招募階段之倫理作為

　　前述兩個針對諮商師團體帶領經驗的研究結果，可真實反映實務現場有
關倫理原則落實不易之困境與內涵；由於倫理信念與倫理行為間知行衝突現
象普遍，顯示了倫理原則僅是方向指引，不盡然都能知行合一，也非想當然
耳的容易達成。由於服務機構、合作單位的影響可能存在，諮商師應盡可能
在能力可及之處思慮周延，並在個人、機構和社會層面出現阻礙時進行倡議，
以消除阻礙或限制團體形成與成員成長的機會。

　　實務場域裡影響倫理原則落實的因素很多，諮商師需要審慎為之；而在
團體計畫撰寫完成，對外進行團體宣傳與成員招募時，根據 ACA、ASGW 提

表 2-2　未成年團體之倫理困境與因應策略

困境類別	困境內涵	因應策略
團體前篩選困境	1. 團體成員篩選困難 2. 轉介者對團體或諮商功能認知不足	1. 改開設教育性團體 2. 由領導者進行篩選 3. 事先與轉介者溝通團體目標
雙重關係困境	1. 多重角色模糊專業界線 2. 轉介資源匱乏 3. 未成年成員人際需求高易形成非專業關係	1. 視成員的需要轉換成輔導關係 2. 以專業關係做有限的人際互動
保密困境	1. 保密與系統合作的兩難 2. 未成年成員對保密的認知限制	1. 告知問題概要，不講故事細節 2. 考慮討論對象和可能影響 3. 與案主共同討論和決定 4. 重複提醒並避免過多揭露
知後同意與自主權困境	1. 機構強制或約束成員參與團體 2. 對成員流失的焦慮而未告知其擁有的自主權 3. 監護人知後同意與未成年成員福祉的兩難	1. 鼓勵與邀請非自願成員 2. 招募過程避免團體被標籤化
團體動力的負面影響	1. 未成年成員團體外的人際關係造成團體帶領困難特異成員無法獲得團體支持 2. 隱而未說的訊息阻礙揭露	1. 尊重成員既有的文化與規範 2. 個別了解成員的狀態 3. 避免未準備好的自我揭露 4. 分享對潛在動力歷程的觀察
干擾成員的處理	無法遵守團體規範，干擾行為持續出現	1. 說明團體規範與限制 2. 不主動邀請 3. 轉介個別諮商

註：引自李佳儒等（2010）。

供的原則指引（如表 2-3 所示），團體領導者應提供相關資訊以能精準進行廣告宣傳，及專業揭露，以讓潛在成員及協助招募的推薦者能夠「知情」（ACA, 2014; ASGW, 2021）。

一、團體宣傳時的資訊揭露

　　依團體計畫設計出相關的團體簡介、文宣或海報，是廣告宣傳的第一步，不論是實體印出，還是透過網路發送的電子文宣或海報，領導者都需在其中

表 2-3　團體宣傳和成員招募、篩選階段之倫理原則

ACA	ASGW
1. 諮商關係中的知情同意（A.2） 　知情同意（A.2.a） 　資訊類型（A.2.b） 　無法同意（A.2.d） 2. 團體工作（A.9） 　篩選（A.9.a）	1. 指導原則 　專業揭露和知情同意（C.6） 　專業揭露（C.6.b） 　知情同意（C.6.c） 　訊息溝通（C.6.e）
3. 保密與隱私（B） 　保密例外（B.2） 　共享資訊（B.3） 　紀錄和文件（B.6）	2. 最佳實務指引 　團體性質與目標 　領導者資格 　領導者理論取向 　保密原則與例外 　可提供的團體服務 　團體成員及領導者角色
4. 專業責任（C） 　廣告與招募案主（C.3）	

註：引自 ACA（2014）及 ASGW（2021）。

精準傳遞與團體有關的資訊。諮商師透過廣告或其他方式展示諮商服務時，為能精準，會以不虛假、不誤導、不欺騙的方式呈現（C.3.a），且為了讓潛在成員能自由選擇、有足夠資訊了解諮商過程和諮商師，諮商師有責任也有義務提供書面和口頭資料，以保障案主和諮商師權利（A.2.a）（ACA, 2014）。

提供哪些資訊才足夠呢？ACA「倫理守則」中提及可提供的資訊包括了服務目標、目的、技術、程序、限制、潛在風險和效益、計費方式和費用，以及諮商師資格、資歷、相關經驗等（A.2.b）；ASGW 則提醒，可揭露的訊息包括團體保密、例外和限制、理論取向、團體性質、目的和目標等，以及可提供的團體服務、團體成員和領導者的角色與責任、領導者資格、執照、認證和專業從屬關係、許可服務的機構等可揭露的內容等（C.6.b）。

故彙整前述內容，可於團體「宣傳和招募」階段提供的資訊，大致包括以下各項。

（一）團體名稱

通常包括主標及副標，有時還會透過感性的文字輔助說明團體的特性，這些都是希望能對潛在團體成員達到吸引注意、喚起需求的目的。

（二）團體目標

這是團體宣傳上的重要資訊，由此可概略看出領導者或機構辦理此團體的動機、預計成果及可能內容；這些資訊都在協助潛在成員初步評估，參加團體能否符合需求、滿足期待。

（三）辦理單位

依資源投入及參與程度大致可分為主辦、合辦、協辦或贊助等形式；這些機構的聲望或許能在宣傳或招募時提供助力，讓潛在成員能感到安心、受到保障。

（四）時間及地點

時間設定與成員的年齡、身分密切相關。招募對象若是學生、選擇地點若在校內，則團體時間通常會以學生在校時間為主並配合上課時間的長短；招募對象若包括全職工作者，則團體時間通常選擇假日或平常日的晚上。此外，地點選擇也十分重要，除了考慮隱密、安全、設備齊全、不受干擾外，最重要的還有交通及停車的便利性。團體時間也須註明清楚，特別是，團體若為持續數週的分散式團體，那麼每次的團體時間更須在宣傳時清楚呈現。

（五）帶領團隊

此部分同時提供了帶領團隊的人員和角色（領導者、協同領導者、觀察員或督導等）及其專業經驗（團隊人員的專業背景、經驗）；如此潛在成員才可由角色名稱、排序看出團隊人員各自承擔的責任。

（六）成員條件

這是重要資訊，是團體能否找到適配成員的關鍵。若能具體描述（如性別、年齡、教育程度、發展階段、某一特定經驗等），較能幫助潛在成員先行自我檢視、評量團體目標和內容能否符合期待。

（七）繳費與否和費用多寡

這也是須清楚註明的重要資訊，包括所有費用、繳費期限、優惠措施、退費規則等。通常，團體若由學校、助人機構主辦，且分別針對學生、案主提供服務，因大多都有經費來源，所以並不會向學生、案主收費，有關繳費資訊就可省略不提了。

（八）報名方式及截止時間

過去都是請有意願參與的潛在成員與主辦單位聯繫，或直接到主辦單位（如學校諮商中心）填寫報名表。近年來，由於通訊設備的使用普遍，且為鼓勵有意願者參與、增加報名的便利性，目前多會在宣傳海報或文宣品上提供網址或 QR Code，請有意參與者掃描後直接填寫報名表。

（九）聯繫與面談

提醒報名後，領導者會主動與報名者聯繫，並約定時間、地點、方式進行面談。預先告知此作法，可減少領導者聯繫時的突兀感。

需提醒的是，以上的廣告及宣傳內容，須配合資訊接收者或潛在成員的年齡、文化、理解能力及身心狀況，並搭配不同語言、文字、方式、工具、管道來呈現，才能適切及有效的達到活動宣傳、資訊揭露、引發興趣等多重目的。

範例參考

團體宣傳海報範例，可參考本書第五至十章每章的第一頁，其中第七章「目睹兒童教育性團體」的宣傳海報資訊較為完整，推薦讀者優先閱讀。

二、透過他人推薦時的資訊揭露

　　除了海報、各類文宣品的張貼和廣告外，團體諮商成員招募常用的方法還包括他人推薦，例如：透過導師、專輔老師推薦學生或家長；透過諮商師、社工師、生活輔導員推薦適案主、安置機構學員；或請機構向其所屬志工、曾參與機構活動的夥伴，分享其曾參與的活動經驗，以鼓勵、推薦他們加入此次將要舉辦的團體。

　　想要透過他人推薦而接觸、招募潛在成員時，諮商師要確保他人有關諮商師或諮商專業的陳述是準確的（C.3.c），且不得利用諮商、教學、培訓或督導關係，以欺騙或對易受傷害的個人施加不當影響的方式，推銷他們的產品或訓練活動（C.3.f）；基本上，諮商師不會要求自己現有的案主、過去的案主或其他易受不當影響者協助推薦；若有被推薦者，諮商師也會與其討論被推薦的影響（C.3.b）（ACA, 2014）。

　　為讓推薦者能精準推薦、協助搜尋吻合團體定位和目標的成員，團體領導者應準備相關資訊供其了解，並盡可能藉由直接拜訪、面對面說明，或透過電話、書信等方式向其介紹團體。此動作除了能展現團體領導者的積極、體貼、可直接向推薦者表達感謝外，能清楚說明、讓推薦者找到符合團體設定的成員才是最重要的目的。

　　至於要提供哪些資訊給推薦者，得視狀況而定，最好是能依其身分「量身打造」；舉例來說，學校場域裡，導師、專輔老師、諮商師是推薦或轉介成員的來源，因此團體領導者可分別針對導師、諮商師撰寫「團體說明書／導師版」、「團體說明書／諮商師版」；若是透過安置機構、庇護中心招募，當然就要準備「社工、生輔員版」的團體說明書。

　　最後還想提醒，成員招募不是件容易的事；由於招募成效是影響團體能否順利舉辦的關鍵要素，領導者不能消極的只寄送海報，便寄望他人多予協助。學校、機構人員大多非常忙碌，對團體細節的了解不若親自設計、帶領的領導者深入，因此鼓勵領導者爭取自行宣傳的機會，例如：能利用機會對

全校、各年級班代或輔導股長介紹團體，或直接入班，甚至是利用老師開會時間、全校週會時間進行宣傳。如此積極的宣傳，除可擴大訊息傳遞、激發潛在成員參與意願外，還可減少、模糊掉他人對輔導室推薦或轉介成員的刻板印象或偏見。

範例參考

・給安置機構工作人員的「團體說明書」範例，可參考第五章「附件 5-1」。

・給導師的「同意書」內也有關於團體的說明，可參考第七章「附件 7-1」、第十章「附件 10-2」。

第四節　面談、篩選及為成員做好準備

一、 面談或聯繫

　　成員報名後，就進入面談、篩選的階段。不過要澄清的是，面談不一定是為了篩選，有些團體領導者因報名人數不足，或是合作機構希望所有有意願者都可參與而不做篩選。但即使如此，面談或團體前聯繫仍有必要。

　　當然，面談只是聯繫的一種方式，若在交通、距離、時間等限制下，採電話、視訊或信件聯繫也可以。不過，根據多年來的團體觀察和督導經驗，採面對面、個別談話的效果最佳，除了能與潛在成員提早建立關係、直接對話、觀察其口語和非口語訊息外，個別的談話方式也能讓潛在成員較無壓力、談話時間較長，並能將焦點放在單一成員身上。而若無法進行個別面談，團體面談也是可考慮的方式之一，讓成員也可早些認識可能一起參與的夥伴。此外，若在機構進行面談，除了說明相關事項外，還可帶領潛在成員參觀機構、向成員介紹之後的團體場地。

　　許育光（2013）也認為，採個別會談是實務上最佳也最好的方式，因為能有機會個別且直接的與成員接觸，澄清個人相關的困擾和狀況，較能掌握個別狀況；其還提到，與個別成員進行會談，除了基本的彼此認識和建立關係外，通常有以下幾類任務需要達成：(1)說明團體情形與參與規範；(2)預估與了解參與動機與目標；(3)探討參與團體的適配性與澄清相關議題；(4)邀請參與團體並告知後續程序。

　　Masson 等（2012/2013）亦表示，個別面談雖是最耗時間的成員篩選方式，但其具有三個重要的價值：(1)使領導者有機會評量成員是否適合參加團體；(2)提供領導者與可能進入團體的潛在成員有個別接觸的機會；(3)領導者有機會向報名成員說明有關團體的事宜，如規則、內容、成員組成、可能風險。特別是團體中若有非自願、被強制要求接受個別諮商／團體服務的案主時，透過團體前的面談或聯繫，領導者可藉此機會向其說明團體、團體規範及拒絕服務的潛在後果（A.2.e）（ACA, 2014）。

　　面談或聯繫雖有好處，但面談或聯繫時要談些什麼、如何讓參與談話的雙方都有收穫與好感，是領導者須思考且承擔的責任。面談或聯繫時，領導者應掌握與潛在成員互動的機會，預告進行談話的時間、地點、預計的談話內容，以為其做好談話的準備，減少猜測、焦慮或不確定感。

　　然而，不少機構、團體領導者忽略面談或團體前聯繫的重要性，為了節省時間、經費、人力而省略此一動作，以致領導者與其他成員一樣，到了團體第一次才見到彼此、才聽到成員參與團體的動機和期待。其實，自對外宣傳、招募起，團體就已開始，特別是在次數較少、時間較短的團體中，團體前面談／聯繫可減少團體領導者帶領上的摸索時間，加速團體的進行。

範例參考

團體面談通知書範例，可參考本書第五章「附件 5-2」、第八章「附件 8-1」；另外也有教育性團體為了了解成員在參加團體前對某議題的認識程度、態度或看法，以利團體內容設計，因而會在面談時進行相關測驗，此部分可參考第七章「附件 7-6」。

二、篩選

成員篩選是重要的步驟（ACA, 2014），因為不是所有人都適合參加團體，有些人參加團體反而容易受到傷害；故篩選適當的人參加團體，是諮商師／團體領導者的責任。但是篩選成員並不容易，除非有清楚的篩選標準，否則很難做到。由於決定成員的條件、篩選成員是團體形成的重要項目，因此 Masson 等（2012/2013）鼓勵領導者應爭取決定和篩選成員的決定權。

然而機構常會期待讓一些不適合參與團體的成員加入其中，使得團體領導者很難有機會篩選成員（Masson et al., 2012/2013）；李佳儒等（2012）在倫理信念與行為的研究中就發現，48%的諮商師「未依團體目的與成員需求篩選成員」；在家暴加害人處遇團體中，不少研究者也發現未篩選成員，將男、女施暴者、同性戀施暴者及兒虐施暴者放在同一團體中並不適當，也因此招致許多批評（王珮玲等，2021）。

因此林家興（2014）認為有做成員篩選還是比較好，不論用何種方式（書面或面談），篩選都能盡量讓合適的人參加團體；而在篩選時，應以案主的福祉為主，而非以心理師的舒適度做考量。ACA（2014）也提醒，「諮商師篩選潛在團體成員時，在可能範圍內，應選擇需求與團體目標一致、不會妨礙團體進程，且其幸福感不會因團體經驗而損害的成員（A.9.a）」。

Yalom（2005）則認為，個案參加團體的動機是進入團體最重要的標準，在人際關係上有困難的人，例如：孤單寂寞、有困難開始或維繫親密關係者，以及感覺不被愛、害怕自我肯定、有依賴議題者，都很適合參加團體；另外，

感覺生活沒意義、患廣泛性焦慮症、追尋自我認同、害怕成功、強迫性工作的人，也可從團體中獲得幫助（引自林家興，2014）。不過，由於每個團體均有其特殊性，領導者可與協同領導者一起討論，並參考觀察員、督導的意見。

　　為能在篩選時做出納入或排除的標準，領導者在篩選時可考慮如下的標準，包括（林家興，2014）：

- 參與團體的動機。
- 個人目標與團體目標的一致程度。
- 預估成員在團體中的獲益程度。
- 參與團體的風險（在團體中揭露個人經驗、與他人互動、接受回饋或挑戰等的意願或能力）。
- 能否全程參與（請假、缺席、遲到的比例）。
- 監護人對其參與團體的支持程度。
- 若團體時間與班級作息衝突，授課老師或導師對其參與團體的支持程度。

　　待領導者、協同領導者一一與成員接觸，彙整所有報名者的經驗和期待後，這些資料就會成為修改團體計畫（初稿）的參考依據。由於之前領導者所撰寫的團體計畫（初稿），參酌的是領導者的過去經驗與來自文獻、機構等的間接資料，但當領導者、協同領導者與已報名的潛在成員互動後，這些潛在成員直接提供的資料，如參與動機、團體經驗、預期透過團體達成的個人目標等，就成為領導者修改團體計畫（初稿）最重要的參考資料。

　　初談後，領導者、協同領導者應共同進行成員篩選的討論，評估後若決定邀請報名者，即會發給「錄取／邀請參與團體通知書」，但若報名者不適合參與團體或其之期待與團體目標差異過大，經評估覺得不適合邀請，也會給予「未錄取／未邀請團體通知書」，並個別化的告知領導者評估其不適合參加團體的原因、提供相關資源因應其需要，以避免或減少報名者未被邀請參與團體而產生「被拒絕」的感受。

・錄取通知書範例，可參考本書第八章「附件 8-2」。
・未錄取通知書範例，可參考本書第八章「附件 8-3」。

三、協助成員做好參與團體的準備

不論有無面談、聯繫或篩選，當所有將要參與團體的成員確定後，幫他們做好參與團體的準備是領導者的責任。這些可以做的準備包括：

・ 正式通知成員，歡迎其加入團體。
・ 重申團體目標與重要內容（若團體在面談後有微調團體目標、內容，此時須告知新的團體目標和內容），並簡要說明領導者的理論取向及團體中將會使用之工具。
・ 介紹團體中會一起參與的工作人員，簡要說明各自的角色與專業背景。
・ 說明團體人數，介紹團體的互動、分享特性，鼓勵傾聽、回饋與準備揭露，但尊重每個人揭露與開放的自主決定。
・ 解釋團體倫理原則，包括保密及保密例外、相關紀錄與資料的匿名做法、參與團體的可能風險（若有錄音、錄影需要，也須提出）。
・ 再次提醒整個團體的時間、次數，鼓勵成員盡可能全程參加，同時強調全程參與的優點。
・ 特別強調第一次團體的時間。
・ 註明團體地點，若有需要，可說明交通方式。
・ 其他應提醒事項，例如：用餐、飲水、服裝、場地設備（是否坐地板）等，以及其他能使其在團體中放心、自在參與的事務。

建議可將以上內容整理成同意書，在第一次團體前寄出，讓成員先行閱

讀；領導者於第一次團體時，可再次說明或確認成員對內容的理解程度，並針對疑問處澄清，待成員均理解及同意後，再行簽署同意書之動作。

　　此處，要特別提醒的是，若成員為未成年兒童或少年時，「諮商師會盡力在案主選擇的權利與接受服務之能力，以及代表案主做決定之父母的合法權利及責任間取得平衡」（A.2.d）（ACA, 2014）。因此建議領導者，在決定參與成員的名單後，至第一次團體前的這段期間，領導者應協助父母或監護人認識團體、提供團體說明書／同意書；待取得同意書後，團體成員名單才算真正確認。另外，團體若在學校辦理，且團體時間可能影響課程參與及班級活動時，建議增加「導師同意書」，以取得導師的支持。

　　雖然就調查結果看來，有 67% 的受試諮商師曾出現「未取得未成年案主和父母的書面知後同意」（李佳儒等，2012），顯示目前我們的學校場域並不重視此事，不少輔導室老師甚至擔心，讓家長／監護人知情同意將引發後續更多的麻煩。即使如此，仍建議團體領導者應準備好家長同意書，並轉請學校協助處理或成員轉交，才是對諮商師／團體領導者較周全的做法。

範例參考

團體同意書與行前通知範例，可依照分類參考本書如下部分：

・給成員的團體行前通知書：第六章「附件 6-1」。

・給導師的通知單：第十章「附件 10-2」。

・導師同意書：第七章「附件 7-1」。

・家長同意書：第七章「附件 7-2」、第十章「附件 10-3」。

第五節　結語

　　相信所有的諮商師都同意專業倫理的重要性，但在實際帶領團體的過程中專業倫理的落實並不容易，超過半數的諮商師在專業知能、團體篩選與組成、知後同意、時間限制、免受傷害等部分出現倫理知行不一的現象，在在顯示了團體倫理由信念至行為的過程中受到諸多因素的干擾。而為避免此類知行不一的現象出現，諮商師須在團體計畫階段審慎思考可強化的倫理作為，並在招募階段做好成員篩選、知後同意等，如此應可為團體開始運作後奠定穩固的基礎。

參考文獻

中文部分

王珮玲、沈慶鴻、韋愛梅（2021）。親密關係暴力防治：理論、政策與實務。巨流。

台灣輔導與諮商學會（2001）。台灣輔導與諮商學會諮商專業倫理守則。https://guidance.org.tw/ethic_001.html

李佳儒、張匀銘、王智弘（2010）。未成年人團體商之倫理困境與因應策略。中華心理衛生學刊，**23**（4），613-637。

李佳儒、張匀銘、王智弘、楊淳斐（2012）。諮商心理師團體諮商倫理信念與行為之探究。中華輔導與諮商學報，**34**，53-81。

林家興（2014）。諮商倫理：臨床應用與案例分析。心理。

許育光（2013）。團體諮商與心理治療：多元場域應用實務。五南。

Masson, R. L., Jacobs, E. E., Harvill, R. L., & Schimmel, C. J.（2013）。團體諮商：策略與技巧〔程小蘋、黃慧涵、劉安真譯，第 7 版〕。五南。（原著出版年：2012）

英文部分

American Counseling Association. [ACA] (2014). *Ethical & professional standards*. https://www.counseling.org/knowledge-center/ethics#2014code

Association for Specialists in Group Work. [ASGW] (2021) . *ASGW guiding principles for group work* (Approved by ASGW Board-05/2021). https://asgw.org/wp-content/uploads/2021/07/ASGW-Guiding-Principles-May-2021.pdf

Thomas, R. V., & Pender, D. A. (2008). Association for specialists in group work: Best practice guidelines 2007 revisions. *Journal for Specialists in Group Work, 33*(2), 111-117.

第三章

深化：理論運用與
內容設計

沈慶鴻

團體計畫初稿經過了宣傳與招募、面談與篩選，蒐集成員參與團體的動機和期待再進行計畫修改後，團體即將進入開始階段。為能在正式開始前，確認團體架構、檢視團體內容，本章將聚焦於團體內容設計，引導領導者將團體目標逐一落實於團體歷程中。

第一節　融入理論觀點的團體計畫

　　多數團體領導者都期待在進行團體計畫及內容設計時能融入理論觀點，以讓團體帶領及運作有所依據或讓架構更趨完整，並期待據此協助成員進行技巧練習、發展行動計畫。然若要達成此期待，領導者除了需熟悉理論觀點外，還要有應用理論觀點的能力。

　　理論就像地圖、導航設備，具有引導功能。Corey 等（2010）認為，理論提供團體領導者一個設計介入的方向、評量整個團體和個別成員的架構，以及協助領導者了解團體過程，提供領導者在團體中做什麼、說什麼的方向，並有助於領導者思考治療運用、處遇介入的可能性；因此，當一個團體領導者沒有清楚的理論而企圖介入並使用技巧時，就如同想蓋房子卻無施工圖般，將使團體及其成員難以獲得最大效益。

　　由於每個理論都有其重要、特殊處，也有其較適用的對象或議題，Corey 等（2010）認為，在團體諮商理論的使用上，很少人會用單一的理論取向，大多會在一個整合取向（integrative approach）下發展團體；整合取向包括了技術折衷（technical eclecticism）和理論整合（theoretical integration）兩種，技術折衷重視的是差異，強調的是各理論中不同技術的蒐集和運用；理論整合則重視概念創新，兩個以上理論間相互的截長補短（通常二到三個理論的整合較佳），如此除可提供領導者更豐富的選擇外，還可滿足不同場域、多樣成員的需求。故 Corey 等將諮商理論略分為以下四大取向，每個取向都是數個理論的整合：

1. 心理動力取向：強調關係中的洞察，如精神分析、阿德勒學派。
2. 經驗與關係取向：強調感受與主觀經驗，如存在主義、個人中心學派、完形治療、心理劇。
3. 認知行為取向：強調想法和行為、行動導向，如認知治療、理情行為療法、現實治療、行為治療等。

4. 後現代取向：強調理解個案的主觀世界，並挖掘個人帶來改變的現有資源，如焦點解決短期治療、敘事治療、女性主義治療等。

Yalom 也認為，並不適合將互動式團體治療所運用之技巧歸於任一理論，因此其在團體治療時會融合人本、認知行為等理論，另在帶領病人團體時還會兼含精神分析學派（Yalom, 1995/2001）。吳秀碧（2017）亦同意團體諮商理論的複合（complex）模式，表示傳統心理動力相關的團體心理治療理論，多數是依據個別治療的理論發展而成；但為避免只從個別成員的視角解讀和運用團體之限制，以及不滿以治療一個人的理論去詮釋、治療多人的情境，後來的學者就在團體治療上採取結合 Sullivan 的人際治療理論、Adler 的人際心理學、客體關係治療、家族治療理論，以及 Yalom 的社會縮影理論（social microcosm theory）等的人際複合模式，並就此開啟以非單一理論建構團體治療的原理及趨勢；這些理論雖有差異，但有共同的交集──人格為人際產物，也因此形成人際取向團體治療的概念。

其實在實務場域裡，團體治療、團體處遇多採整合模式；以親密關係暴力防治處遇服務為例，由於沒有一種取向對所有的受暴婦女都適用，因此不少專家都呼籲整合多元取向實務工作方式的必要性，Mears 提出的婚姻暴力處遇觀點就是整合模式，其認為增強權能（empowerment）是促進受暴婦女遠離暴力和增進福祉（well-being）的中介目標，創傷復元才是終極目標，而團體處遇則是達成「鼓勵受暴婦女表達、對話，幫助他們連結社會關係、減少孤立感」之處遇成效的重要形式之一（引自宋麗玉，2013）。由於來自夥伴的支持對受暴婦女的壓力減緩、突破心理限制，以及採取行動脫離暴力情境有幫助（王秀美，2015；周月清等，2002）；團體不僅是受暴婦女認為最有效的處遇方法（柯麗評，2005），「團體輔導」也是專家學者建議（如潘淑滿等，2017）能協助受暴婦女建立生活秩序、恢復自信與自尊的工作方法。

　　不僅被害人的服務如此，親密關係暴力加害人處遇計畫[1]亦採整合模式、團體處遇（10～15人）的形式進行。根據王珮玲、黃志忠（2005）的調查，2004年時團體處遇已是國內加害人處遇方式上的共識，當時全國已有64個辦理加害人「心理輔導」與「認知教育輔導」團體處遇的執行單位，超過八成採取了兼含女性主義理論及認知行為輔導教育之Duluth模式（Duluth Model）的整合模式。

　　舉例來說，1981年美國明尼蘇達州推動以女性主義理論為主、認知行為取向為輔的Duluth模式，不僅是美國、加拿大多數法院認可、最普遍被使用的加害人處遇模式，也是國內不少處遇模式的參照來源。而國內推動較早、長期投入加害人處遇計畫的北投國軍醫院，其發展的「整合性別平等與人本學派」處遇模式即是以Duluth模式為雛形，除了強調相對人的「再社會化」、「再教育」外，還重視心理歷程和Yalom提出之互動式的團體情境脈絡，因此該處遇模式是在女性主義理論、認知行為取向外，再加上了情緒特質及團體動力觀點而成的整合模式（王珮玲等，2021；陳怡青等，2012）。

第二節　團體設計與目標擬定

　　在一些團體諮商實務、方案設計書籍，都有可供參考的計畫書格式或架構，而不少提供經費贊助的基金會或非營利組織，為讓計畫易於審查，也會在申請表單中提供撰寫格式。不過，即使有了可資參考的計畫格式或架構，團體諮商計畫書的撰寫仍舊不輕鬆也不簡單，特別是設計者須先形成團體目標，再將較抽象的團體目標（總目標）分派至數次團體中，而每次的團體目標（次目標）又須透過不同的活動來落實；如此由大到小、由抽象到具體的衝接過程，都須在團體領導者和協同領導者縝密的計畫下才能做到。

1　2016年衛生福利部新修正《家庭暴力加害人認知及親職教育輔導處遇要點》，為保護加害人處遇計畫之核發和計畫執行依據，在國內加害人處遇計畫執行認知或親職教育輔導時，以再犯預防（團體）為主軸，實施週數分為12週、18週及24週等三種內容。

表 3-1　家暴加害人處遇團體：國內、外比較

國外：Duluth 模式	國內：整合性別平等與人本學派
學習健康的兩性互動	學習兩性平權、非暴力互動
女性主義理論、認知行為取向	女性主義理論、認知行為取向、情緒特質、互動式團體動力觀點
26 週、每週 1 次；8 個主題	24 週、每週 1 次；10 個主題
1. 無暴力 2. 無威脅 3. 尊重 4. 信任支持 5. 誠實負責 6. 對性之尊重 7. 建立伴侶關係 8. 協調及公平	1. 非暴力 2. 非威脅性關係 3. 尊重 4. 支持與信任 5. 負責與誠實 6. 性尊重 7. 夥伴關係 8. 協商技巧 9. 兩性平權 10. 情緒控制

註：整理自王珮玲等（2021）及陳怡青等（2012）。

一、團體設計注意事項

在還未談及團體內容要如何設計時，此處先引用 Masson 等（2012/2013）對團體領導者的提醒，期待團體領導者在設計團體時，避免出現以下的錯誤：

1. 模糊的計畫：模糊的計畫看似多了彈性，但團體若在計畫模糊下就開始，容易讓領導者陷入茫然、無方向感、無法掌握團體目標的窘境。

2. 加入與團體主題、目標無關或無意義的內容：領導者應避免設計與主題無關，或只與一、兩個成員需求有關的內容或活動，在設計團體時務必讓計畫、內容與所有成員有關，且是有價值的內容。

3. 加入不適當的活動：領導者應依團體發展階段設計內容，放入成員還沒準備好的內容或活動並不適合。

4. 設計太多活動：在單次團體中安排了太多活動，表面上看似豐富，但會使成員沒足夠的時間整理、沉澱活動帶來的感受和想法，減低了活動的價值。

5. 沒規劃好時間與順序：領導者設計內容時，除應考慮內容或活動順序的銜接，還須將足夠的時間用在當次最重要的活動上，塞太多活動、花太多時間在暖身上並無必要。

6. 團體開始就安排負向活動：負向經驗是團體中可討論的重要議題，但若在團體一開始就安排負向活動、分享負向經驗，可能會讓成員出現擔心、焦慮的情緒，讓團體出現緊張的氛圍或抱怨行為。

7. 花太多時間在暖身及過去經驗：領導者花太多時間詢問過去、上次團體、團體前的感受或經驗等都不恰當，領導者應多將時間聚焦於當下和目前生活才是重點。

8. 沒足夠時間做結束：團體在匆忙狀況下結束，有些可惜；為讓團體結束具建設性，建議領導者可將分享本次團體所學，或協助成員發展行動計畫以讓其有動力承諾，願意在下次聚會時嘗試新事物等作為團體的結束。

9. 缺乏彈性：團體具動態性、不可預測性，若領導者缺乏彈性、執著於原計畫，可能會讓團體依領導者的想像進行，而非成員需求，且也不符成員此時此刻的狀態。

　　因此，根據前述團體領導者於團體計畫過程中應避免之錯誤，歸納出以下團體內容設計應注意的重點（如圖 3-1 所示），並依序說明之。

圖 3-1　團體內容設計的重點

目標層次　階段特性　內容順序　時間分配　彈性因應

註：作者自行整理。

二、目標擬定與目標層次

　　團體目標（總目標）是整個團體的方向，所有內容和活動都依此而來；此目標匯集了領導者的預估、機構的期待和成員的需求，因此融合而成的團體目標應能同時滿足領導者、機構及成員期待，並成為所有團體內容與活動設計的依據。

　　由於團體目標（總目標）具有標竿、引導作用，目標的擬定因此非常重要。許育光（2013）曾提醒，團體目標的設定與規劃須先思索以下問題：

　　1. 團體為誰成立？（Who）

　　2. 成員參與團體能獲得或改變什麼？（What）

　　3. 如何幫助成員獲得或改變什麼？（How）

　　而其中「成員參與團體能獲得或改變什麼」（What）就是團體目標與方向，至於「如何幫助成員獲得或改變什麼」（How），強調的則是團體進行時領導者持有的理論觀點或取向（approach）、方法（method）、媒材（material）等。此處將先討論「成員參與團體能獲得或改變什麼」（What）之團體目標的擬定，第四節再將焦點放在「如何幫助成員獲得或改變什麼」（How）之方法和媒材的討論。

　　由於「成員參與團體能獲得或改變什麼」（What）的團體目標較為抽象，為讓抽象的目標能在團體歷程中實現，領導者需要將較大、較抽象的團體目標（總目標）細分成數個單次的團體目的（次目標），而後再將單次團體目的細分成數個活動（活動目標），如此由總目標到次目標，再由次目標到活動目標的銜接過程，即是將目標由大（廣泛）到小（深入）、由外而內、由抽象到具體、由覺察到行動依序呈現，且不同層次間還需要密切相關的實踐過程。

┌─ 範例參考 ─────────────────────────────────┐

．團體總目標範例，可參考本書第五～十章之各章第一節的「團諮目
　標」。

．次目標範例，可參考第本書第五～十章之各章第一節「團體內容」表格
　中的「單元目標」。

└──────────────────────────────────────┘

（一）考慮介入層面的目標設定

　　團體係一個多面向、多角度的真實情境，帶領團體時，領導者須同時考慮團體內真實存在的人際關係（團體中的覺察、溝通與改變），以及可催化或介入的各個層面（想法、感受或行為等）。為說明團體諮商目標層次的設計，許育光（2013）以 12 次情緒表達團體為例，說明以「知」、「情」、「意」、「行」的改變層次，與「認知／想法」、「情緒／表達」、「行為／行動」、「人際／關係」交互形成團體歷程目的之設定。

　　其認為在團體目標分層時，可先從個別成員參與團體的改變來看團體歷程，個別成員透過團體歷程，通常能先增進其自我概念與自我了解（知：知道、了解、領悟）；中期還能透過成員的分享與反思，協助情緒的表達與發展（情：感受、體驗、抒發、表達），如此一來，團體中、後期就能漸漸聚焦在成員待解決之議題，促進其對特定情境的思辨與抉擇（意：決定、勵志、期待、確認或意向），最後則可透過自我澄清或團體資源的協助，培養成員問題解決與改變的能力（行：行動、行為、策略、處理、改變），因此除了初次團體（第一次團體）的凝聚力促進及團體目標釐清，以及最後一次團體（第十二次）的結束活動外，第二～十一次的目標則可由「知」、「情」，再聚焦到「情」、「意」，最後才是「行」的層次（參考表 3-2 所示），例如：

　　1. 第二～四次團體：

　　(1)促進成員對於自我情緒狀態的了解與體認（聚焦在「知」）。

表3-2　團體目標之細部歷程：以情緒表達團體為例

認知／想法	情緒／表達	行為／行動	人際／關係	增進自我概念與了解（知）
概念想法澄清	自我情緒狀態體認（第 二～ 四次）	自我行為陳述與檢視	人際覺察	協助情緒表達與發展（情）
情緒辨識（第二～四次）	情緒覺察與經驗（第五～八次）	情緒管理與自我調節（第五～八次）	人際溝通（第五～八次）	促進情緒思辨與抉擇（意）
情境辨識與認知	情緒經驗再檢視與面對（第五～八次）	能力與習慣建構	關係改變意願	培養問題解決與改變能力（行）
思考彈性與想法替換的建立	情緒困境之面對與解決（第九～十一次）	朝向自我行為改變（第九～十一次）	關係改變行動	

註：引自許育光（2013）。

　　(2)協助成員學習辨識情緒，並對自我情緒經驗進行覺察（聚焦在「情」）。

2. 第五～八次團體：

　　(1)引導成員進行情緒覺察與經驗，情緒管理與自我調節，了解情緒對人際溝通的影響（聚焦在「情」）。

　　(2)情緒經驗再檢視與面對（聚焦在「意」）。

3. 第九～十一次團體：

　　(1)協助成員發展有效面對與解決情緒困境的方法（聚焦在「行」）。

　　(2)促進成員的情緒表達朝向行為改變並實踐於生活中（聚焦在「行」）。

（二）融入理論觀點的目標設定

　　為說明運用理論觀點設定團體目標，此處以「職場減壓團體」為例進行說明。

　　勞工雖是經濟發展的重要元素，然而勞工工作壓力、過勞、健康受損已成為備受重視的議題；根據《康健雜誌》針對國內 2000 大企業進行「職場健康大調查」的數據顯示，超過半數上班族面臨工作壓力（康健雜誌編輯部，2018），「107 年勞工生活及就業狀況調查」結果也指出，近一年有 25% 的勞工覺得工作負荷過重（勞動部，2018）。由於工作壓力可能導致勞工曠職、缺勤、離職、倦怠、意外事故發生、工作品質下降、產量減少、決策效能低落等現象，也會破壞身體健康造成心血管與免疫系統的疾病，以及憂鬱、焦慮等不良心理反應（勞動部勞動及職業安全衛生研究所，2019），因此職場壓力管理、減壓成為「員工協助方案」（Employee Assistance Programs, [EAP]）中重要項目之一。

　　認知療法、認知行為療法、生理回饋、系統減敏感法皆是壓力因應、情緒調適的重要理論與方法（Nulen-Hoeksema et al., 2014/2015）；認知行為療法中的理情行為療法（REBT）是廣泛被用來處理壓力、改變情緒且具實證基礎的理論，特別是其 ABC 理論藉由改變非理性信念以改善壓力、情緒的成效已獲國內、外諸多研究的支持（Corey et al., 2010）；另外認知控制理論的內、外控觀點，也對工作壓力、工作滿意度有影響，通常內在控制信念愈高者，工作壓力之調適愈好。

　　此外，生理回饋與系統減敏感法雖是壓力紓解的好方法，然正念減壓（mindfulness-based stress reduction, [MBSR]）、正念認知療法（mindfulness-based cognitive therapy, [MBCT]）已成為近年壓力處理、情緒困擾或憂鬱症等身心治療上頗受肯定、具顯著正面效益的治療方法（林鈺傑，2013；Williams, 2008）；張仁和等（2016）的研究亦顯示，高正念傾向的個體具有較佳的因應彈性與適切的情緒調節策略。

　　故綜上所述，為辦理「職場減壓團體」擬運用理情行為療法、認知控制理論、正念認知療法等認知行為取向，期待能在六次團體時間內達成職場減壓的目標。而有關團體目標與理論運用請參考表 3-3 所示。

表3-3　職場減壓團體之總目標、次目標及理論運用

總目標：1. 透過探索，引導成員覺察職場壓力源及其影響（第一～三次）
　　　　2. 檢視信念，協助成員理解信念對壓力及情緒的影響（第二～五次）
　　　　3. 介紹正念，提供成員學習有效職場減壓的方法（第一～五次）

第一次	第二次	第三次	第四次	第五次	第六次
探索壓力	覺察情緒	檢視信念	改變信念	減壓計畫	鞏固所學
1. MBCT	1. REBT：C 2. MBCT	1. REBT： 　C、B 2. 認知控制 　理論 3. MBCT	1. REBT： 　C、B、 　D、E 2. MBCT	1. REBT： 　D、E 2. 內控、外 　控 3. MBCT	1. REBT 2. MBCT
認識夥伴 目標與規範 正念呼吸	探索壓力源 辨識情緒 正念伸展	感受情緒 檢視信念 正念葡萄乾 身體掃描	覺察情緒 檢視信念 改變信念 正念行走	檢視信念 改變信念 自我照顧	回顧歷程 鞏固所學 行動計畫

第三節　階段特性與療效因子

　　在團體目標分層後，接著就是依階段特性對應單次團體的次目標，如此團體內容的設計就能呈現的更細緻、更具體。

一、階段特性

　　團體內容的設計除了須先考慮團體目標（總目標）外，還要再將團體次數、發展階段納入考慮。因為不論重視的是團體次數，還是團體發展階段，反映的都是領導者在設計團體內容時會考慮團體歷程與動力變化，亦即會關心成員對團體的熟悉程度、對團體運作的適應和接受程度、對領導者的信任程度，以及成員彼此間的吸引力、互動程度等關係上的變化；這些都會影響成員的揭露或開放意願，以及冒險行為的表現與否。由於團體次數不等於團體發展階段，因此在安排團體內容時，要考慮不同團體內容應放在第幾次團體、哪個階段才是較適切、妥當的。

團體發展階段指的是，隨著團體運作與成員互動時間的累積，團體會產生的變化。不同學者依團體變化特徵將團體區分為幾個不同的階段，舉例來說，Tuckman 將團體歷程分成形成期、風暴期、規範期、表現期等四階段；Herry 將團體歷程分為創始期、聚集期、衝突期、維持期、結束期等五階段；Toseland 與 Rivas 將團體歷程分為計畫、開始、中間、結束等階段（Toseland & Rivas, 2012）。

吳秀碧（2017）則以人際理論為基礎，剖析成員在團體歷程中人際關係發展的原理與特徵後，將團體歷程分為社交、連結、共享關係、互助工作，以及收穫和退出等五個階段。而目前國內多數學者與研究者普遍採用的則是 Corey 等與 Yalom 對團體階段的看法，將團體歷程區分為初始、轉換／衝突、工作、結束之四階段（引自吳秀碧，2017），每階段特性簡要說明如下（許育光，2013；Corey et al., 2010）。

（一）初始階段

此階段特性是定向與探索，建立信任、澄清目標是初始階段應達成的任務；因此團體內容設計的重點在促進交流（讓成員開始接觸領導者、認識其他成員）、幫助成員認識團體（目標、運作方式與規範），並使成員在團體中覺得舒適與自在的內容與活動。

（二）轉換階段

轉換階段的目標在促進團體凝聚力，一方面增加成員真實互動的機會，另方面減少成員在團體過程中的焦慮、衝突，以及對抗、支配議題的可能性，故可設計成員共同參與的活動，藉由增加接觸、互動機會，促進凝聚力和人際連結，同時還要能營造安全和信任的氣氛，鼓勵成員冒險、減少害怕。

（三）工作階段

工作階段是團體凝聚力、生產力最高的階段，成員多能自由的互動、直接的溝通，也願意給其他成員回饋；此階段成員與團體目標的連結較緊密，

也能貼近自己真實的經驗或困境，因此領導者可嘗試增加練習機會，協助成員有機會朝向個人想要改變的或期待的目標。

（四）結束階段

此時團體進入尾聲，結束階段的任務在幫助成員回顧團體歷程、整理團體經驗，並檢視團體目標、個人目標的達成程度，鞏固成員團體中的學習成果；此外，還需引導其將所學轉換到日常生活中，並相互道別和祝福。若有機會，還可引導成員思考未來繼續學習或改變的方向。

二、療效因子

「療效因子」（therapeutic factors）指在團體中催化成員改變、促進成員狀況改善的力量，是 Yalom 非常重要的研究成果；其在 1985 年首次以人際學習理論歸納出 12 項促成團體心理治療的療效因子，1995 年再修訂成 11 項療效因子，包括：灌注希望（installation of hope）、普同感（universality）、傳遞資訊（imparting of information）、利他主義（altruism）、原生家庭的矯正性重現（corrective recapitulation of the primary family group）、發展社交技巧（development of socializing technique）、行為模仿（imitative behavior）、人際學習（interpersonal learning）、團體凝聚力（group cohesiveness）、宣洩（catharsis），以及存在性因素（existential factors）等[2]（鍾明勳等，2011；Yalom, 1995/2001），各因子並非獨立存在，而是彼此間具有錯綜複雜的交互作用和依存關係，且隨著團體治療經驗的累積與加深，療效因子具有反覆循環性，能直接、間接的促進改變，尤其在團體後期更為明顯（陳均姝等，2006）。

---

2 1985 年的 12 項療效因子，包括：灌注希望、普同感、指導建議、利他主義、家庭重現（原生家庭的矯正性重現）、自我了解、行為模仿、內注性的人際學習、外注性的人際學習、團體凝聚力、宣洩，以及存在性因素；1995 年 Yalom 將其修訂成 11 個療效因子，原「指導建議」修改為「傳遞資訊」，原「外注性的人際學習」修改為「發展社交技巧」，「內注性的人際學習」修改為人際學習，並刪除了「自我了解」。

　　療效因子的催化和討論是團體諮商的重要議題，各類型團體都有療效因子的存在，只是不同團體的療效因子可能各自不同，即使是同一個團體，不同成員所感受和獲益的療效因子也可能有所差異；這個差異，可能與學派有關，也可能受到病患／成員與治療師關係的影響，或與觀察員的觀察角度有關，而且對有些成員是重要的療效因子，對其他成員則可能微不足道。由於療效因子在團體治療歷程中扮演不可缺少的角色，然其所呈現的複雜現象，使得療效因子的研究和探索一直是團體諮商中的重要議題。

　　像是 Yalom 就發現，醫療場域內不同的團體具有不同的療效因子（引自鍾明勳等，2011；Yalom, 1995/2001）：

- 門診治療團體：人際學習、宣洩。
- 住院治療團體：灌注希望、存在性因素。
- 戒酒團體：灌注希望、傳遞資訊、普同感、利他主義、團體凝聚力。
- 恐慌症團體：人際學習、普同感。
- 出院規劃團體：傳遞資訊、發展社交技巧。

　　另根據 Yalom 的研究發現，11 項療效因子會在團體不同階段發揮效用，例如：普同感、灌注希望是團體初期最重要的療效因子，隨後逐漸增強的因素則是宣洩、人際學習、團體凝聚力、傳遞資訊（引自 Yalom, 1995/2001）。Holmes 與 Kivlighan（2000）對療效因子進行後設分析，並再加入團體歷程觀點後發現，團體形成階段的療效因子以認知性支持（如人際學習、替代學習）最重要，衝突階段則以情感支持（如被接納、灌注希望、普同感）為主，規範形成／朝向工作階段則以認知頓悟與洞察（如傳遞資訊、自我揭露、替代學習）最重要。

　　鍾明勳等（2008）曾以一位門診憂鬱症個案實施 16 次動力性人際關係團體心理治療為例，進行團體早期、中期、晚期之療效因子的分析，發現團體早期比較重要的療效因子為存在性因素、宣洩、灌注希望，團體中期為普同感、宣洩、存在性因素，團體晚期則為人際學習、自我了解、灌注希望。吳

秀碧（2005）則認為，人際互動的教導、普同感的連結、促進成員相互支持或分享經驗，均能促使團體形成療效因子，而在焦點成員進入工作期後，團體也會開始經驗宣洩、人際學習、自我了解、傳遞資訊等療效因子。表 3-4 彙整了不同研究者有關療效因子的研究，並依團體階段做呈現。

表 3-4 團體階段與療效因子：不同研究結果的彙整

階段	療效因子
初始期 （早期）	1. 普同感、灌注希望（Yalom, 1995；引自許育光，2013） 2. 人際學習、自我了解、替代學習（Holmes & Kivlighan, 2000） 3. 存在性因素、宣洩、灌注希望（鍾明勳等，2008）
轉換期 （中期）	1. 被接納、灌注希望、普同感（Holmes & Kivlighan, 2000） 2. 普同感、宣洩、存在性因素（鍾明勳等，2008）
工作期 （晚期）	1. 傳達資訊、自我揭露、替代學習（Holmes & Kivlighan, 2000） 2. 人際學習、自我了解、灌注希望（鍾明勳等，2008）。 3. 宣洩、人際學習、自我了解、傳遞資訊（吳秀碧，2005）

除了 Yalom 提出療效因子的概念外，Masson 等（2012/2013）也指出團體存在著 15 項促進成員改變的治療性力量（如表 3-5 所示），領導者應了解並做好準備，以積極催化團體治療性力量的產生。

表 3-5 15 項治療性力量

- 領導者與成員了解團體目標的程度
- 團體目標與成員的關聯性
- 團體的大小
- 每次聚會時間的長短
- 聚會的頻率
- 聚會場所的適切性
- 聚會時段的適切性
- 領導者的態度
- 團體是開放性或封閉性
- 成員是否自願參與
- 成員承諾的程度
- 成員彼此信任的程度
- 成員對領導者的態度
- 領導者的經驗與團體帶領的準備度
- 協同領導者的協調程度

三、療效因子或治療性力量的催化與運作

療效因子、治療性力量是團體諮商的核心議題，也是促進成員改變的重要力量，然而要如何引發、催化療效因子的產生是團體領導者的重要任務。以下歸納相關研究結果供領導者帶領團體時催化療效因子時的參考。

（一）準備妥當

療效因子、治療性力量的啟動與下列因素密切相關，包括：團體目標的清晰度、目標與成員的關聯性、團體大小、團體性質（開放或封閉性）、聚會時間（時段、頻率與時間長短）、團體辦理的場所、領導者的態度與經驗、協同領導間的協調度、成員自願與承諾程度，以及團體中彼此信任程度等（Masson et al., 2012/2013），以上內容除了最後一項（團體中彼此信任程度）需透過領導者於帶領過程中做適度的催化，其餘則都與團體特性的設定及行政安排有關，因此領導者若能於團體計畫階段、團體前預備階段進行妥善的規劃與準備，對治療性力量的產生會有很大的助益。

（二）成員篩選

研究發現，團體前預備與團體凝聚力發展、成員滿意度有關，也可降低成員中途流失的危險，因此在團體前的預備階段，領導者除應提供機會讓潛在成員表達他們對團體的期待，還應審慎選擇與團體目標相符的成員，以避免出現成員衝突、次團體干擾，或不願傾聽別人故事、抗拒分享、不斷打岔、無法接納別人等問題；而選擇與團體目標相符、同質性較高的成員，較易在團體初期找到普同感、產生共鳴，建立團體信任感與凝聚氣氛（Riva et al., 2004；引自林淑君等，2012）。王麗斐、林美珠（2000）在編製「團體反治療性因素量表」時，也發現「與自己期望不符、自我揭露的抑制、不安全」與團體反治療性因素顯著相關，由此可見，選擇與團體目標、期待相符之成員的重要性。

（三）積極帶領

　　林美珠、王麗斐（1998）針對「干擾」療效因子產生的研究結果也發現，「領導者介入」與「領導者不當介入」是受訪者描述「治療性」和「反治療性」事件最多的因素，並發現國人感受之團體治療性因子偏重於「認知性獲得」與「被動性影響」（例如：經驗到被接納、被信賴的感覺），顯示成員在團體中的收穫多在領導者積極介入中被動獲得，林美珠、王麗斐因此認為，此現象除了反映華人倚賴權威的文化特性，也反映成員對低結構團體焦慮、不知所措，對分享不熟悉的狀態。

（四）結構化設計

　　結構化亦是重要的方向，特別在團體初期，結構化是催化療效因子的可行策略；領導者若能適度的運用結構式活動，不僅可降低預期焦慮、提高人際冒險（如自我揭露）及團體凝聚力，也可減少團體出現僵化的機會，促進團體進展與良好的結果（Riva et al., 2004；引自林淑君等，2012）。

（五）營造支持性氛圍

　　聚焦於團體氣氛的關係建立及個人、成員間議題的轉換，能促進團體的凝聚力（Holmes & Kivlighan, 2000），感受到團體凝聚力愈佳的成員，治療效果愈好，愈不會流失。尤其團體為現實世界的縮影，若氣氛具支持、安全性，將有助成員嘗試新行為，並互相交流回饋，如此才能提升成員社交能力（Johnson & Johnson, 2005；引自鍾明勳等，2008）。

（六）促進連結與互動

　　緊密的人際關係是發展團體凝聚力的重要因素（吳秀碧，2005），而團體獨特的互動特質——支持性、社群感、體驗感受、替代學習、希望感、協助他人、自我洞察、多重回饋、社會比較等若能被充分運用，就可提升團體效果；因此鼓勵團體領導者在團體初期應以支持的態度，鼓勵成員面對困境、

表達情緒，再做成員間的連結；當凝聚力足夠時，則可集中討論當下成員面臨的人際關係困境、彼此的差異及衝突，此外領導者還可指出其重複出現之處，促進人際學習及自我了解的療效（鍾明勳等，2008，2011）。

（七）衝突處理

團體中成員間的衝突與緊張若未能善加處理，將對團體產生傷害，特別是在團體早期、凝聚力尚未形成階段的衝突，易造成成員流失；若衝突發生在中後期階段，則團體凝聚力將有助領導者將衝突事件轉換為人際學習的機會，化解僵局；另外，為了在團體進行中提升團體凝聚力，領導者須避免不當干擾（如拒絕、評價、發言的壓力、負擔感、攻擊等）的發生，讓成員們有機會連結情緒與經驗意義，深入了解彼此，而非過早的給予成員問題解決的建議，導致深入覺察的機會消失（林淑君等，2012）。

範例參考

- 營造支持性氛圍和促進連結與互動範例，可參考本書第五章第三節，及第六章第三節的「單次團體計畫」。
- 團體的衝突事件處理，可參考本書第六章第三節的「團體紀錄：以第二次團體為例」。

第四節　團體活動設計

一、活動運用與活動類型

（一）活動目的

「activity」、「exercise」兩字皆是活動，不過當指有特定目的（for a specific purpose）的活動時，多數領導者會使用「exercise」一字，意謂領導者

為引導成員討論、行為或觀察團體成員而使用的特定活動；Yalom 認為團體使用結構性活動最早可能始於 1950 年代的訓練團體（T-group），而多數專家都同意，活動能讓團體變得有意義及有趣，適當的使用活動可為團體帶來效益（great benefit）（Jacobs et al., 1998）。

　　活動是領導者引導討論、喚起經驗、促進行動的來源，透過活動可開啟團體話題、歸納及彙整成員經驗，因此領導者通常會在下述考量下使用活動（Masson et al., 2012/2013）：

1. 為增加成員自在程度：團體初期，利用活動（例如：兩兩配對討論、書寫活動）可降低成員的焦慮程度，增加自在感。

2. 提供領導者有用資訊：活動可以蒐集與成員有關的訊息，幫助領導者了解成員、掌握成員參與的狀況，並獲得有助於決定團體焦點的訊息。

3. 引發團體討論與聚焦：活動能鼓勵成員表達、增進成員的參與度、創造共同經驗，也能使想法或概念更視覺化、具體化。

4. 轉移焦點：有時討論或分享到一個段落時，領導者覺得需要發展一個新的主題時，可運用活動轉移焦點或發展一個新的主題。

5. 深化焦點：團體活動是幫助成員獲得覺察的好方法，有些活動可幫助成員更接近自己、體會自己是如何與他人互動的；像是回饋、信任、幻遊等活動都可深化團體焦點。

6. 喚起經驗或提供學習機會：有時為了喚起成員過去的感受，或為從未有過某類經驗的成員創造新經驗、預演情境，領導者可提供經驗性活動（例如：以闖關活動，讓成員體驗被拒絕、被推開的感受），改變僅以口頭討論的進行方式。

7. 提供趣味與放鬆：活動除了有以上功能外，還能為團體帶來輕鬆、歡樂的氣氛；不過領導者還是要記得在輕鬆、歡樂外，仍要預留足夠時間探討該活動的意義與感受。

（二）活動類型

由於使用的器材或性質不同，Jacobs 等（1998）及 Masson 等（2012/2013）將活動分為 14 類（如表 3-6 所示），並提醒領導者，設計團體活動時活動內容不能一成不變，應考慮團體類型、成員年齡、文化背景及其心智能力進行改編或組合。

表 3-6　團體活動類型：14 類活動

· 書寫活動 written exercises	· 閱讀活動 common reading exercises
· 肢體活動 movement exercises	· 回饋活動 feedback exercises
· 二人和三人分組活動 dyads and triads	· 信任活動 trust exercises
· 繞圈發言活動 rounds	· 體驗性活動 experiential exercises
· 創造性道具活動 creative props	· 道德兩難活動 moral dilemma exercises
· 美勞和手作活動 arts and crafts exercises	· 團體決定活動 group-decision exercises
· 幻想活動 fantasy exercises	· 接觸活動 touching exercises

1. 書寫活動

是一種結構式的繕寫活動，領導者根據目標設計題項後，請成員根據指示列出事項（例如：列出自己的正向特質）、回答問題（例如：影片中，哪個角色最像自己，為什麼？）、語句完成（例如：離婚意味著……）、寫下想法或反應（例如：請成員寫下自己的墓誌銘），或在檢核表中做勾選（例如：選出最符合自己價值觀的項目）等。書寫活動是最有用，也是領導者最能運用自如的活動，尤以「語句完成」是其中最有用的形式之一，不過進行書寫活動時，領導者需事先設計表單、列出問題。

2. 肢體活動

是要求成員移動、改變姿勢或動作的活動，動作可以很簡單也可以很複雜，例如：請成員站起來，重新找座位；要求成員在團體中兜圈子，並與其他成員進行眼神接觸；成員互相擊掌；雕塑感覺或關係；信任跌倒；闖關遊

戲；大風吹；或在團體中標示出 1～10 的位置，要求成員選擇一個最符合自己狀態或關係的位置（進行社會計量）等，肢體活動提供的經驗和心理狀態，比口說討論更能讓成員印象深刻，且可改變團體的氣氛，減少無聊與疲憊。進行肢體活動時，要注意成員的身體狀態、安全、空間大小，若要求肢體碰觸時，也需注意成員的意願與感受。

3. 二人和三人分組活動

分組活動常被使用，尤其在團體初期，採人數較少的分組，可讓成員不需直接面對大家，增加其在團體中的自在感、減少壓力；且團體時間有限時，分組活動可節省時間、可在較短時間內創造熟悉感，且讓每位成員都有參與和分享的機會。此外，分組活動也可用在較深度的討論，進行角色扮演（家庭角色的置換）、技巧練習（自我肯定訓練，提出邀請、拒絕）、當作鏡子（模仿動作、複述說話內容）等。

進行分組活動時，須考慮分組方式及時間控制；像是成員自行決定分組、與鄰座分組、報數後以奇數／偶數分組，或設定某種分組規則（例如：與團體中還沒說過話的成員一組、找一個想認識的成員同組等）等都可參考，並讓成員有機會認識不同的夥伴。另外分組時，須清楚告知討論時間並控制時間，時間過短會讓討論無法完成，時間過長則不僅浪費時間，也會讓團體陷入無趣、無聊的氛圍中。

4. 繞圈發言活動

繞圈發言可讓每位成員根據領導者提出的議題（例如：上次團體印象最深刻的事是什麼、身為父母最困難的是什麼）輪流發言，讓每位成員都有機會對領導者提出的刺激做反應；由於繞圈發言可蒐集到相當多的重要資料、促進成員參與，因此是不少領導者認為最有價值的活動之一。此活動能鼓勵較沉默的成員發言，也能抑制話較多的成員，使成員有較平均的說話機會，領導者也能在較短時間內掌握成員狀態；領導者可在成員一一說完後，找出成員經驗的交集或特殊處，協助彙整活動後的感受。

不過，進行繞圈發言的第一位發言者，因無準備時間而會有較大的壓力，所說內容也會對後面發言者產生引導、示範效果，因此領導者需考慮如何選擇第一位發言者、誰較適合成為繞圈發言的起點。

5. 創造性道具活動

不少團體領導者在進行團體活動時喜歡使用創造性道具，例如：帶領懷舊團體時的照片、童玩；進行生命歷程整理時，呈現生命起伏經驗的鐵絲；以及近年來非常多人使用的牌卡、桌遊、大富翁、闔家歡、玩偶、測驗（問卷）等都屬這類活動。由於創造性道具能夠達到引導成員思考、呈現成員心理狀態、喚起多元感受、創造參與感等多重目的，是使用率頗高的活動。

6. 美勞和手作活動

畫圖、剪貼、手作等活動提供的趣味性，能吸引成員參與、專注於團體中；此類活動適合所有年齡層，能允許成員以不同方式表達自己，對不易辨識、表達自己感受的成員有幫助，更適合口語表達不便、不習慣口語表達、年紀較輕的成員。舉例來說，提供成員一些過季的雜誌，請成員翻閱並從中挑選、剪下符合自己的圖片進行組合以代表自己，領導者可在成員完成後，請其分享畫作，並邀請其他成員給予回饋。這些圖片可刺激成員思考、投射成員的想法，只不過花費的時間較多，且可能引發不善於畫圖成員的抗拒。

7. 幻想活動

幻想活動較常用在成長團體或治療團體中，能對感受較少、很難表達自己的成員，進行較多、較深之感受、願望、期待的覺察。幻想活動非常依賴領導者的引導，舒適的位置、讓人放鬆的音樂、切合幻想主題的內容，再搭配適切的說話速度、語氣等可催化成員的體驗與感受；例如：進行生涯幻想，引導成員想像 3～5 年或 5～10 年後的自己；引導成員回到過去某一時刻（重新面對後悔、重新回到大一）；引導成員想像自己是某物品（一棵樹、一個高飛的氣球），或者預演可能出現的情境（求職的面試情境、向喜歡的人表

白）等。幻想能讓成員有較深的體驗，不過也可能誘發、觸及較痛苦或傷心之負面情緒，因此領導者需留意成員的情緒變化。

8. 閱讀活動

　　領導者事先準備一段短文、詩篇、故事或繪本，要求成員進行閱讀，以引發成員的意見或想法，並協助成員針對某一角色、焦點進行深度的討論或探索。領導者也可在成員閱讀後，搭配分組活動，先進行組內討論，再進行正、反意見的跨組對話，如此不僅可讓每個成員的意見都有表達的機會，還能同時激發參與感、凝聚力，並得到豐富的意見。然而適切的閱讀材料，是此類活動能否達到預期成效的關鍵，因此領導者須事先蒐集、準備能符合團體目標、成員年齡、理解能力的閱讀材料。

9. 回饋活動

　　了解別人眼中的自己，得到他人的回饋（如第一印象）是參加團體的好處之一，不過回饋除了鼓勵和支持，也可能出現負向的、非預期的意見，因此除非領導者能清楚設限（例如：給愛的禮物或祝福、優點轟炸），或有把握成員有善意、能提出正向的回饋時，才可使用回饋活動；而當成員不想聽取他人意見或無意願協助他人時，就不適合運用此類活動，否則極可能出現無人給回饋的窘境，或給予具攻擊、傷害性的回饋。此外，回饋有時也容易成為建議，領導者可先示範如何給予回饋、如何表達自己的想法和感受。此外，回饋不只可以「口頭」方式提供，也可以繪畫、書寫的方式提供。

10. 信任活動

　　成員間的信任很重要，為培養信任感或呈現信任感，可考慮進行信任活動，將信任議題成為活動焦點，例如：請成員以 1～10 的數字（數字愈大，感受到的團體信任感愈高）呈現團體信任感，並進行繞圈發言活動；或者進行信任抬起、信任跌倒（邀請成員示範、嘗試，大家一起合作保護成員）、視障者走路（兩兩配對，一人扮演視障者、一人扮演守護者）等活動都可反

映團體內的信任感。但需提醒的是，進行信任活動時，領導者須確保活動環境的適切性，因為維護成員安全是領導者最重要的事。

11. 體驗性活動

為創造積極、深刻的經驗，領導者有時也會進行體驗性活動；這是種精心設計的活動，雖然挑戰性大、危險性高，但也能創造深刻的感受，例如：繩索、攀爬等戶外課程皆屬體驗性活動。此類活動雖能創造讓人印象深刻的經驗，也能促進凝聚力、團隊感，但因需要適合的場地、特定的設備，以及安全人員、引導人員等，因此並不容易進行。

12. 道德兩難活動

這類活動是有關價值、正義、公平議題的討論和澄清，透過講述故事、情境，讓成員做出取捨、說明取捨的原因、取捨後的感受（例如：為生病的家人偷藥、船難時遇到人數有限的救生船等情境）。此類活動可整個團體一起討論，也可先採分組方式進行，再進行跨組的互相說服；為催化討論，領導者可強調價值、觀點沒有對錯或標準答案以鼓勵成員表達意見，才能打開慣性思考，聽見、發現不同的想法。

13. 團體決定活動

給予任務，要求成員須在預定時間完成的活動，領導者可以丟出一個困境，或實際提供道具要求解開（例如：完成複雜的拼圖、積木、尋寶遊戲，或者共同設計旅遊行程），團體成員可在過程中交換想法、練習合作，並分享資源；有時為強化感受，領導者可考慮採取競賽方式進行。

14. 接觸活動

這是透過身體的接觸，如手、手肘、肩膀、臉等身體部位的碰觸、拍動、按摩，或者按壓的鬆、緊（輕、重）程度，協助團體成員覺察自己對身體界線、關係遠近的感受。不過進行此類活動時，領導者須審慎評估團體目標、

重視和觀察成員的感受，以避免成員的不自在、尷尬或誤解，並允許成員可選擇不參加，或在自己覺得不舒服時暫停參與。

範例參考

・書寫活動、閱讀活動範例，可參考本書第七章第三節「附件7-7第三次團體活動用品內容」中的「微電影《小山》學習單」和「單次團體設計」中的「影片探討」。

・二人和三人分組活動、繞圈發言活動範例，可參考本書第六章第三節「單次團體設計」以第二次團體為例之「選填志願」中的「分組討論」。

・美勞和手作活動、回饋活動範例，可參考本書第五章第三節「單次團體設計」中的「隨機介紹」和「優質生活圖像」。

・回饋活動範例，亦可參考本書第十章第三節「單次團體設計」中的「回饋與統整」。

・幻想活動範例，可參考本書第八章第三節「單次團體設計」中的「從憂傷看到傳承」。

二、活動設計原則

　　Trotzer（2004）提醒，團體中運用結構性活動（activity）應同時考慮三要素：對象（person）、目標（purpose）、團體歷程（process），亦即活動是否符合成員的需求及其發展特性、是否貼近團體目標、是否考慮團體歷程等，若三要素能相互配合，則活動將有助於團體效益的達成（引自許育光，2013）。

（一）成員需求與發展

　　活動是否符合成員需求及其發展特性，例如：由於口語表達能力較弱，兒童團體需要較多的體驗與操作活動；或者因人際需求高，少年團體需要較

多提高參與意願及融入同儕的活動；對非自願成員則需較多的引導與輔助。

（二）目標與團體方向

活動是否貼近團體目標，例如：若是社交技巧團體就需針對人際互動、社交情境做討論，並設計焦慮因應、技巧練習的活動；若是生涯團體，則須聚焦於生涯探索、生涯價值的討論；情緒探索團體，就須針對情緒的辨識、覺察或因應等方向進行設計。

（三）團體歷程

活動設計需要考慮團體歷程，例如：團體若處於初始階段，需考慮活動是否有助於成員相互認識、融入團體；處於工作階段的活動設計能否貼近團體目標、促進成員改變等。此外，活動設計還應在團體各階段、對團體不同層面──團體整體、人際互動、個人需求帶來催化效果，例如：利用活動針對「整體層面」進行融冰與規範設定、促進凝聚力、轉換或深化團體焦點，以及回顧與道別；利用活動針對「人際層面」達到促進人際交流與熟悉、人際連結與真實互動、回饋與資源提供，以及人際回饋與正向肯定等效果；最後則是針對「個人層面」，利用活動以增加個人舒適感、促進個人自我揭露、提升個人覺察與改變，以及肯定與鞏固個人改變。

許育光（2013）還以下表提醒領導者，團體活動設計時應同時考慮團體階段與團體不同層面的交互狀況（如表 3-7 所示），並建議在團體活動安排上，可依歷程發展「由動而靜」、「由多而少」、「由易而難」；在主題操

表 3-7　團體階段與團體不同層面之活動設計摘要表

階段	團體層面	人際層面	個人層面
初始階段	融冰與規範設定	促進人際交流與熟悉	增加個人舒適感
轉換階段	促進團體凝聚力	人際連結與真實互動	促進個人自我揭露
工作階段	轉換／深化團體焦點	回饋與資源提供	促進個人覺察或改變
結束階段	回顧與道別	人際回饋與正向肯定	肯定與鞏固個人改變

註：引自許育光（2013）。

作上，則可「由協同朝向自我」，且在轉換階段後朝向「更多回饋他人」的原則安排。

1. 初始階段

團體層面的融冰、化解初次見面的生疏，可透過動態活動（如傳話活動、比手畫腳、支援前線等）增進成員間的互動、接觸及交流機會；在個人層面部分，可將重點放在增加成員在團體中的舒適感，此階段還不太適合進行過於個人化或內省的主題活動。

2. 轉換階段

應先致力於團體凝聚力、人際連結與真實互動的達成，才考慮並嘗試連結個人經驗，催化成員揭露與目標相關的個人經驗。因此轉換階段的前期可運用較多的團隊／小組活動，讓成員有機會透過參與共同的活動、完成共同的任務（如眾志成城、集體渡河、團體創作、突圍闖關等），增加接觸、互動的機會，如此除了能強化整體凝聚力的產生，活動中的互動還可促進成員的人際連結與接觸機會，另外領導者還能從中觀察個別成員的表現，有機會可嘗試設定一些問題，引導成員分享。此外，焦慮是成員在轉換階段會出現的情緒，領導者須有效因應成員的防衛和抗拒、處理衝突和控制等議題，免除成員的擔憂。

3. 工作階段

此階段是團體生產力最高的階段，可回歸到團體目標、逐漸減少結構性活動、增加開放討論或分享時間；此階段領導者可將重點放在成員回饋與資源提供，以促進個人的覺察與改變、深化團體焦點，例如：領導者應將焦點由「對剛剛活動的想法或感受」（連結活動），推進到「自己相關的經驗及對該經驗的想法和感受」（連結個人話題），再到「自己對這些感受或想法的評價／想改變的部分／期待或重新思考可行的期待」（連結個人議題）。

4. 結束階段

活動設計以整理團體經驗、回顧團體歷程，並透過成員回饋給予祝福及道別，此時也是成員表達團體經驗、感受、想法的最佳時機。不過更重要的是，鞏固團體中所學，協助成員發展能將其在團體所學轉換到日常生活的策略；若有機會，還可引導成員思考未來繼續學習或改變的方向。

除了前述 Trotzer 提醒運用結構性活動應同時考慮的三要素外，設計團體活動時還需注意活動內容的順序安排、時間分配。

範例參考

活動設計考慮團體歷程範例，可參考本書第六章「表 6-3 修改後的團體內容」或第十章「表 10-3 修改後的團體內容」。

（四）內容順序與時間分配

領導者在思考某次團體活動時，需斟酌的問題是：團體活動安排幾個較適合？哪個內容應放在前？哪個內容應放在後？扣除開場、結束活動外，主活動安排在前半段較佳？還是放在後面較適切？暖身活動一定要放在前面作為團體開場嗎？這些與內容順序和氛圍銜接有關的問題，都是單次團體內容設計時須考慮到的問題。

由於團體時間十分有限，如何在已限定的時間（60 分鐘、120 分鐘或 180 分鐘）內，妥善預估、分配每個活動的時間以達到當次團體目標，對領導者而言是個挑戰，例如：在校園場域裡，團體時間常需考慮午休時間、下課時間，有時原訂兩堂課的團體時間還得再扣掉前一堂課的延遲下課，以及由教室走到團體場地出現的時間延後等，這些都可能讓有限的團體時間變得更加緊縮，甚至還可能有成員因趕校車／公車而需要準時（甚至提早）離開的現象。這些不同情境的考量，都讓領導者在時間分配上得更務實，思考如何讓所有成員都能完整參與，且重要的內容或活動可得到「足夠多」的時間。此

外，領導者在團體內容設計時也須注意「時間因素」，團體前期或許可將較多時間停留在「過去」或「現在」經驗的討論，但中期至後期就應將焦點放在「現在」或「未來」的規劃及行動。

三、活動設計的注意事項

其實每個活動都有特色，也各有其適用的主題、階段與成員狀態，為讓領導者順利達到使用活動的目的，以下活動設計及運用時的注意事項，提供領導者參考（Masson et al., 2012/2013）。

（一）活動指導語須清晰

介紹活動時，領導者須清楚告知成員活動的進行方式、程序，如果領導者的指導語模糊不清，成員可能會誤解團體的進行方式，甚至帶來挫折或成員間的衝突。而為了在活動進行時能清楚傳遞指導語，領導者可在團體進行前多幾次練習，並確認透過活動想引發的討論議題，且在正式帶領時注意成員當下的反應，透過非口語線索觀察成員的參與狀況。

（二）活動前做好準備

領導者須在活動開始前，備妥活動需要的材料、設備、表單，並在活動帶領時確認成員了解、遵循指導語，可依指示進行活動。有時為避免成員訊息接收不清或在接受訊息時受到干擾，領導者應確認並在成員能專注時，才開始進行說明、示範，待成員了解後才開始活動。

範例參考

活動指導語和活動前準備範例，可參考本書第五～十章第三節「團體計畫與執行」的「單次團體設計」。

（三）告知成員時間，改變或停止活動

告知成員他們有多少時間可運用、剩餘多少時間，可讓成員調整步伐以完成活動或結束討論，不過時間的運用並非沒有彈性，可視成員的反應、當次活動的安排決定延長或縮短；或當領導者覺得活動的進行未產生預期效果，或當下有其他更好、更符合成員需求的主題或活動出現時，領導者是可以停止活動，或修改原先計畫好之活動。

（四）允許成員不做分享

鼓勵大家參與、重視成員自主性，是領導者帶領團體的重要價值，故當有成員表達自己無法分享、尚須準備或沒有想法時，領導者可允許成員暫時不做回應，並歡迎其有想法時再提出，以避免大家將焦點放在不分享的成員上而形成團體壓力。允許成員不做分享是領導者示範尊重的最好表現，不過領導者也要評估此允許是否造成其他成員的反彈、不滿或學習而對團體帶來干擾，並觀察是否有相同或少數成員持續不做分享；若是成員的「不分享」已影響整個團體的運作，領導者有必要停下來進行團體動力、關係、信任感的檢視。

（五）觀察或處理成員的情緒反應

活動是可能引發成員情緒或誘發個人議題的，特別是幻想活動、回饋活動；若有某位成員出現情緒，可考慮活動繼續，但允許該成員在旁傾聽或觀察，或者該成員情緒較強烈時，也可允許其暫停、到其他安全的空間走走、休息（有成員陪伴更佳）。如果團體此時已處於凝聚力、信任感較高的階段，領導者也可嘗試聚焦於該成員，與其進行較深度的對話，並利用時機與其他成員的經驗做連結。

（六）領導者活動參與與否的考量

領導者是否要與成員一起參與團體活動，其實是各有優、缺點的；參與活動可幫助成員認識領導者，也讓領導者有與成員較親近的機會，還可利用

分組機會給予特定成員協助或鼓勵；領導者不參與活動，則可將注意力放在觀察團體整體及所有成員上，並能注意成員討論內容，減少成員將焦點放在領導者身上的可能性。

（七）其他注意事項

進行活動時還需考慮以下面向，包括：

1. 聚焦個人或聚焦團體：活動討論的焦點要聚焦於個人還是團體？何時可將焦點放在個別成員身上？這些不是容易回答的問題，因成員、團體存在著個別差異，很難有固定或肯定的答案；但是通常團體初期，領導者可先聚焦於團體，邀請有意願的成員分享，或以繞圈發言方式邀所有成員分享，以能掌握每個成員的狀況，到了團體後期或是成員較熟悉、凝聚力較高時，再考慮將焦點放在個別成員身上。此外，倘若團體屬成長團體，就不要花太多時間在個別成員身上，但若為支持或治療性團體，花 10～20 分鐘在個別成員身上，對該成員會是有幫助的。

2. 焦點的維持或轉移：沒經驗的領導者在帶領活動時，最常犯的錯誤是把團體焦點集中在第一位或前幾位發言者身上過久；一般來說，最好能在全體或大部分成員都分享後，再決定是否要將焦點放在特定成員或特定主題上。因為過早把時間或主題放在特定成員身上，會讓其他成員沒機會分享他們的感受或想法，此現象除了可能減少其他成員參與團體的機會，也限制了領導者關心的範疇。

3. 聚焦過去或聚焦現在：多數活動都以現在作為探討的焦點，但仍有活動是在幫助成員回想或疏通過去經驗；雖然多數人都會認為把焦點放在過去對現在的影響，要比單純討論過去來得有助益，然而將焦點放在過去或現在，並沒有一定的對或錯，重點是，領導者隨後要將焦點引導至目前的生活，或討論有助於目前生活的作為，才能較積極或有機會做些什麼來改變過去的感覺或想法。

第五節　結語

　　團體內容設計是團體目標具體化的展現，也是整個團體計畫中最細節、最花時間，但也是最能表現領導者創意和特色的部分。領導者在團體內容設計時，不僅要根據成員的背景和需求，同時還要融合理論觀點、配合階段特性、考慮活動適配及效果；領導者若能在內容設計時愈謹慎、周延，就能在愈佳的準備和狀態下進行團體。

　　不過需要提醒的是，團體前領導者雖要做好各項準備工作，但在帶領團體時仍需有更多的彈性以因應成員可能的變動。由於團體時間只占成員生活中的極小部分，其他生活事務與人際關係對成員的影響更大，特別是在分散式團體中，就算之前領導者與成員的聯繫或團體氣氛十分熱絡，成員仍時時受到其生活周遭各項人、事、物的影響。因此領導者不僅每次都應做好準備，團體進行當下還需關注每位成員的「此時此刻」，以能彈性因應並做好及時調整。

參考文獻

中文部分

王秀美（2015）。受暴婦女走出家暴陰影的歷程分析。**臺灣健康照顧研究期刊**，**17**，35-71。

王珮玲、沈慶鴻、韋愛梅（2021）。**親密關係暴力防治：理論、政策與實務**。巨流。

王珮玲、黃志忠（2005）。**家庭暴力加害人處遇模式成效評估之研究**。內政部委託研究。

王麗斐、林美珠（2000）。團體治療性因素量表之發展與編製。**中華輔導學報**，**9**，1-24。

吳秀碧（2005）。諮商團體領導原理之建構：螺旋式領導方法。**中華輔導學報**，**17**，1-32。

吳秀碧（2017）。**團體諮商與治療：一個嶄新的人際─心理動力模式**。五南。

宋麗玉（2013）。**婚姻暴力受暴婦女之處遇模式與成效：華人文化與經驗**。洪葉文化。

周月清、李淑玲、徐于蘋（2002）。受暴婦女團體工作發展與評估：以臺北市新女性聯合會方案為例。**臺大社會工作學刊**，**7**，61-125。

林美珠、王麗斐（1998）。團體治療性與反治療性重要事件之分析。**中華輔導學報**，**6**，35-59。

林淑君、王麗斐、謝珮玲（2012）。團體帶領者僵局經驗之初探性研究。**教育心理學報**，**43**（4），899-920。

林鈺傑（2013）。初探正念取向心理治療歷程之整合架構。**中華心理衛生學刊**，**26**（3），395-442。

柯麗評（2005）。姊姊妹妹站起來：美國與臺灣反親密伴侶暴力史介紹。載於柯麗評、王珮玲、張錦麗（著），**家庭暴力理論政策與實務**（頁16-28）。巨流。

康健雜誌編輯部（2018）。2000 大企業職場健康大調查。**康健雜誌，237**。https://topic.commonhealth.com.tw/event/0810_commonhealthreport.pdf

張仁和、黃金蘭、林以正（2016）。正念傾向對因應與情緒調節彈性之影響。**中華心理衛生學刊，29**（4），391-411。

許育光（2013）。**團體諮商與心理治療：多元場域應用實務**。五南。

陳均姝、陳登義、施欣欣（2006）。一位門診病人參與團體心理治療之療效因子與改變過程研究：以人際與心理動力取向團體心理治療為例。**輔導與諮商學報，28**（1），1-28。

陳怡青、李維庭、張紀薇、李美珍（2012）。婚姻暴力加害人處遇成效評估研究之初探。**亞洲家庭暴力與性侵害期刊，8**（2），17-53。

勞動部（2018）。**107 年勞工生活及就業狀況調查**。https://statdb.mol.gov.tw/html/svy07/0722menu.htm

勞動部勞動及職業安全衛生研究所（2019）。**職業壓力預防手冊**。https://www.ilosh.gov.tw/menu/1188/1192/10878

潘淑滿、林東龍、林雅容、陳幸容（2017）。**105 年度臺灣婦女親密關係暴力統計資料調查**。衛生福利部 105 年委託研究計畫。

鍾明勳、郭建成、杜家興、吳秀琴、林姵瑩、柯華寧、張達人（2008）。憂鬱症動力取向人際關係團體心理治療之氣氛變化及療效因素。**中華團體心理治療，14**（4），5-23。

鍾明勳、郭珀如、杜家興、林姵瑩、郭建成、張達人（2011）。中文版雅樂姆療效因素量表之信效度。**中華團體心理治療，17**（3），5-19。

Masson, R. L., Jacobs, E. E., Harvill, R. L., & Schimmel, C. J.（2013）。**團體諮商：策略與技巧**〔程小蘋、黃慧涵、劉安真譯，第 7 版〕。五南。（原著出版年：2012）

Nulen-Hoeksema, S., Fredrickson, B. S., Loftus, G. R., & Lutz, C.（2015）。**心理學導論**〔危芷芬譯，第 2 版〕。雙葉書廊。（原著出版年：2014）

Yalom, I. D.（2001）。**團體心理治療的理論與實務**〔方紫薇、馬宗潔譯〕。桂冠圖書。（原著出版年：1995）

英文部分

Corey, M. S., Corey, G., & Corey, C. (2010). *Group: Process and practice.* Brooks/Cole.

Holmes, S. E., & Kivlighan Jr., D. M. (2000). Comparison of therapeutic factors in group and individual treatment process. *Journal of Counseling Psychology, 47*(1), 478-484.

Jacobs, E. E., Masson, R. L., & Harvill, R. L. (1998). *Group counseling: Strategies & skills* (3rd ed.). Brooks/Cole.

Toseland, R. W., & Rivas, R. F. (2012). *An introduction to group work practice* (7th ed.). Pearson.

Williams, J. M. G. (2008). Mindfulness, depression and modes of mind. *Cognitive Therapy and Research, 32*(6), 721.

第四章

評量：團體歷程與 成效評量

沈慶鴻

為團體成員帶來影響與改變是團體諮商的目標，如何呈現成員參與團體諮商的影響與改變，不僅是領導者的責任，也是團體評量的重點。「團體評量」為本章重點，期待能與團體領導者討論評量工作的規劃，以及在團體計畫與執行過程中評量工作的準備與執行。

第一節　評量的意義與重要性

一、評量對諮商的重要性

「evaluation」常中譯為評量、評估或評鑑[1]；評量是有目的、有系統之資料蒐集或分析，目的在確認成效（effectiveness）、影響力（impact）、結果（outcome），以呈現績效責任（accountability）、分辨哪些是需要改變（change）或提升（improvement）之處；評量任務是為了能在特定脈絡下，對特定人口群的服務提供有用的回饋，以使專業工作者能以最有效率（efficiently）、最有影響力的方式執行最佳服務（best work）（Dimmit, 2009）。

由於「績效責任」是實務場域裡日益重視和強調的議題，專業工作者因此被期待扮演「實務工作者兼科學家」（practitioner-scientist）的角色，以提升服務的品質與成效（Toseland & Rivas, 2012）；而要成為一個實務工作者兼科學家，意味著專業工作者需同時具有實務及科學能力，期許工作者在執行臨床工作時，不僅能保持懷疑、尋求證據的態度，還能在實務工作中，透過合作方式進行評量和研究（Hays, 2010）。

促進組織或方案的進步、優點或價值的預估、監督和遵守承諾、知識的發展，是評量的四個目的（Mark et al., 2000，引自 Martin, 2009），如果評量能讓政策或方案變得更有意義，工作者就須執行一系列的決策以結構化評量工作（Martin, 2009）；特別是在助人工作各領域皆強調績效責任的年代，期待諮商師能提供「以證據為基礎」（evidenced-based）的服務，以能呈現處遇介入的正向結果（Hays, 2010）。

雖然長期以來，諮商師都被鼓勵應進行評量工作，然而在現今愈來愈嚴格要求教育和心理健康工作者應提供服務有效性和績效證據的壓力下，使得

---

[1] 例如：鈕文英（2015）在《研究方法與論文寫作》一書中，將「evaluation research」翻譯成「評鑑研究」，為應用研究的一種。

評量工作的迫切性更甚以往（Dimmit, 2009）。由於諮商師的專業責任在為案主帶來改變，呈現有效的（effective）諮商服務就是諮商師的責任，諮商師為了達到協助案主改變的目標，檢視、記錄案主如何採取行動及行動過程中的變化，被認為是諮商重要的過程（Dimmit, 2009）；參與系統性評量工作、對案主服務提供有證據基礎的介入評量，已成為諮商師的倫理責任（Hays, 2010）。

二、團體諮商的評量

評量能證明團體諮商的有效性，以及是否能成為協助案主改變的重要資源，評量還可提供實務工作者判斷，案主在團體中能否比在個別治療中得到更好的服務，或者釐清團體的可用性、對特定案主的適用性等。身為一位帶領團體諮商服務案主的諮商師，也須能運用不同方法呈現團體的歷程與成效，如此方能協助諮商師在團體治療中淬鍊出更精熟的帶領能力，並精準掌握影響團體成效的干擾因素（Corey et al., 2010）。

此種評量性實務（evaluating practice）、以結果為基礎的評量（outcome-based evaluation）有逐漸增多的趨勢；此趨勢意味著機構想藉由團體成果的呈現，彰顯團體引發成員改變上的有效性（Masson et al., 2012/2013; Toseland & Rivas, 2012）。特別是，若團體得到聯邦或州政府的經費贊助時，為展現績效責任，機構需要透過一系列的步驟評量案主或團體成員從中受益的程度；因此在團體設計時，納入團體成效評量的程序或步驟已成為團體設計的一部分（Corey et al., 2010）。

評量除了能改善團體結構、提升績效目標外，還能同時強化領導者的帶領技巧，讓領導者在帶領前就可事先看見團體類型需修改之處（Corey et al., 2010）；定期評量能提供領導者理論和方向上的回饋，區辨哪種經驗最能符合成員的期待和團體目標（Masson et al., 2012/2013）。因此不論何種團體，評量都對成員、領導者、機構有好處，這些好處包括了以下各點（Toseland & Rivas, 2012）：

1. 評量能滿足專業工作者的好奇及專業關懷，有助了解自己帶領團體的介入效果。

2. 評量所得的訊息和結果，有助領導者改善團體領導能力。

3. 對贊助單位及社會大眾來說，評量能證明特定對象、類型團體的效果。

4. 專業工作者透過評量，可了解成員的變化及團體目標的達成度。

5. 評量能提供一個空間，允許成員或其他相關人員表達他們對團體滿意或不滿意之處。

6. 透過評量，團體領導者能與有團體經驗的人討論、分享他們的團體經驗，或對團體滿意和不滿意之處。

7. 領導者能將其對團體的假設，透過系統化的假設考驗（hypothesis-testing）過程呈現團體的成效。

上述這些評量的好處，雖支持評量工作的重要性，然因評量會占用領導者很多時間、經費和精神，還會迫使領導者正視團體成效，因此評量與否讓不少領導者陷入兩難，事實上多數領導者並未為其帶領的團體進行評量（Corey et al., 2010; Toseland & Rivas, 2012）。

另外機構對評量的態度或重視程度，也會影響團體領導者對評量的態度；機構是否提供資源、協助，同儕是否支持、參與，均直接、間接影響了評量能否順利完成；過重的個案負荷、有限的工作時間，都會限制領導者評量工作的進行。因此，如果機構認為評量是專業工作的一部分，那麼機構就應提供各項協助以鼓勵領導者進行評量（Toseland & Rivas, 2012）。

由此可見評量的重要性與實務運作上的落差，是團體諮商師應克服的問題；雖然縮短落差會面臨不少困難和障礙，但當諮商師為提供更佳服務而發展團體創新活動，並清楚評量的動機或理由時，就能說服機構給予評量工作更充裕的時間。依 Yalom 的看法，一個有研究觀點的團體治療師，可在專業職涯中保持彈性，並能及時運用新的研究發現調整團體運作，假若治療師未能蒐集此領域進步的證據，那麼就會出現無法對最新研究發現做出回應的風

險。因此 Yalom 期許，接受團體訓練的治療師須知道在哪裡可找到最新的研究資料與研究成果，並學習運用此成果（引自 Corey et al., 2010）。Corey 等（2010）也鼓勵團體諮商師，除了不要害怕將研究精神融入實務工作外，也可嘗試與不同研究者合作，搭起實務與研究的橋樑，如此一來實務工作者與研究者就能相互尊重、一起學習，發展對彼此都有價值的知識。

第二節　團體評量工作的進行

評量從團體計畫階段就已展開，領導者應至少能在團體重要關鍵點上記錄每位成員的參與狀況與進步軌跡；不過由於領導者需兼顧的工作不少，因此需先考量有多少時間可做評量，如此才能務實的分析適合蒐集資料的對象、方法，以及需蒐集什麼樣的資料，以決定評量工作的可行性（Toseland & Rivas, 2012）。

一、評量類別

Dickson（2008）將評量分為幾類，包括：可行性評量（feasibility evaluation）、歷程評量（process evaluation）、成效或影響評量（outcome or impact evaluation）、形成性評量（formative evaluation）、總結性評量（summative evaluation）、執行評量（implementation evaluation），以及多途徑評量（pluralistic evaluation）等，評量者可依目的決定評量類別；其中，歷程評量的重點在說明專業介入（intervention）或方案執行（program）期間經歷的過程變化，而成效評量則強調專業介入或方案執行後，服務對象產生的改變，以及對其家庭、社區產生的影響。兩者的比較可見表 4-1（引自中華社會福利聯合勸募協會、鄭怡世，2010）。

表4-1 評量類型：歷程評量及成效評量的比較

類型	評量時間	評量重點
歷程評量	方案介入過程	記錄服務執行期間經歷的過程，讓內、外部人了解服務如何運作
成效評量	方案執行後	服務對象因接受了服務而產生的改變，以及對其家庭、社區產生的影響

註：引自中華社會福利聯合勸募協會、鄭怡世（2010）。

　　參考國內最具規模之勸募協會——中華社會福利聯合勸募協會，提供給經費申請機構參考之「成效評量邏輯模式」（effectiveness-based logic model）（如圖 4-1 所示），即可看出評量是資源投入（inputs）、服務活動（activities）、服務產出（outputs）、服務成效（outcome/effectiveness）等連續性工作的歷程。

圖4-1 「成效評量邏輯模式」概念圖

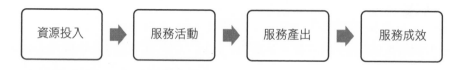

註：引自中華社會福利聯合勸募協會、鄭怡世（2010）。

　　團體諮商的評量多數兼採歷程評量和成效評量，此處將邏輯模式概念運用於團體諮商，分別呈現歷程評量及成效評量間的關係（如圖4-2所示）；而其中的團體歷程評量，指的是在提出團體計畫、確定辦理團體後，一連串的資源投入與活動執行過程，包括了團體開始前計畫、經費、場地、人員的確認，團體宣傳、面談、篩選等的準備，以及至團體開始後從第一次團體至最後一次團體之歷程。至於團體成效評量則包括了團體產出與團體成效；服務直接的產出通常包括了服務人數、服務總人次、服務時數等，服務成效則指：「服務對象在接受服務後產生的改變程度，即受服務者在行為、技能、知識、

圖 4-2　評量類別：歷程評量與成效評量的關係

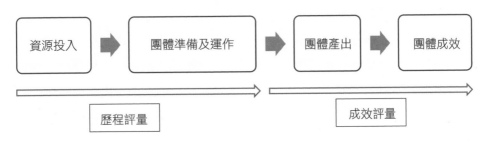

註：作者自行整理。

價值、狀態或其他面向的改變」（Kettner et al., 2009；引自中華社會福利聯合勸募協會、鄭怡世，2010，頁 5）。

二、評量時機

　　歷程評量，顧名思義，就是在團體進行過程中所做的評量，可以是每次團體都進行的評量，也可以是隔次進行，或者依階段進行的評量。至於間隔多久的歷程評量較佳？應沒有標準、固定的答案，端視團體次數、工具而定，若每次團體結束時都讓成員填寫同樣且題目很多的問卷，可能會讓成員陷入疲乏、出現敷衍了事的心態；相反的，都沒有進行歷程資料的蒐集，或隔了很久才蒐集，也會讓蒐集到的資料無法完全反映團體變化、無法及時掌握成員參與團體的感受和意見，而錯失與成員對話的機會，或者造成來不及進行團體內容調整的遺憾。

　　團體諮商介入的成效，若依時間區別，可分成短期、中期、長期的成效；短期成效是服務對象接受服務後最先達成的結果，通常是知識或技能上的改變；中期成效則指服務對象因知識和技能的改變而帶來行為上的變化；長期成效則是服務企圖達成的最終效益及最後目標，代表服務對象因接受服務而產生有意義的改變（中華社會福利聯合勸募協會、鄭怡世，2010）。通常，在團體結束時進行的團體成效評量是短期成效，而在團體結束後的一個月、三個月、半年、一年或更長的時間，以追蹤方式進行的成效評量則是中、長

期成效。不過受限於人力不足及時間壓力，實務場域裡多數機構未進行團體成效的評量追蹤工作。

若要進行成效的評量追蹤，Corey 等（2010）建議可以個別訪談方式進行，而當個別訪談無法進行時，也可以信件或電話訪談替代，另外辦理團體聚會也是可考慮的追蹤方式。ASGW「最佳實務指引」中，也認為團體後的聚會非常有價值，「基於成員評量的需要，團體工作者追蹤聯絡成員是恰當的作法」（Thomas & Pender, 2007）。

三、評量來源

團體領導者（工作團隊）、團體成員，以及協助團體運作或與成員相關之人員等是團體評量資料的主要來源，分別說明如下。

（一）團體領導者（工作團隊）

指實際執行團體設計及帶領的領導者，更精確的說，是共同計畫團體與帶領團體的團隊成員，可能包括了領導者、協同領導者、觀察員；三者的角色、責任、投入心力雖然不同，但都參與了團體計畫書的討論、撰寫，一起執行團體宣傳、面試、篩選，共同設計、帶領、觀察每次的團體，還會在每次團體結束後記錄重要事項與帶領心得，並對下次團體提出建議。因此團體領導者及其團隊成員是團體評量資料的重要來源，其所提供的評量資料是讓其他人了解團體歷程與成效的依據之一。

（二）團體成員

「團體」是為成員而辦，是為關心、協助、支持、改變成員而提供的諮商服務，因此實際參與團體之成員提供的自陳式意見，是最普遍、運用最廣，也是評量資料最直接的來源；自我陳述可用在對任何現象的陳述，讓成員以書面、口頭方式表達想法與感受，特別是信念、態度等無法直接觀察到之現象（如憂鬱、焦慮、自我概念等），成員的自我陳述意見是反映其參與狀況、獲得回饋最適合的方式（Toseland & Rivas, 2012）。

雖然成員的自陳式意見不見得正確，但仍可從中了解團體對成員可能的影響（Toseland & Rivas, 2012）；因此 Mason 等（2012/2013）提醒團體領導者要十分謹慎的看待成員的評量，成員可能為了取悅領導者而僅給予正面評價、感受到領導者無法接納批評而未誠實作答，或者因為領導者不斷詢問成員是否喜歡團體、團體對他們有無幫助，而讓成員以為這是領導者想要得到正向回饋的暗示，因此不敢表達或無法提出建設性的批評意見。

（三）協助團體運作或與成員相關之人員

團體能順利進行與完成，除了領導者、參與成員外，提供場地及資源的合作機構，以及協助招募、轉介或推薦的相關人員，如導師、專輔老師、諮商師、社工師、生輔員等，或者是與成員互動密切、支持成員參與團體的家人、同學、朋友或雇主等，都可以是團體評量意見的提供者。他們雖非直接參與團體的成員，但因是與成員密切互動的重要他人，故其所提供成員參與團體後變化的回饋意見，亦是團體評量可參考、對照的資料之一。

此外，反映成員參與團體後變化或受團體影響的資料，還可包括成績變化、作業繳交時間、請假次數，或者犯罪、暴力行為的再犯與否等，這些也都可以是團體成效評量的參考資料。Mason 等（2012/2013）認為，此類透過相關成員或指標提供的評量資料，是較客觀的一種評量方式。

四、評量方式與資料類型

決定如何蒐集資料是評量或監控（monitoring）團體成效的重要步驟，領導者須清楚不同方法的優缺及特性，以能適當的使用評量工具（Toseland & Rivas, 2012）。

（一）量化資料

主要是透過量表、問卷所蒐集的資料。一般來說，由於工作忙碌、時間有限，實務上很少有領導者會為了進行團體而自行編製量表的，即使需要使用量表，領導者通常也會使用已正式對外發行，或其他研究者已編製完成，

且信、效度不錯的量表。此類正式編製的量表，通常有其各自的計分方式及分數計算後的意義說明，甚至還有可供比較、參照的常模。

不過，選擇及使用量表須注意的是，量表測量的變項應與團體目標的評量指標相符，並符合成員的狀態（如年齡、閱讀能力），否則評量出來的結果可能不符合領導者的預期。而若要看出團體介入的變化，單組前、後測的準實驗設計是較常採取的作法，也較能看出介入前、後的差異，只是團體成員的樣本數過小，在成效結果的解釋上需要謹慎、保守些。

若找不到適合的量表，有些領導者也會自行設計問卷以呈現成員參與團體的感受或經驗，例如：設計回饋表、滿意度問卷或語意差別測量，亦是普遍用來蒐集量化資料的方式。此外，成員出席或請假次數、發言次數，或團體領導者請成員記錄自己某一行為一週內出現的次數等，也是評量成員變化可用的量化資料。

（二）質性評量

除了以數字／量化資料呈現成員的狀態外，可豐富反映個別成員的團體經驗、顯示其對領導者或其他成員感受和態度的質性資料，是不少領導者較常蒐集的資料，例如：問卷調查後增加的開放性問題，就是希望能在五點或七點量尺外得到更多的資訊以掌握成員參與狀態，或作為成員參與狀態的對照資料。這些開放性問題除了會請成員檢視自己的參與狀況（例如：自己在團體中的感受、想給自己什麼鼓勵的話、寫給團體中自己的一句話等），還會蒐集與團體內容有關（例如：對團體印象最深刻的事、最喜歡的活動、最有收穫的單元等）、與團體參與者有關（例如：想對其他成員說的話、想給領導者的建議）、與團體目標有關的問題（例如：今天／這次團體的收穫、整個團體的學習成果、團體結束後最想做的事等）等，這些資料都可說明團體歷程或成效的參考資料。

另外團體領導者或觀察員撰寫的團體紀錄，亦是團體評量質性資料的來源之一；紀錄除能呈現個別成員、成員彼此之間在團體歷程中的互動或改變

情形，也能顯示團體歷程中重要事件、團體動力（group dynamic）變化，以及領導者的帶領行為、對突發事件的因應、與協同領導者的合作、對目標達成度的看法等內容。

綜合前述內容，為取得評量資料，領導者須依循下述步驟（Masson et al., 2012/2013）：

1. 確定團體的結果或成效目標（例如：留在學校、減少缺課天數、提升成績、停止抽菸、飲酒、找到工作等）。
2. 根據這些目標，在團體還未開始時，蒐集團體前資料。
3. 將團體內容或焦點集中在想要的結果目標上，讓成員清楚他們的目標。
4. 除成員外，確認有無他人可提供回饋資料，如果有，取得成員同意後，再與這些人聯繫。
5. 設計或運用量表、問卷或評量表，定期或團體結束時蒐集資料。
6. 規劃追蹤時間，在特定時間將表格寄給成員（或其他適當人選），請他們填寫並在指定期限內寄回。

第三節　團體歷程評量

歷程評量在描述目標人口群在專業介入（intervention）期間的變化，而團體諮商的歷程評量，則在了解相關資源投入、領導者帶領、成員參與等交互作用下，個別成員及團體變化的情形；領導者呈現這些資料是希望能讓團體內、外部人員了解團體的運作。團體歷程評量可呈現以下內容。

一、資源投入

記錄團體計畫、招募、運作期間各類資源的投入情形，例如：

1. 主辦、協辦單位：各單位的分工、任務及投入人力。
2. 人力：直接或間接參與者的身分、人數，以及團體中的角色與分工。

3. 場地：執行此次團體諮商計畫而使用的場地，包括面談的場地、每次團體進行的場地。

4. 時間：多數領導者只呈現團體實際進行之時間，卻忽略為進行團體而付出的會議、面談、討論、記錄等時間；其實這些時間可能比團體進行的時間還多上幾倍，故建議可記錄團體準備時間、進行時間、會議時間，讓相關人員更務實的看待團體諮商所需花費的工作時間。

5. 設備：團體進行時須使用的設備或器具，如文具、紙張、牌卡、測驗，以及團體室內的抱枕、音響等。

6. 經費：為運作團體而使用的費用，大致包括邀請領導者、協同領導者或觀察員的人事費，含在業務費裡的文具費、場地費等；另外團體若有提供照顧服務（例如：為讓媽媽安心參與團體，而提供的兒童照顧服務），則聘請工讀生的工讀費，或者為被照顧的兒童、下班後匆忙來到團體而未用餐的成員提供點心的茶點費等都可計算在內。

二、 宣傳與面談

1. 宣傳：除說明團體諮商的宣傳方式、宣傳次數及宣傳管道外，還可呈現不同宣傳方式或管道的招募成效。

2. 面談：團體宣傳後會陸續收到詢問或報名資訊，領導者須回應團體潛在成員的詢問，告知報名者報名後的回應時間及方式；若有安排面談，可呈現參與面談的人數、花費的時間、蒐集到的重要資料，以及報名者對團體的期待、最後確定的參與人數等。

三、 歷程評量

1. 成員出席狀況：記錄每次團體成員的出席、遲到、請假情形，由此可呈現成員對團體參與的重視程度，或團體對成員的吸引力。

2. 團體互動歷程：領導者可考慮相關歷程指標，呈現成員在團體中的參與或互動狀況。

四、相關歷程指標

（一）團體氣氛

　　以「團體氛圍量表」反映團體氣氛，是許多領導者會採取的團體歷程評量指標。「團體氣氛」係 Halpin 與 Croft 於 1962 年提出的概念，其認為一個開放、正向的團體氣氛與團體活力（esprit）、信任度、投入度有正相關；Mackenzie 則認為，團體氣氛是一種可促進或阻礙團體成員達成目標的團體特性，並於 1981 年發展出包含了 8 類、32 題的「長式團體氛圍量表」（Group Climate Questionnaire, Long-Form, [GCQ-L]），1983 年再發展出 3 類、12 題的「簡式團體氛圍量表」（Group Climate Questionnaire, Short-Form, [GCQ-S]）（如表 4-2 所示），並依因素分析將該量表分為參與（engagement）、衝突（conflict）和逃避（avoidance）三個分量表；此量表常用於一般常規的團體治療，以李克特七點量尺（7-point Likert scale，同意程度 0～6）於團體初期、中期或後期等不同階段評估團體氣氛，邀請成員根據其所感受到的團體氣氛進行自評，並依其對該題目的同意程度做勾選（引自鍾明勳等，2013）。

　　整體言之，「簡式團體氛圍量表」（GCQ-S）之中文版是國內運用最廣的團體氛圍評量工具，「參與」、「衝突」、「逃避」三個分量表之內部一致性檢定 Cronbach's α 分別為 .89、.83、.20，折半信度（split-half reliability）之係數分別為 .81、.83、.06，整體呈現良好的信度。不過，鍾明勳等（2013）針對「逃避」分量表頗低的信度部分，建議領導者可刪除特定題項，或該部分使用其他問卷替代之；之後，王郁琮等（2012）運用多階層驗證性因素分析再做檢驗，結果雖然有條件支持 Mackenzie 的「團體氛圍量表」，但是仍驗證了團體氛圍的三因素理論。

表 4-2 「團體氛圍量表」

題目	完全沒有	大部分不符合	有點不符合	普通符合	有點符合	大部分符合	完全符合
1. 大家都互相喜歡而且彼此關心。	0	1	2	3	4	5	6
2. 大家都試著去了解團體中每一個人的行為，為什麼這麼做或那麼做，並想弄清楚它的意義。	0	1	2	3	4	5	6
3. 大家會避免面對彼此之間發生的重要事件。	0	1	2	3	4	5	6
4. 大家都覺得團體中進行的事很重要，都有參與感。	0	1	2	3	4	5	6
5. 大家都依賴工作人員的引導。	0	1	2	3	4	5	6
6. 團體成員彼此間有摩擦和忿怒。	0	1	2	3	4	5	6
7. 團體成員彼此關係疏離且遙遠。	0	1	2	3	4	5	6
8. 大家會正視某些問題，彼此對質把問題弄清楚。	0	1	2	3	4	5	6
9. 大家會按照自己想像中團體所能接受的方式來表現。	0	1	2	3	4	5	6
10. 團體成員彼此不信任且互相排斥。	0	1	2	3	4	5	6
11. 大家會表達個人心中敏感而重要的經驗或感覺。	0	1	2	3	4	5	6
12. 大家似乎顯得焦慮和緊張。	0	1	2	3	4	5	6

註：引自鍾明勳等（2013）。

各分量的題項和計分方式：0 得 1 分；1 得 2 分；依此類推
「參與」分量表：（T1+T2+T4+T8+T11）/5
「衝突」分量表：（T6+T7+T10+T12）/4
「逃避」分量表：（T3+T5+T9）/3

── 範例參考 ──

用「團體氛圍量表」進行團體歷程評量範例，可參考本書第五章第四節的「團體期中評量」和第九章第四節的「團體氛圍量表」。

（二）療效因子

「療效因子」是 Yalom 非常重要的研究成果，是團體中催化成員改變、促進成員狀況改善的力量；因此促進團體發展歷程中產生療效因子，是許多領導者努力的方向和研究者關心的課題。

王麗斐、林美珠（2000）曾為了探索團體產生治療性或有助改變之機制，於是根據其做過的一系列基礎性、探索性研究，發展了「團體治療性因素量表」，再請 17 個機構、25 個團體、289 位成員於團體結束後協助填寫此量表，並於量表回收後再進行因素分析，共取得八個治療性因素，分別命名為：認知性的獲得、對團體的正向感覺、行動力的引發、自我揭露與分享、共通性、利他性、家庭關係的體驗與了解、建議的提供等，最後量表由原先的 65 題刪減至正式量表的 57 題，採李克特六點量尺；各分量表的內部一致性Cron-bach's α介於 .75～.94 之間，全量表則高達 .98，顯示該量表具有可接受至良好之內部一致性，之後再經建構效度、區辨效度考驗後，顯示該量表亦具有可接受的效度。

除了王麗斐、林美珠（2000）編製的「團體治療性因素量表」外，與療效因子有關的中文版量表，還有張達人等（1995）使用中華團體心理治療學會翻譯自 Yalom 於 1985 年編製、進行專家效度檢驗之 24 題精簡版療效因子量表（引自鍾明勳等，2011）。

不過，因該量表缺乏信、效度考驗，之後鍾明勳等（2011）再針對該量表進行了信、效度的考驗，其運用精神科專科醫院之重鬱症、精神官能症輕鬱症及適應障礙合併憂鬱症患者，進行「動力取向人際關係團體心理治療」，共蒐集 13 個治療性團體，總計 116 人參與的資料，並在十六次團體的第九次進行「療效因子」的資料蒐集，最後蒐集了 94 份有效樣本。而經統計，該量表整體構面的Cronbach's α係數 .81、折半係數 .79，顯示該量表具有高的內在效度、不錯的折半信度；之後再經因素分析，發現八個因素——團體認同、指引、宣洩、自我覺察、人際覺察、存在、人際成長、普同等之特徵值超過

1，加總的解釋變異量共達 65.01%，呈現該量表有良好的效度，尤以第一個因素「團體認同」有 19.64%的可解釋變異量，顯示該因素是量表中最重要的療效因子。

團體的療效因子、治療性因素是團體歷程重要的面向，王麗斐、林美珠（2000）及鍾明勳等（2011）修訂的量表都有不錯的信、效度，不過就團體帶領的實際操作面而言，王麗斐、林美珠（2000）編製的量表有 57 題，在團體結束時邀請成員填寫，題數似乎過多，也需預留較多的填寫時間；鍾明勳等（2011）修訂的量表題數雖然較少（24 題），但在檢視題目後發現，文字翻譯的清晰性、通順度還可再提升，若以現有量表作評量，可能影響成員對題目的理解，而限制了領導者使用的意願。

（三）團體同盟

團體治療同盟（alliance）是指團體進行過程中，領導者與成員之間的合作共識（謝麗紅、林詠昌，2014）。Marziali 等（1997）曾為評量團體諮商歷程中成員知覺之工作同盟狀態，修訂了 Pinsof 與 Catherall（1986）編製之「綜合心理治療同盟量表：家庭、婚姻與個別治療量表」（Integrative Psychotherapy Alliance Scale: Family, Couple and Individual Therapy Scale, [IPA]），該量表為目前唯一考量到團體人際系統脈絡之工作同盟量表（引自劉書琴，2016）。

「團體治療同盟量表」（Group Therapy Alliance Scales, [GTAS]）中文版由謝麗紅、林詠昌（2014）翻譯與編訂，透過預試進行分析及信效度考驗，將原量表的 36 題在刪減不適當題項後變為 32 題；GTAS 為自陳式量表，採用李克特七點量尺（1＝完全不同意，7＝完全同意），包括了 17 題正向題（正向計分）、15 題反向題（反向計分）。此量表分為「內容」與「人際系統」兩向度，「內容」向度包括目標、任務、連結等三項；「人際系統」向度則包括成員與領導者、其他成員與領導者、成員與其他成員、整個團體與領導者的關係等四項。

　　GTAS 總量表在信度考驗部分，Cronbach's α為 .95，內容向度α係數介於 .81～.89 間，人際系統向度則在 .79～.88 間，顯示量表具有良好的信度；之後 GTAS 再進行效度考驗——效標關聯效度、收斂效度、區辨效度，亦顯示該量表具有良好的效度（謝麗紅、林詠昌，2014）。

（四）團體互動與成員關係

　　此部分的資料蒐集採觀察式測量，與前述由成員填寫的自陳式量表不同；自陳式量表依賴團體成員的記憶與感受，但觀察式測量則依賴獨立、客觀的觀察員蒐集現場之資料，或將領導者帶領的團體進行錄音、錄影，待團體結束後再由領導者進行整理。雖然觀察式測量不像自陳式量表易受成員個人偏見的影響，但此測量需要一位或多位受過訓練的觀察員跟隨團體，或者領導者須在團體結束後再花費時間進行資料整理，因此不常被運用（Toseland & Rivas, 2012）。

1. 發言次數

　　進行團體互動的觀察、記錄時，須先確認以下內容：

(1) 觀察時間：觀察員觀察的時間可以是整個團體，也可以是特定時間的觀察，例如：間隔 30 分鐘觀察 10 分鐘，或者是將團體時間分為前、中、後三段，每段各觀察 20 分鐘。

(2) 觀察標的：確認觀察員觀察、記錄的標的，究竟是成員的參與狀況、互動關係、衝突情形，還是領導者的領導行為。以成員的參與狀況為例，若參與狀況係以「發言次數」為觀察標的，則須再確認所謂的「發言」是指：主動表達自己的看法或經驗、主動的回饋他人，還是回應他人的詢問。

(3) 次數記錄：當標的行為出現一次就記錄一次，且只有當標的出現時才做紀錄。記錄呈現如圖 4-3 所示。

圖 4-3　團體成員之發言次數

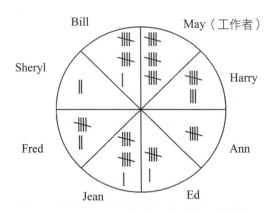

註：引自 Toseland 與 Rivas（2012, p. 221）。

> ─ 範例參考 ─
> 「歷程評量」呈現團體成員主動發言、深度發言的成員，可參考本書第十
> 章第四節的「歷程評量」。

2. 成員互動關係

除了記錄團體成員的發言次數外，還可進行互動過程分析（interaction
process analysis），以箭頭、線條畫出社會基圖（sociogram）（如圖 4-4 所
示）呈現成員彼此間的關係，例如：由箭頭的方向可看出互動雙方是相互吸
引，還是偏重一方；由線條的虛、實、截斷，可看出雙方關係是互動良好、
冷淡疏遠，還是嫌惡衝突。

3. 關係、位置與角色之社會計量

社會計量法（sociometry）亦能呈現成員在團體中的位置、角色或互動關
係。Moreno 於 1934 年在其所著《誰會生存》（*Who Shall Survive*）一書中介
紹此法，領導者可透過此法了解成員間的人際吸引力、社會偏好，或者顯現

圖 4-4　團體成員互動的社會基圖

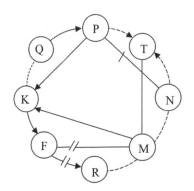

註：引自 Toseland 與 Rivas（2012, p. 222）。

成員間是相互喜好、欣賞，還是相互排斥、彼此拒絕，例如：請成員在紙上寫下團體中「想要一起玩耍」、「願意一起完成工作」的成員名字，回答「若舉辦郊遊，最希望誰坐在你的旁邊？其次是誰？」等問題；或者是列出所有成員名單以數字 1～5 呈現喜歡程度（1＝最喜歡，5＝最不喜歡），就可以看出團體中最受歡迎或最不受歡迎的成員（Toseland & Rivas, 2012）。

　　社會計量法是分析團體人際關係最簡單的一種方法，也是教育研究中最普遍使用的方法，此法常被學校教師、輔導人員及心理學家用來了解成員在團體中的地位，或者協助其增進人際社交能力（魏麗敏、黃國彥，2000）。社會計量法也常用來檢核成員關係，以及其自覺在團體中的位置，例如：領導者可請成員以數字 1～10（1＝團體最邊緣，10＝最中心），自評其在團體中的位置，並詢問成員他們認為誰是團體的中心、誰在團體的邊緣，此作法除能反映成員在團體中的感受、對團體的觀察，還能藉此對照成員實際生活中的樣態、鼓勵成員進行改變，以促進成員間的互動與對話。

　　除了以數字反映成員在團體中的互動關係、位置或角色外，有些領導者還喜歡用「爬樹圖」引導成員自評其在團體中的狀態與位置，或者以椅墊、抱枕替代，甚至直接請成員在團體現場選擇一個他覺得最舒適、最能象徵自

己，以及與其他成員、與領導者、與整個團體關係的位置，以協助成員檢視自己、回饋他人。也有些領導者會透過牌卡、圖片、符號、文字或語言（如語句完成）等邀請成員描述他在團體中的感受。這些資料無法標準化也難以比較，只是藉此真實反映成員在團體中的感受和狀態，讓領導者更了解成員，也讓成員了解彼此，創造對話的機會。

（五）團體動力

　　團體動力是團體發展的重要現象，因此不少團體領導者也會以團體動力的發展或變化作為團體歷程評量的指標。團體動力是指團體成員間互動所產生的力量，因為團體動力會影響個別成員及整體團體的行為，因此促進團體動力的發展是領導者重要的任務，以便在催化團體任務完成時能同時滿足成員社會或情緒的需求（Toseland & Rivas, 2012）。

　　團體動力有四個重要的向度，包括溝通與互動方式、團體凝聚力、社會控制結構、團體文化；目前尚未發現評量團體動力適切的量表，因此仍需依賴領導者、協同領導者及觀察員的觀察和記錄。團體動力重要概念說明如下，並指出觀察團體動力的重點（Toseland & Rivas, 2012）：

　　　1. 溝通與互動方式：為成員間透過口語、非口語之訊息傳遞過程，產生之相互作用力量和互動模式，此力量會造成成員態度或行為上的修正；而領導者等在團體溝通與互動方式上的觀察重點，可包括成員發言與回應的意願、次數、主動性；訊息傳遞的正確性；權力和地位；成員間的互動型態——領導者中心（輻射型、圓圈型、熱椅型）、團體中心（自由漂浮型）等。

　　　2. 團體凝聚力：指成員間的吸引力，或讓成員願意留在團體的力量。觀察的重點包括成員是否覺得被了解、被支持；團體是否具有安全感（或存在著攻擊、抗拒）；團體符合成員期待的程度；成員自我揭露的意願；聚焦此時此地的程度等。

　　　3. 社會控制結構：指讓團體能有秩序、穩定運作的力量，通常是透過規

範、角色、地位等來約束成員在團體中的行為，包括成員對團體規範
的接受或遵守程度（例如：遲到情形、請假方式、保密程度等）；成
員在團體中的角色功能及角色調整的彈性；不同地位成員的影響力；
對團體規範遵守的程度等。

4. 團體文化：指團體中成員互動累積形成並共同信守的價值、信念，例
   如：成員在互動過程中對尊重、自我決定展現的態度；對開放、公
   平、差異的接受程度等。

範例參考

以「團體動力」進行團體歷程評量範例，可參考本書第六章、第八章第四
節的「歷程評量」，皆有使用觀察員之記錄。

（六）其他

由於不是所有的領導者都能搜尋到適切、符合主題和對象的量表，也不
是所有的領導者都備有可協助觀察、記錄的觀察員，但為了進行團體歷程評
量，了解成員在團體中的參與情形、蒐集成員對團體的意見，領導者自編問
卷、設計滿意度調查表，則是較常運用的方法。

問卷、滿意度調查表中除了封閉性問題，也可加入開放性問題（例如：
今天團體參與的感受？想跟領導者說的話？對團體的建議？），以能在五點
或七點量尺外，得到更多、更豐富的參考和對照資料。此外，團體中的學習
單、小組討論或家庭作業等內容，若能呈現成員的參與狀況、歷程變化，領
導者也可想想如何將其納入成為團體歷程評量的資料和內容。

範例參考

- 使用領導者自行設計之「團體回饋單」，可參考本書第七章「歷程評量」。
- 使用成員之學習單／作品，並依據其書寫或製作品質呈現成員參與狀況，可參考第五章和第九章「歷程評量」。
- 呈現團體成員發言次數與回饋、學校老師觀察與回饋意見，及觀察員記錄之「歷程評量」，可參考第十章第四節。

第四節　團體成效評量

團體成效評量，指的是團體成員在參與團體後，在行為、技能、知識、價值、狀態或其他面向上的改變情形；成效評量包括兩個部分，一是服務產出，一是服務成效。由於服務產出不等於服務成效，因此成員參與團體後的改變與收穫，是較重要的成效評量內容。不過Masson等（2012/2013）認為，評量團體經驗對成員行為的影響，例如：伴侶間溝通效果的提升程度、學業是否進步、不良行為減少狀況等，是最重要也最難達成的被評量問題。

一、產出評量

團體諮商服務的產出可包括：

1. 服務人數：指成員實際參與團體，接受團體諮商服務的人數。
2. 服務人次：根據每次的出席人數，統計整個團體的服務總人次。
3. 服務時數：累計團體第一次至最後一次，實際提供團體諮商服務的總時數。

二、成效評量

　　機構或諮商師運用團體諮商介入的動機，以及期待透過團體諮商達成的目標，即是團體成效評量的標的；因此在進行成效評量時，會針對團體目標的達成與否進行檢視，並探討團體諮商是否滿足、符合成員參與團體的期待。幾種評量資料的蒐集方式說明如下。

（一）實驗組、控制組之成效評量

　　實驗設計、隨機分配在實務場域裡並不容易進行，也可能會出現倫理問題，因此多半是在以「研究」為目的的團體諮商才會採取實驗設計法，進行介入前、後的成效評量，例如：劉書琴（2016）以焦點解決理論進行自我成長團體，探索焦點解決團體諮商（solution-focused group counseling, [SFGC]）工作同盟變項的發展和變化，並以希望感作為團體諮商成效的依據。

　　為達到研究目的，劉書琴（2016）邀請有興趣透過參與團體，促進自我認識與成長之大學生為研究對象，以準實驗法的組間前、後測與追蹤設計，將研究對象分為實驗組與對照組[2]，實驗組參與每週一次、共計 8 次、每次150 分鐘的 SFGC 團體，對照組則無實驗介入處理。兩組分別於團體開始前、實驗處理結束後，以及結束一個月後再進行「希望感量表」（The Trait Hope Scale）的追蹤測量，另外實驗組還需在每次團體結束時填寫「團體諮商工作同盟量表」，以了解 SFGC 之諮商成效、歷程及兩者間的關聯。

　　SFGC 對大學生希望感是否具有立即的、持續的諮商成效，是此團體成效評量之標的；劉書琴（2016）因此使用「希望感量表」為評量工具。「希望感量表」為 Snyder 等於 1991 年編製，中文版則於 2005 年由錢靜怡翻譯、預試，並重新進行信、效度考驗；此量表最初於 1985 年發展時原有 45 題，透

---

[2]　該研究分派組別的方式原訂為隨機分派，但受限於參與者中有的無法全程參與，因此先將無法全程參與者分至對照組，其餘參與者以隨機分派的方式進入實驗組（8 位）與對照組（8 位），也因此調整理想中的實驗設計為準實驗組間設計。

過對不同性別、族群進行施測與分析，並經數次修訂，最後選取最切合希望感內涵的 12 題納入正式量表，以了解個體的希望感傾向。「希望感量表」不論中、英版皆有良好的信、效度，為李克特八點量尺（1 ＝完全錯誤，8 ＝完全正確）之自陳式量表，適用 15 歲以上的受試者。正式量表包括以下三部分、二個分量表：

1. 能量：包含第 2、9、10、12 題，主要反映與目標有關的成功感受。
2. 路徑：包含第 1、4、6、8 題，目的在評量個體能否運用方法實現目標，以及對阻礙的因應能力。
3. 干擾題項：包含第 3、5、7、11 題，此 4 題不計入總分。

Snyder 與其同僚依據希望理論架構，針對不同年齡層（成人、大學生、中學生、兒童或國小學童等）、不同情境（工作希望感、大學生生活目標、研究生希望信念等）、不同評量方式（受試者自評、觀察者使用），發展出 8 份測量希望感的相關量表，因此想使用此量表作為團體成效評量依據的領導者，須先確認團體成員、情境和評量方式才能選擇適合的量表。而統計結果顯示，SFGC 對大學生的希望感具有立即的諮商效果，另外在部分的希望感（整體希望感、與目標有關的希望感）上還具有持續性的效果。

（二）單組前、後測之成效評量

廖俞榕、連廷嘉（2012）針對青少年網路成癮者進行的「阿德勒取向團體諮商」，及陳婉真、吳國慶（2006）運用團體針對病患進行焦慮處理訓練，在成效評量部分都是採用準實驗設計的單組前、後評量。

廖俞榕、連廷嘉（2012）以 18 名網路成癮的國二學生，進行每週一次、每次 120 分鐘，共 8 次的「阿德勒取向團體諮商」，為探討團體處遇介入的有效性，即採單組前、後測之準實驗設計，使用量表於團體前一週進行前測、團體後一週進行後測、結束第四週進行追蹤，以觀察網路成癮、自我概念、社會興趣的立即性、長期性改變情形（依變項）。他們所使用的量表包括：

1. 「網路成癮量表」：採用陳淑惠等於 2003 年所編製的「網路成癮量表」（CIAS-R），共 26 題，五個分量表：強迫性上網（5 題）、網路成癮戒斷反應（5 題）、網路成癮耐受性（4 題）、人際與健康問題（7 題）、時間管理問題（5 題）等，採李克特四點量尺計分；各分量表與全量表之內部一致性與再測信度均落在 .79～.93 間，在評量網路成癮傾向上的功能界定，具有可靠性。

2. 「自我概念量表」：採用連廷嘉於 2005 年編製的「青少年心理與行為量表」中之「自我概念」分量表，該分量表共 10 題，分為正向特質（正向計分）與負向特質（反向計分）各 5 題，採李克特五點量尺計分；信度部分之內部一致性信度為 .90、再測信度為 .88，顯示此分量表具有良好的信度。

3. 「社會興趣量表」：採用蒙光俊於 2007 年編製的「社會興趣量表」作為社會興趣指標，共計 27 題，五個分量表：連結性（7 題）、合作（7 題）、同理心（4 題）、尊重（6 題）、貢獻（3 題）；分量表內部一致性係數介於 .75～.91，全量表內部一致性係數為 .95，亦具可靠程度的信度。

評量結果顯示，針對國二網路成癮的學生進行 8 次的「阿德勒取向團體諮商」，能達到減緩團體成員網路成癮的現象，以及提升自我概念、社會興趣之立即性結果，而在團體結束一個月後，成員在時間管理、自我概念的提升仍具有長期效果。

另外，為了評估以團體進行認知行為取向治療，對處於焦慮狀態之精神官能症患者之焦慮改變效果，陳婉真、吳國慶（2006）於精神專科醫院門診招募焦慮狀態的精神官能症患者，依照轉介時間的不同，分三梯次參與一週一次、共 12 次的焦慮處理訓練團體。19 位受試者在團體開始前（兩週）即填寫焦慮量表，團體開始後，每次團體進行前亦針對該週焦慮狀況進行填寫，再於團體整個結束後進行一個月一次、共 3 次的團體追蹤評估。

　　受試者填寫的量表為「曾氏心理健康量表」之分量表「焦慮量表」，此量表係俞筱鈞於 1984 年編製的市售量表，具有良好信、效度，有些大學還以此作為學生心理健康的篩檢量表，以了解學生心理健康並協助診斷心理失調的傾向。本量表採強迫選擇之作答方式，分為焦慮與憂鬱兩個分量表各 20 個題目（共 40 個題目），還依性別、年級建立「焦慮量表」與「憂鬱量表」之百分位數常模。

　　而根據統計結果（以 t 檢定比較團體最初次與最末次的焦慮分數，以及團體最末次與結束後追蹤第三次焦慮分數有無顯著差異），該焦慮處理團體能夠有效降低焦慮患者之焦慮程度，且療效在課程結束後三個月內仍能持續維持。

範例參考

使用量表，採準實驗設計之單組前（面談時）、後（第六次團體結束時）測作為成效評量之依據，可參考本書第五章、第七章、第八章、第九章：

・第五章：使用心理出版社出版之「青少年社會行為評量表」，了解安置少年適應行為之變化。

・第七章：參考苗栗縣政府教育處資訊中心針對國小學童提供之「家庭暴力測驗題」，評量團體前、後家暴認知能力的變化。

・第八章：使用「哀傷與意義重建量表」，了解成員悲傷程度的改變程度。

・第九章：使用「自我概念量表」，檢視成員自我概念的變化情形。

（三）非標準化量表：領導者自編問卷

　　如前所述，不是所有的領導者都能搜尋到適切、符合主題和對象的標準化量表，故領導者自編的問卷、滿意度調查表、團體回饋單等也成為成效評量常用的工具。不論領導者有無在團體進行中蒐集歷程評量的資料，但幾乎都會在團體結束時蒐集成效資料，邀請成員針對團體整體的參與經驗提供意

見。且此一團體結束時蒐集的成效資料，除了會蒐集成員個別的參與感受和滿意度外，通常還會針對團體內容、成員互動、領導者行為，以及團體場地、團體時間等設計封閉性的問題；而在開放性問題部分，多數領導者還會蒐集以下資料：團體過程中最深刻印象的事、最喜歡的活動、最有收穫的單元，以及這次團體的收穫、團體的學習成效、想跟領導者或成員說的話，或對未來團體設計上的建議等。

範例參考

・領導者最後一次團體，蒐集成員意見（如最有印象之活動）呈現團體成效之作法，可參考本書第五章第四節的「成效評量」。

・領導者最後一次團體使用自行設計的回饋單，蒐集成員回饋意見，可參考第七章、第九章第四節的「成效評量」。

（四）非標準化量表：領導者、觀察員及重要他人的觀察及記錄

前述不論是透過標準化量表、問卷，還是領導者自編的問卷，皆屬自陳式的意見陳述，邀請成員根據自己的經驗做填寫，而此處所指的成效評量的資料則歸納了團體領導者、協同領導者的帶領經驗，以及觀察員的觀察紀錄。另外，為區別與歷程評量的差異，此處的成效評量是針對整個團體的成效，而非僅評量單次團體或特定階段的成效。

最後還想提醒的是，成效評量還可就個別成員、團體整體兩方向做說明，個別成員的成效評量，針對的是每位成員參與團體的期待是否達到、目標有無落實；團體整體的成效評量，評量的則是團體目標（總目標）的達成程度。而由於團體目標較大、較抽象，單一方法並無法充分說明，因此領導者也可結合數個資料蒐集方法來說明、描述團體目標的評量結果。

┌─ 範例參考 ─────────────────────────────────

‧歸納領導者、協同領導者帶領和觀察員紀錄之「成效評量」，可參考本
　書第六章第四節。

‧團體目標檢視時，除使用量表分數外，還結了合領導者帶領和觀察員紀
　錄之「成效評量」，可參考第七章、第八章之第四節。

‧同時針對「個人目標」、「團體目標」進行「成效評量」，可參考第六
　章、第十章之第四節。

└──

第五節　結語

　　在助人專業日漸競爭、社會大眾對心理健康專業愈趨嚴格的要求下，以
「證據為基礎」呈現諮商服務的有效性是諮商師的責任，因此同時具有「實
務工作者兼科學家」之能力，應成為諮商師的自我期許。團體諮商之領導者
當然也不例外，如何在多成員、多次數的團體互動和情境中，梳理出團體歷
程與成效評量的結果，亦是團體領導者應有的能力。

　　然而，評量雖然重要，但卻是一件繁瑣的工作，須從團體設計階段就著
手規劃，設定適切的評量指標與工具，並按部就班的蒐集資料，如此才能獲
得嚴謹的、有品質的資料。而此一繁瑣、費時的評量工作需要機構的支持與
重視，並鼓勵領導者投入，如此才能逐步達到成員、機構、領導者、諮商專
業四贏的最終目標。

參考文獻

中文部分

中華社會福利聯合勸募協會、鄭怡世（2010）。成效導向的方案規劃與評估。巨流。

王郁琮、陳尚綾、王麗斐、林美珠（2012）。個人知覺與團體脈絡之團體氣氛：多層次潛在變數分析應用。中華輔導與諮商學報，**32**，33-55。

王麗斐、林美珠（2000）。團體治療性因素量表之發展與編製。中華輔導學報，**9**，1-24。

陳婉真、吳國慶（2006）。焦慮處理訓練團體之有效性評估。中華心理衛生學刊，**19**（2），149-176。

鈕文英（2015）。研究方法與論文寫作。雙葉書廊。

廖俞榕、連廷嘉（2012）。「阿德勒取向團體諮商」對於青少年網路成癮的諮商成效。教育實踐與研究，**25**（2），67-96。

劉書琴（2016）。焦點解決團體諮商工作同盟發展歷程及希望感之成效研究（未出版之碩士論文）。國立臺灣師範大學。

謝麗紅、林詠昌（2014）。團體諮商工作同盟量表編製研究。中華輔導與諮商學報，**40**，59-93。

鍾明勳、郭珀如、杜家興、林姵瑩、郭建成、張達人（2011）。中文版雅樂姆療效因素量表之信效度。中華團體心理治療，**17**（3），5-19。

鍾明勳、郭珀如、杜家興、張達人（2013）。中文版團體氣氛量表之信效度。中華團體心理治療，**19**（4），45-56。

魏麗敏、黃國彥（2000）。社會計量矩陣（Sociometry）。https://terms.naer.edu.tw/detail/1306861/?index=10

Masson, R. L., Jacobs, E. E., Harvill, R. L., & Schimmel, C. J.（2013）。團體諮商：策略與技巧〔程小蘋、黃慧涵、劉安真譯，第 7 版〕。五南。（原著出版年：2012）

英文部分

Corey, M. S., Corey, G., & Corey, C. (2010). *Group: Process and practice*. Brooks/Cole.

Dimmit, C. (2009). Why evaluation matters: Determining effective school counseling practices. *Professional School Counseling, 12*, 395-399.

Hays, D. G. (2010). *Introduction to counseling outcome research and evaluation*. http://citeseerx.ist.psu.edu/viewdoc/download?doi=10.1.1.895.8385&rep=rep1&type=pdf

Martin, I. M. (2009). *The role of program evaluations in improving and sustaining state-supported school counseling programs: A cross case analysis of best practices*. https://scholarworks.umass.edu/cgi/viewcontent.cgi?article=1108&context=open_access_dissertations

Thomas, R. V., & Pender, D. A. (2007). *Association for specialists in group work: Best practice guidelines 2007 revisions*. https://asgw.org/resources-2/

Toseland, R. W., & Rivas, R. F. (2012). *An introduction to group work practice* (7th ed.). Pearson.

實作篇

第五章
相信可以，我好你也好：
人際技巧學習團體

郭鳳鵑、沈慶鴻

第一節　團體設計

一、緣起與理念

（一）問題陳述

　　針對家庭發生重大變故，兒少需要人身安全保障服務時，依據《兒童及少年福利與權益保障法施行細則》（衛生福利部，2020）規定，主管機關依循下列順序安置兒少：(1)安置於合適之親屬家庭；(2)安置於已登記合格之寄養家庭；(3)收容於經核准立案之兒童及少年安置及教養機構；(4)收容於其他安置機構。但依相關統計，2019 年和 2020 年有超過半數（55.5%）的兒少收容仍以機構安置為主（如表 5-1 所示）。

表 5-1　兒少保護安置態樣及處所分布　　　　　　　　　　　　　　（單位：人）

	親屬安置	寄養家庭	機構安置	其他處所
2019 年	55	176	428	130
2020 年	69	245	588	135
比例	7%	23%	55.5%	14.5%

　　顯見法條立意雖好，但實務上仍有半數以上的兒保服務對象是安置於機構，人數遠高於寄養家庭或親屬家庭；而安置機構雖常期待以「家庭化」提供照顧，但目前團體化、機構化的管理仍是主要模式（余姍瑾，2011；吳惠文、許雅惠，2015）。因此如何滿足被安置兒少的需求、提供具專業品質的照顧服務，成為兒少安置機構的重大挑戰；而為確保安置兒少的需求與受照顧品質，安置機構的業務內容廣泛，生活照顧、就學就業、衛生保健、家庭維繫、人際互動、休閒服務等各類服務都含括在內。

　　根據觀察與研究指出，兒少歷經離家、安置之劇變會出現不少身心狀況，是服務規劃上不可忽視的（徐瑜、廖士賢，2019；陳桂絨，2000；彭淑華，2006）：

1. 心理狀態：感到被遺棄、被拒絕、無助、無價值感，以及被移出家庭的羞恥感；自我概念或自我價值感薄弱，對人信任感降低。
2. 生理狀態：來到陌生的地方，可能出現食慾不振、睡眠困擾等狀況。
3. 外顯行為：出現包括：(1)情緒混亂，表現出焦慮、哭泣、難過、易怒，缺乏自我控制能力；(2)學習和理解力不足、學習成效低；(3)人際互動困難、溝通不良、特別黏人或退縮、人際衝突、人我界線模糊等。

　　兒少從原生家庭遷移至安置機構，開啟了其與新棲息地之間的交流適應歷程；該適應過程包含了：個人適應與社會適應，前者如情緒控制、需求滿足及其與環境的滿意關係，後者如同儕關係、社會關係等人際面向的和諧（卓翊安，2017；張麗惠，2013）；具有人際能力的兒少，能夠在機構特殊的生活環境中建立較佳的支持系統、獲得資源，對其適應機構生活相當有利，且若能遇到可提供情緒支持的工作人員與同儕，對兒少的心理健康是有幫助的（周宛樺，2016；張麗惠，2013）。廖夏慧（2018）曾進一步指出，在機構的團體生活中，少年會根據他們對於安全的意識與信念探索及調整人我關係，以達成其內心與外在環境的和諧，這也是信任感與歸屬感形成的過程，影響少年能否順利適應機構生活。特別是對已度過安置初期環境適應的兒少而言，人際關係的適應成為其下一階段的任務——安置中期的人際關係適應可減少兒少的孤獨感、獲得同儕的認同，增加自我的信心；因此兒少能與同儕及工作人員培養適當的人際關係，對於安置中期的生活適應會有正向的影響（謝樂可，2014）。

　　綜合以上可知，安置兒少的人際能力對其機構生活適應具重要性；然而兒少應學習的人際技巧究竟有哪些？根據黃德祥（2000）的歸納，少年與同儕互動的社會技巧，概分為社會互動技巧、社會因應技巧兩類，前者包含：

有禮貌且慎重的聽別人說話、適當的問候別人、有技巧的與他人聚會、能擴展和同儕的對話、借別人東西時能遵守規約、當情境需要時能提供協助、以適當方式讚美別人、適當的幽默感、知道如何建立與保持友誼、適當的與異性交往；另社會因應技巧則包含：有技巧的與同儕協商、有效的處理被排擠、有效的處理團體壓力、適當的表達憤怒、有技巧的處理來自他人的攻擊等。

由前述研究結果看來，安置兒少在社會互動與社會因應層面皆待加強。而安置兒少若缺乏人際互動技巧，特別是不知如何與他人溝通、不懂得同理他人或容易誤解他人的反應，很容易產生衝突（李品蓉，2016）。洪文惠（2019）則從安置兒少的創傷背景出發，認為兒少的人際關係回應了其內在的情緒狀態，表現於外的是失去了同理他人與覺察自身情感的能力。因此如何協助兒少的穩定適應是機構與少年都需要面對的挑戰，否則生活的不適應與人際關係的挫折就會成為兒少逃離安置機構的主要原因（翁涵棣，2011）。也因此，如何提升兒少在安置中的人際適應，是多數安置機構需積極投入的任務。

（二）運用「團體諮商」於安置少年人際適應議題

團體諮商有助於青少年身心發展，青少年藉由分享感受與經驗獲得普同感，並在同儕相處的過程中獲取認同，且其提供青少年正向同儕互動的經驗，並透過自我探索、同儕支持、領導者的示範及回饋等來提升其心理社會功能，因此對具「反抗權威、尋求自主」傾向的青少年來說，相較於個別諮商，團體諮商的威脅感較低，較易被青少年所接受（程雅妤、謝麗紅，2016；謝麗紅、陳尚綾，2014）。

黃立雯（2014）則認為，有人際議題的青少年比其他人更適合團體諮商，透過團體培養青少年人際關係的能力，並學習將此能力轉換至日常生活。林淑君（2009）也表示，以團體方式協助因受虐而被安置的兒童與青少年，其優點包括了：團體能提供兒少情緒支持與連結；能讓兒少感受正常化與普同感；透過團體能觀察學習與內化新的社交技巧；改變其內隱與外顯的行為問

題，增加其適應功能。謝樂可（2014）更強調，安置機構本為團體式的照顧環境，因此團體諮商的特性可讓兒少從人際關係的變化體驗到合作性的學習，而兒少人際團體可促進其學習、適應機構生活，提供發展相關任務的學習機會。

許瀞月（2012）整理國內針對人際議題於團體諮商中使用的理論取向，包括現實治療、理情行為治療、後現代取向等；其中現實治療理論應用於團體諮商，可滿足人類心理需求，透過互動可讓團體成員學習到新的、有效控制行為的方法，也能在團體中學習負責、自我管理的行為，能確實促成個人成長，與本團體之目標相符，因此以現實治療法作為本團體設計之依據。

（三）理論觀點

本團體採取現實治療的觀點進行規劃，Glasser 所創的現實治療強調人是有能力「控制自己」的，能控制或改變發生在生活周遭的事件，治療師藉由溫暖、接納、非懲罰性的方式，幫助個案覺察現實生活；現實治療認為當人們認定自己現在的行為無法獲得他們所想要的，並且相信他們能夠選擇其他行為以獲取所想要的時候，就會有所行動；在這樣的假設下，此理論的一般性目標是協助團體成員，發現更好的方法來得到愛與歸屬，透過行為改變達成基本需求的滿足（Corey et al., 2014/2014）。Wubbolding 與 Brickell 認為，現實治療強調個人內在有促進健康和成長的力量，透過需求的滿足，會表現出個人負責任和有意義的人際共融關係；所以將現實治療運用於團體，領導者在團體中展現真誠、同理、支持的態度，與成員建立良好互動關係，就能促成團體成員立即性需求之實現（引自曾琬雅、張高賓，2011）。

現實治療是主動與教導式的，過程中會直接提供成員新的資訊、協助成員探索更有效的方法，與本團體著重人際技巧學習的目標相符；其不接受藉口也不輕易放棄個案的治療關係，亦能承接青少年常展現的行為表現。

曾琬雅、張高賓（2011）曾將現實治療應用於受霸凌國中生的團體諮商，發現運用現實治療產生的團體成效包括：(1)領導者與成員間能建立起共融關

係，使成員從中體驗並累積成功經驗，進而改善其自我概念、促進成員成長；(2)成員間有普同感和共同努力的目標，能彼此鼓勵、互相支持，增強了成員間的凝聚力，也強化了計畫執行的動力。另外，黃姝文、丁原郁（2010）探討現實治療在不同類型團體之療效，發現受霸凌學生在團體中產生行為改變的關鍵，在於藉由理論探索了成員五大需求和整體行為，以及如何「做選擇」以改變認知與行動，確實有助於成員的行動改變。謝時（2018）在整理其他文獻時，歸納了現實治療團體的成效，認為現實治療團體的結構性、共融關係、對計畫練習的評估與改變的行動力、成功認同的面向等是團體能產生效益的要素。

由上可見，現實治療有許多能具體在團體中整合運用的理論觀點，與本團體的主題、對象適配，故以現實治療為依據進行本次團體之規劃與實施。

二、團諮目標

1. 透過團體諮商歷程，提升安置機構少年對自己人際互動概況的覺察。
2. 協助兒少學習人際互動技巧，以提升其在安置機構內之人際關係。

三、合作機構

本次合作機構為○○市接受政府委託之兒少安置機構，以安置單一性別之保護性個案為主要業務，針對失功能家庭、遭受不當對待的兒少提供服務。安置兒少需要配合機構作息安排，參與機構規劃與安排之課程與活動。領導者經推薦得與該機構合作，機構肯定團體輔導、團體諮商對院生之助益，考量團體辦理期間院生之組成特質、發展，認為人際議題符合近期兒少之需求，因此同意合作舉辦本次團體。

四、設計與帶領

團體設計者及領導者為暨南國際大學輔諮碩二研究生，於青少年機構服務逾十年，曾執行體驗教育方案、社區青少年生涯輔導服務。對於團體工作、

青少年都有相當認識，並曾於安置機構實習；因過往工作經驗對於安置機構兒少之團體諮商實務略有認識，想親自帶領團體。

本團體另有協同領導者與觀察員，於團體前對於領導者之輔導活動設計皆給予建議，並完成行前的分工討論，由於成員特質故團體內容會有較多動態活動需要協同領導者分組帶領。

五、時間與地點

自○○年○○月○○日起，連續辦理六週，皆於星期六上午 9：30～11：30 間進行。為配合安置機構屬性及機構管理上的運作，團體地點以機構內部可使用之空間為主（於機構多功能活動教室進行）。

六、團體特性

本次團體主題為人際技巧學習，屬於教育性團體，教育性團體的成員組成應具有相似的教育或技巧程度，相較其他屬性的團體，屬於同質性團體；團體並具有相當結構，以利青少年成員的學習（Corey et al., 2014/2014; Toseland & Rivas, 2012/2013）。另外，考量本次團體的主題目標與成員在機構內的人際互動有關，故為封閉性團體。

七、邀請對象

本次團體以機構院生為對象。篩選標準如下：

1. 納入條件：(1)安置已滿三個月之院生，可接納機構生活者；(2)機構推薦，認為安置少年適合參與本人際技巧團體者。
2. 排除條件：(1)生理特質與其他人明顯不同，例如：具智能障礙診斷、年齡過小或過大；(2)近期與其他院生有人際衝突或關係議題（如性剝削），而機構尚未擬定後續處遇者。

八、成員來源

以機構推薦為主，由機構工作人員徵求與推薦適合參與團體之成員。

1. 聯繫方式：與機構督導聯繫、說明團體主題，並與機構協商進行時間、成員設定等。待機構正式同意後，請督導協助向社工、生輔員蒐集對服務對象參與團體之期待，以為團體內容設計之參考。

2. 面談：透過一對一面談方式進行。面談前，領導者先提供面訪邀請書，再配合機構時間、輪流進行。面談時，先邀請成員大致介紹自己參與機構活動的經驗，再由領導者簡要說明團體性質等，主要欲了解成員參與團體的意願與期待。

九、團體內容

如表 5-2 所示。

表 5-2　團體內容

單元名稱	單元目標	活動內容	理論依據
第一單元 新的開始	1. 催化成員正向互動關係 2. 溝通成員團體期待 3. 訂定團體規範 4. 練習正向行為	1. 隨機介紹 2. 優質生活圖像 3. 訂定團體規範 4. 就這麼簡單	現實治療 WDEP：W 行為理論
第二單元 都不是問題	1. 使成員能覺察、探索機構內的人際經驗 2. 方法學習	0. 作業分享、人際練習 1. 妙筆神猜 2. 團體樹 3. 問題不是問題 4. 生活顧問	選擇理論 需求理論 WDEP：D
第三單元 我的技能口袋	1. 引導成員評估自己的人際能力 2. 增進成員改變的動機	0.　作業分享、人際練習 1-1. 技能大拍賣 1-2. 技能口袋 2.　人際影響輪	WDEP：E 需求理論： 愛與隸屬

表 5-2　團體內容（續）

單元名稱	單元目標	活動內容	理論依據
第四單元 心法練習	1. 學習並運用人際技能 2. 提升成員思考的有效性	0. 作業分享、人際練習 1-1. 換位思考 1-2. 我說的你都懂 1-3. 衝突管理大師 2. 快問快答	3R 理論 社會學習
第五單元 學習計畫	1. 促使成員改變互動方式 2. 學習有效計畫 3. 形成改變目標	0. 作業分享、人際練習 1. 真心話大冒險 2. 計畫這麼寫 3. 落地的城堡	WDEP：P
第六單元 帶著我走	1. 檢視執行成果 2. 整理團體經驗 3. 強調信念與行為的關係 4. 成員彼此回饋與祝福	1. 作業分享、人際練習 2. 學習循環 3. 人際線 4. 帶著祝福走	總合行為

十、團體評量

（一）歷程評量

1. 為強化技巧學習效果，每次團體皆使用學習單，因此可依學習單的填寫狀況評估成員參與狀態。

2. 著重個人層面，以觀察員記錄、成員填寫學習單狀況進行檢視，其中亦藉由「團體氛圍量表」進行團體過程狀態的評量；該量表以「簡式團體氛圍量表」（group climate questionnaire, short- form）為原型，共12 題為六點問卷，並可分為凝聚力、衝突、迴避等三個面向。參考本量表中文版之信效度討論，投入（engagement）、衝突（conflict）及逃避（avoiding）之內部一致性檢定 Cronbach's α 分別為 .89、.83、.20；折半信度分別為 .81、.83、.06；針對逃避分量表信、效度相當低的表現，則建議刪除特定題項或使用其他問卷替代（鍾明勳等，2013）。不過，因為此問卷被廣泛使用為團體氛圍的評量工具，本團體亦參照使用為團體歷程參考資料之一。

（二）成效評量

依照團體目標，以心理出版社發行之「青少年社會行為評量表」為評量工具，「供社會技巧訓練課程之訓練前、後評量」為該工具編製目的之一，與本團體之教育性團體特性可搭配。該量表內容可分為「適應行為」及「不適應行為」兩部分，內部一致性信度在 .757～.869，重測信度在 .484～.774，編製者認為穩定性尚可；在效度部分，在內容、同時、效標效度上均獲肯定，「適應行為」分量表對行為介入方式的敏感度較佳。本團體依照團體設計目標，在使用時僅參考「適應行為」部分。

第二節　團體招募與面談

一、設計團體說明書

在團體開始前，領導者原欲在機構會議中進行團體說明並澄清相關期待，但機構建議以文字說明即可，故提供以下書面說明（如附件 5-1 所示）。

二、團體招募與面談

領導者於團體前，安排三次時間至機構與被推薦院生進行個別面談，每人約 15 分鐘。面談前，並提供相關說明書（如附件 5-2 所示）。

附件 5-1　給機構工作人員團體說明書

【相信可以，我好你也好：人際技巧學習團體】
給機構工作人員的一封信

親愛的○○，您好：

　　我是團體領導者郭鳳鵑，謝謝您協助安排院生參與「相信可以，我好你也好：人際技巧學習團體」。對於如何提供給院生們適當的學習活動是機構費盡心思的任務，您對他們的生活扮演舉足輕重的角色，有您參與，院生整體適應會更順利。

　　文獻指出，安置兒少在機構生活適應的狀況與其人際面向的和諧是有關的，兒少的人際困擾也反映著人際互動技巧的缺乏；因此，經過與督導的討論而安排以此為團體主題。藉此向您說明本團體的相關事項：

- 團體目標：提升院生對其在機構內人際概況的覺察、增進人際互動技巧
- 團體時間：○○月○○日至○○月○○日，每週六 9：30～11：30，共六次
- 團體地點：多功能活動教室
- 團體督導：沈慶鴻教授
- 團體領導者：郭鳳鵑、黃○○／觀察員：許○○

　　本次團體設計及執行都在督導下審慎進行，帶領團隊也會謹守專業倫理，後續如學術需要使用本團體資料，也會採取匿名等保護措施。需要機構協助事項：

1. 本次團體並未邀請機構工作者陪同，若團體當時院生出現特殊狀況（例如：疾病、涉及通報事件等），再請當班老師協助處理。
2. 期待參與院生能全程參與，若課程辦理當次，院生於機構中尚有未竟事宜，可請其工作完成後再參與。
3. 院生於團體中表露與機構生活有關之事項，若情節重大、明顯牴觸機構規範，領導者會鼓勵院生主動向您們提出，在院生同意或知會院生需告知機構後，會再與各位討論。

　　為維護院生權益及服務品質，領導者提出以下相關的倫理考量：

1. 價值影響：機構價值觀與院生價值觀衝突時，不強制院生接受機構觀點，領導者將會尊重院生之價值觀。
2. 免受傷害權：領導者會在專業督導及同儕督導的過程中，保持對自己價值觀、信念的覺察，以維持成員免受傷害權。

　　期待您的支持與認可。若於過程中有任何需要與領導者討論、確認的事項，歡迎隨時聯繫。聯絡方式：郭鳳鵑（e-mail ／手機電話）。

附件 5-2　成員邀請暨面談說明書

【相信可以，我好你也好：人際技巧學習團體】
成員邀請暨面談說明書

○○，你好：

　　歡迎你參與本次「相信可以，我好你也好：人際技巧學習團體」，我是團體領導者鳳鵑；為了讓你放鬆、放心的參與活動，想先和你見面聊聊，你的意見對團體進行非常重要，因為我們希望創造愉快學習的氣氛，嘗試讓活動更符合你的期待。這裡提供一些資訊參考。

一、團體是什麼？	1. 是一種活動，有 6～10 個人一起參加。 2. 團體的進行通常是每週一次，本團體有六週，每次 2 小時。 3. 團體目的是透過大家的分享，從中得到些想法或方法。 4. 團體由領導者帶領進行，但每個人都有一樣的權力，每個人的想法都很重要。 5. 因為希望每個人都能安心的參加，團體會有規則需要遵守，例如：保密、尊重、參與。
二、我為什麼要參加？	團體生活難免會有衝突，相信有一些方法的加入，大家的機構生活就會更愉快。安置院生都將參與類似的團體活動，這次很開心能邀請你參加。
三、會有哪些人參加？	不論有誰參加，團體中大家都是學習夥伴，我們都將透過活動過程更認識彼此。來尋找彼此人際經驗中的寶藏吧！
四、會如何進行？	透過體驗活動、書寫、繪畫、分享過程，讓大家想想期待在機構生活的人際樣貌、怎麼做可讓想像發生，以及做些練習。

　　若還有疑問，歡迎你在我們約定的小小聚會中討論。我也想了解你以下的經驗：

1. 有印象自己參加過類似的團體活動嗎？經驗如何呢？
2. 對於參與這個活動有什麼好奇或期待嗎？
3. 在機構中你有什麼感到困擾的人際事件想要分享的？

期待與你的相見。

團體領導者　鳳鵑敬邀
國立暨南國際大學諮商心理與人力資源發展學系

三、確認團體成員

（一）成員決定

　　機構推薦 8 名院生參與團體，但團體開始前有 1 名院生因學校活動無法參與，面談時雖發現部分成員適切性較低、較不適合參與，但因合作機構期待，團體仍確定有 7 名成員。因此，本團體含有非自願性的屬性。以下概述成員特性（如表 5-3 所示）。

表 5-3　團體成員基本資料

成員	參與意願	安置背景	說明
A	無意願	安置已久，機構曾安排個別輔導計畫，對機構工作者無明顯依附	面談開始即刻詢問可否不參加，L（領導者的簡稱）回應後並詢問有什麼方法可協助其參與，A 卻隨即回覆「沒有」。經過面談，L 認為該成員不一定能從團體中受益。
B	無意願	安置約二年，與機構工作者關係疏離	沒有想參加團體的原因。經過面談，L 發現 B 需較多邀請才願意回應，主動表達的行為較少。
C	低意願	安置期間較短，有較多的機構適應狀況	詢問參加團體的好處，L 回應後該成員沒有再詢問。經面談，L 認為 C 參與的動機不明顯，但對於團體的「學習目的」是清楚的。
D	高意願	安置期間較短，但適應良好	對團體有明顯的參加動機，期待參與機構所安排的各項活動。經面談，L 認為 D 適合參與本團體。
E	中度意願	安置期間已久，對機構工作者有良好依附	對參與團體沒有明確的動機，但表達願認真投入。經面談，L 認為 E 適合參與本團體，但需要協助引發個人目標。
F	高意願	安置約三年，前期有明顯的人際適應議題	近期有人際事件的發生，對於參與團體有明顯的動機，希望從中有所學習。經面談，L 認為 F 適合參與本次團體。
G	高意願	安置約二年，仍有明顯的人際適應議題	有明顯的參加動機，期待團體可確實增進其人際互動技巧。經面談，L 認為 G 適合參與本團體。

（二）團體開始前通知書

團體開始前，領導者再次前往機構一對一向成員說明參與團體的注意事項、確認近期參與院生的人際互動情形，也試圖使領導者與成員之間建立更多連結。相關通知說明如附件 5-3 所示。

附件 5-3　團體行前通知暨研究同意書

【相信可以，我好你也好：人際技巧學習團體】

團體行前通知暨研究同意書

親愛的○○，你好：

　　我是團體領導者鳳鵑，很開心通知你團體即將開始。以下有一些小叮嚀要提醒你，並期待第一次團體的到來！

・團體時間：○○／○○／○○起連續六週，每週六 09：30～11：30

・團體地點：多功能活動教室

・生理準備：穿著休閒舒適的服裝、攜帶水瓶

・心情準備：

1. 團體中歡迎大家隨時分享自己的意見，成員間互動交流的意見是團體最珍貴的部分，邀請你專注傾聽彼此的想法。

2. 為了不讓你需要再去適應新的規範，機構中強調孩子們應該互動的方式，在團體中也會繼續沿用。

3. 因為團體的時間有限，希望大家可以是最投入的狀態，所以團體期間，如有任何會影響你參與的事件，都歡迎與領導者談談。

・專業指導：

本團體是研究所培養領導者成為專業心理師的課程之一，因此為了保障團體品質及維護你的權益，本課程有授課教師：沈慶鴻教授協助督導，而過程中會錄音，並有觀察員在旁觀察，目的在提供團體領導者學習團體諮商所用。錄音檔案會在團體結束後一個月內刪除，請你放心。

・研究同意：

本團體可能會形成一個關於促進安置機構院生生活適應之研究，相關資料皆會在沈慶鴻教授的指導下使用，並成為領導者日後學術研究之參考，除領導者及指導教授外，所有資料只做學術使用，並都將匿名處理。

　　本人＿＿＿＿＿＿＿同意參與暨南國際大學輔諮碩班郭鳳鵑的研究。

年　　月　　日

第三節 團體設計與執行

一、修改後的團體內容

　　隨著面談、團體開始，依成員的參與狀態及學習主題反應，在教授及同儕督導下逐次修正活動內容，並試圖在現實治療的理論指引下進行，在第四單元並嘗試透過 3R 的討論與成員釐清行為的正確性、有效性，並藉由社會學習的彼此觀摩，擴展成員在團體中的學習視野。以下為修改過之團體內容（如表 5-4 所示）。

表 5-4　安置少年人際技巧學習團體之執行團體內容

單元名稱	單元目標	活動內容	理論依據
第一單元 新的開始	1. 催化成員正向互動關係 2. 溝通成員對團體的期待及想法	1. 團體說明 2. 隨機介紹 3. 尋找關鍵人物 4. 優質生活圖像 5. 簡單回饋	現實治療 WDEP：W
第二單元 我在團體中	1. 引導成員覺察、探索機構內的人際經驗 2. 方法學習：人際正向語言	1. 團體回顧 2. 訂定團體規範 3. 我在團體中 4. 團體樹 5. 簡單回饋	選擇理論 需求理論 WDEP：D
第三單元 我的技能口袋	1. 引導成員評估自己的人際互動能力 2. 方法學習：說出心裡話	1. 團體回顧 2. 人際不只兩面 3. 表達練習 4. 技能口袋 5. 雙贏思維	WDEP：E
第四單元 心法練習	1. 學習並運用人際技能 2. 引導成員思考人際行為的有效性	1. 團體氛圍問卷、活動回溯、活動再設定 2. 換位思考 3. 影片觀賞 4. 團體事件討論	3R 理論 社會學習

表 5-4 安置少年人際技巧學習團體之執行團體內容（續）

單元名稱	單元目標	活動內容	理論依據
第五單元 技能大補帖	學習並運用人際技能	0. 團體調整討論 1. 你說我說辯論賽 2. 衝突管理大師 （提早約 15 分鐘結束）	社會學習
第六單元 帶著我走	1. 整理團體經驗 2. 練習團體經驗應用 3. 成員彼此回饋與祝福	1. 這一路有你有我 2. 人際藍圖修正版 3. 帶著祝福走	WDEP：P

註：陰影處為增修的部分。

二、單次團體設計：以第一次團體為例

單元 名稱	新的開始		團體人數	7 人	對象	少年
團體 時間	○○年○○月○○日 9：30～11：30		團體地點	多功能活動教室	設計者	郭鳳鵬
單元 目標	1. 催化成員形成正向的互動關係 2. 溝通成員對團體的期待及想法 3. 訂定團體規範 4. 練習正向行為					
名稱	團體目的		內容及步驟			器材
隨機 介紹	透過學習單 讓成員分享 對彼此的認 識，從過程 形成正向的 互動經驗		【開場】（10 分鐘） 歡迎大家今天的到來。我是鳳鵬，這是在面談中有提到會一起陪伴大家的另外一位領導者：coL（協同領導者的簡稱）自我介紹。 那接下來就開始今天的活動囉。 1. 透過學習單，引導成員彼此介紹 【指導語】 (1) 這裡有一張自我介紹的活動單，但會是透過同伴的填寫來介紹彼此。等一下呢，請你來這邊抽籤，看你抽到誰，你就把你對他的認識寫下來，大家可以先看看題目，覺得有沒有哪一題是比較不清楚的？可以先提出來詢問（等待 20 秒）。沒有的話就請 coL 幫忙大家來抽籤。等一下就請寫自己的，那我們就在音樂停下來的時候停筆囉。（coL 收回學習單） (2) 分享一下過程的感受？				學習單 姓名貼 板夾 筆 音樂

名稱	團體目的	內容及步驟	器材
隨機介紹	透過學習單讓成員分享對彼此的認識，從過程形成正向的互動經驗	2. 進行分享：拿回個人學習單（10 分鐘） 【指導語】 因為我們是人際主題的團體，看到別人的觀點是人際上很重要的一部分，因為 coL 還不認識大家，等一下還是請介紹一下你的名字，然後請唸出第六題這個別人欣賞你的部分是什麼，然後回答第七題別人對你的好奇，好嗎？我們先聽 coL 示範大概要怎麼介紹。 3. 討論：擇一回應（10 分鐘） (1) 你覺得這個過程，是簡單的還是困難的？怎麼說？ (2) 看到別人的回應，你有什麼感受嗎？ (3) 你給自己的分數和別人給你的分數差距大嗎？有何發現？ 【結語】 先很謝謝大家可以在過程中給彼此一些回饋。我覺得這在團體的一開始就這樣做是有點挑戰的，在寫最後一題的時候有人覺得有點不放心嗎？我自己覺得要能夠放心寫最後一題有幾個因素，可能你要信任所有這個團體中的人，或者是你有滿好的人際應對技巧。大家可以再感受一下剛剛自己的狀態。 4. 暖身活動：尋找關鍵人物（20 分鐘） 【指導語】 請你寫下一個今天想跟他同組的小夥伴名字，還有一個候補的名單。等一下的活動是這樣的，進行的過程中請保持安靜，目標是：(1)等一下會有個成員被 coL 點到，被點到的人請努力隱身，但不能停止移動，其他人則要努力找出他是誰；(2)每個人在移動的過程中，都要努力和你期待的二位夥伴保持正三角形的狀態。過程中請大家注意安全，不要奔跑喔。 【結語】 透過這個活動，是想要讓大家感受一下，每一個人的變化都會帶來影響，這就是人際關係的特色。只要在團體中就會受到或大或小的影響。有時候你找得到源頭，有時候找不到。請大家想想在機構當中，有沒有這樣的經驗，請你把它寫下來。 休息時間	名片卡 筆 事件單

名稱	團體目的	內容及步驟	器材
優質生活圖像	透過書寫或繪畫過程，成員表達自己期待機構的人際互動樣貌；也表達對團體的期待	5. 優質生活圖像（10 分鐘） 【指導語】 在今天之前，我們有先見面大概確認過大家對於參與團體的想法，過程中我都會問問大家目前在機構的生活，在這裡想請大家針對這個題目再詳細思考一下。這裡有一張白紙，請大家參考這個互動卡，然後創造一個圖畫是關於你會希望在機構生活中，彼此之間的互動狀態是怎樣的。我們大概在這裡進行 10 分鐘。 （視狀況規定要呈現的元素數量） 6. 進行分享：成員先走動看過彼此的創作後，輪流分享內容，過程邀請成員隨時提問或回饋（15 分鐘） 【討論】 (1) 創作過程的感受如何呢？ (2) 有沒有察覺彼此都覺得滿重要的部分？或是誰提到的你也覺得很重要？ 【結語】 看到大家都對機構的人際互動很有期待，相信是大家都很希望在機構的日常生活可以過得更好，但從這個討論當中，大家應該也都可以發現彼此覺得好的生活還是有一點差異的。所以我們試著想要在這個團體的過程裡來看看，可以怎麼樣去實現一個最符合大多數人期待的結果，可以怎麼在這個團體中有一些調整。	互動卡 紙膠帶 A4 紙 彩色筆
		7. 溝通團體期待（5 分鐘） 【指導語】 那接下來我們來討論大家對這個團體在進行過程或內容的期待。這個團體的目的是希望大家可以在過程當中，看見自己在機構中的人際狀態，但是因為彼此期待是有落差的，所以也試著練習能怎麼去調整。邀請大家說說目前覺得對參與這個團體的期待。 【結語】 知道彼此期待後，我們可能在團體當中去協助彼此完成大家參與的期待，除了自己的投入很重要外，和團體之間的默契也是很有關係的，接著我們來討論一下規範。	

名稱	團體目的	內容及步驟	器材
訂定團體規範	整合和機構人際互動相關的規範，強調保密及此時此刻	8. 訂定團體規範：請成員提出應要遵守的規範，針對提出的內容進行確認、團體同意（15分鐘） 【指導語】 有一個團體過程的基本規則應該是重要的，我覺得我們在看這個規則的時候可以從「因為我知道這樣是對大家的期待都好的」為出發點，所以我們都願意遵守。所以在等一下的討論中，如果有什麼意見都歡迎提出來。從剛剛的活動開始好了，過程中大家有覺得什麼是在這個團體中，大家應該要執行的守則嗎？ 或者是有什麼是機構內已經有的規則，你覺得我們在這個團體當中也可以持續遵守的？ 【結語】 那我們一起複誦一下規則，「在團體中，我同意……，我知道遵守這些規則是因為這能協助大家放心地參與在團體中」。接下來在團體的進行中，大家覺得這個規則應該要有一些調整會比較好，也都可以再提出來討論。	海報紙 彩色筆
就這麼簡單	透過簡單的行為練習與家庭作業，使成員可以實質改變人際互動的行為	9. 行為練習：成員提出一個符合自己優質生活圖像的行為在團體內外練習執行（15分鐘） 【指導語】 在今天的最後一個活動，請大家回來看剛剛創作的你期待機構互動的這張圖，請你用2分鐘的時間，想想有什麼事情，是很簡單的、你現在立刻就想得到也做得出來的事情。 大家都有想出來覺得可以練習看看的行為了。我們先聽聽看大家覺得可以做的練習是什麼？（輪流發言） 接下來請找你的夥伴，讓我們嘗試做做看這個行為。執行前請你再向夥伴說一下你要練習的是什麼再開始。 【討論】剛剛過程的感受如何呢？ 10. 團體結束 【結語】 前項你做的練習，請記得在回到機構後，找一個不是團體成員的夥伴練習看看，下週團體一開始，會請大家分享練習的經驗。團體最後邀請大家針對今天的團體過程，用10個字以內的話來表達你的心得。	

名稱	團體目的	內容及步驟	器材
備案： 加強 優質 生活 圖像	提供調整圖像的機會	11.優質生活圖像強化版 【指導語】 在團體結束前的這個時間，請你再看看你的優質機構生活圖像，經過我們剛剛看到別人的分享、還有今天活動的歷程，你可以想想有沒有什麼想再修正的部分。	互動卡 彩色筆

附件 5-4　第一次團體活動學習單

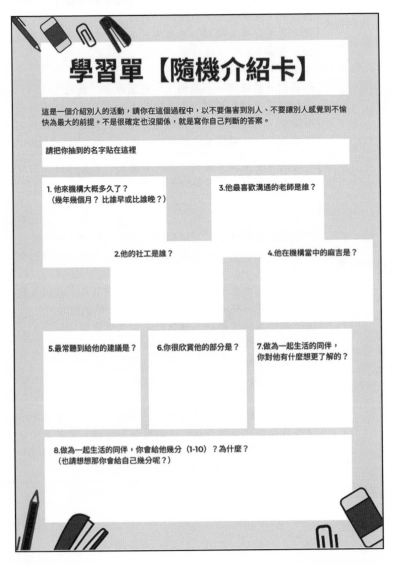

三、團體紀錄：以第一次團體為例

單元 名稱	新的開始		出席人數	7人		
團體 時間	○○年○○月○○日 9：30～11：30		團體地點	多功能活動 教室	L	郭鳳鵑
					coL	黃○○
單元 目標	1. 催化成員形成正向的互動關係 2. 溝通成員對團體的期待及想法 3. 訂定團體規範 4. 練習正向行為					
團體 紀錄	團體內容		歷程紀錄			
團體 內容 與 歷程	團體執行方式說明： 透過活動使成員感受 團體動力受彼此的表 現所決定，帶入理論 觀點		**互動概況及動力運作** 1. E 會不停介入 L 與 D 的示範、提出疑問，推論是成員對於團體有所期待。 2. 分組活動時，被指定分組的成員略顯不自在，但幾經催化仍可完成。 3. 成員可以產出較 L 所示範之更舒適的互動方式——分享，故以此回應成員：期待在後續的團體互動能以此刻為例，產出更舒適的團體過程。 **特殊事件** G 不太能跟 A 互動，推論與兩人過往的人際互動有關，過程中會頻繁看著 L，A 則提出折衷的意見協助 G 完成。但兩人的互動與另兩組相較則較有隔閡。			
	自我介紹（隨機介紹 卡）：透過相互介紹 進行		**互動概況及動力運作** 1. 多數成員乍看之下有確實填寫學習單，G 的速度特別慢，可以看到團體的等待對其造成壓力。 2. 成員書寫的結果不如預期；因此 L 轉為討論成員認為生活中的夥伴可以得到 10 分者大概是什麼樣的表現，G、F 的回應是團體的氛圍要好；A、B 順著 C 的回應複述「要好相處」，C 則提出偏重於自己喜好的回應。 3. 多數成員給自己的評分多落在中間值（C、D、F 約 5～6 分，E 為 7 分，G 為 10 分），A、B 未仔細思索就給出回應，且不願回應 L 提出再檢查一下的提醒。			

團體 紀錄	團體內容	歷程紀錄
團體 內容 與 歷程	自我介紹（隨機介紹卡）：透過相互介紹進行	4. 針對成員自評的分數，L 進一步詢問與其在學習單所回應「10 分成員」的落差所在，成員對此不太能有更多回應。 **特殊事件** 1. 成員彼此回饋的品質差異較大，但觀察成員在拿回學習單後，觀看別人所給回饋的過程，多數是很專注的。顯示活動方式對成員是有效的，但須要調整細節讓成員可以更確實的參與。 2. 邀請成員在此時分享給自己的分數，似乎有些過快，影響成員開放表達的意願。
	暖身活動：透過活動促使成員感受人際互動的影響力	**互動概況及動力運作** 1. 請成員寫下今日想同組的名單，成員在這個任務上的反應不太相同，A、B 比較輕鬆的回應，D、E、F 則很認真，G 在此時略顯慌張。 2. 活動進行後，發現成員間有既有的人際互動偏好，明顯可分為兩組。 3. 請成員思考活動與日常人際互動的連結，但此時成員略顯浮躁，L 說明了三個可能事例，才未再有成員表達不理解。 **特殊事件** 1. 從活動直接連結實際的人際事件對成員來說較難產出具體事例，推論可能是活動後要再聚焦思考對成員來說節奏變動過快，或是成員尚不願意主動表露。
	優質機構生活圖像：催化成員思考期待的機構人際互動	**互動概況及動力運作** 1. 繪製的過程中，B、E 的進度較慢、G 則非常快完成。 2. 分享時動力混亂，成員看似想分享又不想分享，有二次在其他人被邀請發言後 B 及 E 又表示要分享；過程中成員雖都可以表達，但不太能專注聆聽。特別是 A、B、C 成員。 3. 成員表達的內容大多過於簡要，需要 L 再深入探問。 **特殊事件** 1. 成員當時手上有過多媒材導致分心，領導者當下應該先進行媒材的回收，或趁機先討論團體規範。

團體紀錄	團體內容	歷程紀錄
團體內容與歷程		2. 觀察員認為成員所表達的內容在 L 探詢、複述過後，需要核對是否與成員原本要表達的意思一致。
	活動結束	請成員簡單用 10 字完成今天的學習分享，成員皆給予流於表面的回應，例如：很好玩、有學習之類的。 coL 嘗試使成員可以具體化的分享更多，但效果有限。
成員狀況及 L 因應	1. 個別成員狀況（考量成員背景僅摘述）： (1) B 之肢體與神情皆較顯退縮，視線也少與 L 接觸，各項任務雖會執行，但品質內容不佳。 (2) D 參與度中上，但會不時自言自語，干擾到活動進行。 (3) F 認真配合，會給予 G 協助。 (4) G 雖積極參與，但明顯與其他人的互動較少。 2. 成員無法專注、投入於團體，L 需要反覆說明規則或活動主題。 3. 成員在填寫學習單時會有「不知道」、「沒有」等回應，L 需確認成員的填答情形，並再說明具體的書寫方向可為何。 4. 成員有很多竊竊私語、眼神交流或起鬨的行為表現，但對於主題的主動分享較少，需要 L 點名輪流分享。 5. 主要活動透過 L 的主動詢問和問題深化，能引導成員說出自己的想法，但表達內容還是有限。	
L 與 coL 的合作議題及觀察員回饋	1. 與 coL 的合作上可以再多增加分工，且成員較願意給予 coL 回應。 2. 觀察員回饋： (1) 成員彼此間太過熟悉，所以會有相互干擾、影響的情況。 (2) 成員的小動作頻仍，不時的對話多為玩笑話，常會偏離團體主題。評估有些成員未能進入團體情境。 (3) 成員在填寫學習單時常有「不知道」、「沒有」等答案，缺乏討論的素材及連結；內容關於填寫生活事件的部分較無法達到預期的效果。	
備註／對下次團體的建議	1. 新增團體執行方式的說明，且 L 評估「優質生活圖像」為重要的主活動，導致團體規範沒有完成。 2. 單元目標達成討論：透過分享，成員可以看見彼此對機構生活的期待，但成員之間的關係連結似乎仍多受原機構互動關係的影響。 3. 建議：多使用成員喜歡的動態方式進行。	

第四節　團體評量

一、歷程評量

（一）學習單填寫狀況

本團體每次皆使用學習單，依照重點活動學習單填寫狀況評量成員參與狀態。由表 5-5 可見：

1. 填寫狀況最好的為第五次團體的辯論賽計分表（第三次的學習單相較為較容易書寫），推論該表格與增強活動有關以外，當次團體的進行也有溝通將依成員的參與狀態調整時間，另外則是以小組進行活動，小組互動成員參與狀態較為相近，這些因素讓成員較能夠投入書寫學習單。

2. 填寫狀況最好的成員為 F，其次為 D 及 G。填寫狀況最不佳者為成員 C。成員之填寫狀況與其參與團體之動機皆有吻合。

表 5-5　團體過程學習單書寫品質討論

成員	2 團體樹	3 技能 口袋	5-1 辯論賽 計分表	5-2 衝突因應 風格	6-1 團體活動 印象	6-2 行動 計畫	結果
A	∨	∨	△	∨	△	•	∨ 3
B	∨	∨	△	∨	•	△	∨ 3
C	△	△	∨	△	△	△	△ 4
D	△	∨	∨	∨	∨	∨	∨ 5
E	∨	∨	∨	△	∨	△	∨ 3
F	∨	∨	∨	∨	∨	∨	∨ 6
G	•	∨	∨	∨	∨	∨	∨ 5

註：內容完整者為「∨」；部分完整者為「△」；內容無具體資訊可討論者為「•」；缺席者則空白。

（二）團體期中評量

團體第四次活動一開始，藉由「團體氛圍量表」進行團體整體狀態的評量，該次團體有 1 名成員請假，故以六份問卷來檢視。結果如表 5-6 所示。

表 5-6 「團體氛圍量表」結果討論

分項目	凝聚力	衝突	迴避
成員 A	0.6	1.75	1
成員 B	0.4	0	0
成員 C	3	3	3
成員 D	5.2	4	4
成員 F	3.8	2	3.33
成員 G	2.6	1.6	2.3
平均數	2.6	2.05	2.27
眾數	3	3	3

整體而言，團體至第四次團體凝聚力仍偏低，以題項「成員們覺得團體中發生的事情很重要而且願意參與」來看，6 位中有 5 位成員都勾選在六點量表之 3 分以下，顯示成員在團體中期仍未投入團體中、並未對團體產生更深的感受或連結。

且以觀察員記錄之團體過程來看，領導者需要管秩序或成員並未專注聆聽等，顯示規範並未能協助成員維持適當的互動關係，也連帶影響了成員對團體信任感、安全感的建立。

但量表填答的結果呈現極端的分數，顯示成員的狀態差異頗大。其中成員 D 感受到明顯的團體的衝突與迴避，反應在行為上常有比較多與大團體保持距離的座位調整；在本次（第四次）團體結束前，該名成員直接表達對其他成員參與狀態不認同的陳述：「不想參加的可以不要讓他們來了」，也因此領導者依據本次評量的結果與當次團體的狀況，修正後續的團體進行方式。

（三）最有印象的活動

　　團體後期嘗試理解成員對團體的看法，因此藉由成員在最後一次團體填答學習單指出最有印象的五個活動，並統整成員人際覺察之各面向如表 5-7 所示。

表 5-7　團體過程最有印象之活動

團體次數	第一次團體：隨機介紹	第二次團體：實話實說	第三次團體：翻葉子、雙贏思維	第四次團體：人際優勢換位思考	第五次團體：衝突定義類型	小計
成員 A		1		1	1	3
成員 B						0
成員 C			2			2
成員 D	1	1	1	1		4
成員 E	1	1	1	2	1	6
成員 F		1	1			2
成員 G		1		1		2
小計	2	5	5	5	2	

　　整體而言，成員 D、E 較能具體指出活動對其之價值，成員 B 則未能指出任一項；成員所提出項目在五次團體內略顯平均，但整體而言，是第二次團體的暖身活動──「實話實說、一個感受別人認為個人具有什麼特質的活動」是讓最多成員感到印象深刻的，成員除喜歡活動的歷程外，亦指出：「發現大家其實滿認識他／了解別人／可以指出別人的特質」等，與第一次團體「寫彼此的介紹卡」的歷程中都可以發現到，成員重視獲得同儕的回饋。

　　另一個讓成員感到印象深刻的活動是「雙贏思維」，成員對此感到印象深刻的原因為：「要思考／從過程思考感受到如何兼顧團體／因為要預知對方的行動」，顯示對成員來說，人際互動過程需要多去思考是一個比較特殊的經驗，或許與人際互動中通常是直覺的、自動化的反應有關，活動促使成

員可以感知在行動前先有所思考的影響力。但也有兩位成員在意的是活動勝負的結果，顯示活動的結構安排是需要更細加考慮的。

另一項讓成員印象深刻的活動是同理心的體驗活動——「換位思考」，成員對此印象深刻的原因是：「有時候會做一些對方不喜歡的事，但他不說（所以這是重要的）／因為要感受到別人的感受」。考量團體設計的目的，領導者在第五次團體尚有針對該主題再進行相關活動，或也是部分成員對此感到印象深刻但未加說明的原因。

從討論結果來看，或許可以看出此類型團體組成之成員對團體設計的期待可能是需要高互動性，更勝於個人的反思歷程。

二、成效評量

影響成員的表現因素有四，分別為：個人過去的背景、社會角色、過去的團體經驗、團體外的影響（黃惠惠，2001）；在安置機構帶領團體，以上四項因素都對成員的表現影響深遠，特別是後兩個指標（過去的團體經驗、團體外的影響）影響更大。由於所有成員皆來自安置機構，成員在機構生活的樣態、在安置院生之間的人際態度、日常關係皆會延伸到本團體中，因此造成團體成員分歧的參與態度；另機構中成員間原有的「權利地位」也影響團體凝聚力，例如：有幾位成員較常挑戰規範界線，他們與其他成員的關係也較對立，成員間無法有更多的交流或接觸，這些因素都可能是影響團體目標達成的原因。

本團體的團體目標有二，以下呈現本次團體的成效評量：

目標一：提升安置機構少年對自己人際互動概況的覺察。

目標二：協助兒少學習人際互動技巧，以提升其在安置機構之人際關係。

（一）人際互動覺察部分：滿意團體經驗且符合參與期待，但在人際覺察的深度不足、分享意願不高

此處引用團體督導於團體結束後兩週，邀請成員填寫之「團體參與經驗」問卷（10 題，五點量尺）中與成員團體經驗有關之部分題目（3 題），結果如表 5-8 所示。

表 5-8　團體成員參與經驗：部分題目

題項	平均數	眾數	最大值	最小值
透過團體，我對自己或所面臨的處境有較多的認識或覺察。	3.85	3	5	3
我滿意此次的團體經驗。	4.14	5	5	3
此次團體符合我參與團體的目標和期待。	4.14	5	5	3

整體而言，多數成員滿意整體的團體經驗，也多認為團體有符合個人期待，部分成員也能在團體中具體回應團體的經驗，表示透過團體參與更了解自己的人際互動。但若以第一題的填答結果來看，「提升安置少年對自己人際互動概況的覺察」的達成程度有限，此現象與領導者的觀察相似，導致此現象的可能原因包括了以下兩項：

1. 成員參與輔導活動的經驗豐富，但較深的人際覺察能力有限：由團體歷程觀察可知，團體探索的項目似乎都是成員熟悉的、成員的回應速度也快；由於安置機構平日為兒少安排了非常多的課程，因此團體成員的活動經驗豐富，只是可惜的是，可能因安置少年成長或學習的經驗框架和較低的參與意願，成員較難在認知上進行較抽象、深度的思考，要促進更多的覺察較為不易。

2. 團體發展階段的影響：由於團體次數較少，整個團體發展處於轉換階段，在衝突與凝聚和諧間移動，數名成員所表露的仍然較屬於「公開我」的部分，且團體常有沉默的時刻，可能與成員共同生活在安置機

構，缺乏個人空間與隱私環境，安全感受不足有關；且團體在第四次有明顯的衝突事件，領導者雖引導成員對話，但團體成員均不願面對、也少積極因應，亦使團體停滯。

（二）人際互動技巧學習成效：受團體參與意願影響，技巧學習成效落差大

如團體設計所述，本次團體以「青少年社會行為評量表」為評量工具以作為檢視團體成效的依據之一；此部分的成效評量並納入機構工作人員的回饋意見。

1. 個別成員學習成效

(1) A 成員：A 是非自願參與成員。結果顯示（如表 5-9-1 所示），各分量表分數皆減少，而反映在團體中的參與行為，A溝通技巧缺乏，於溝通活動中僅稍能投入，未能嘗試調整，明顯缺乏調整行為的意願；相較下，在衝突處理技巧上較能表現。機構工作者觀察到，A欠缺合群性，藉由量表對照，A在「妥協」的面向上較堅持，也是其人際風險因子。

表 5-9-1 成員 A：「青少年社會行為評量表」前、後測結果

成員A	總量表	合群	溝通技巧	主動	尊重／互惠	衝突處理	自我效能
前測	234	36	35	27	51	40	45
後測	188	29	24	20	45	39	31

(2) B 成員：B 亦為非自願成員。由後測結果顯示（如表 5-9-2 所示），B的合群性明顯提升，其在團體中多次回應「都可以、沒意見」，或許強化了 B 認為自己可以順從團體決定的態度；至於主動性上的變化，則是機構工作者認為 B 較明顯的改變，團體的參與促進 B 更願意在機構生活中表達自己的感覺；唯B在團體中仍較不願意與特定成員有更多接觸，對技巧提升的效益受限。

表 5-9-2　成員 B：「青少年社會行為評量表」前、後測結果

成員 B	總量表	合群	溝通技巧	主動	尊重／互惠	衝突處理	自我效能
前測	194	29	21	12	38	49	45
後測	160	40	15	18	33	29	25

(3) C 成員：C 是團體運作期間，在機構生活出現較多適應議題的成員。由量表結果可見（如表 5-9-3 所示），成員前後測分數沒有較多的變化，實際填答狀況亦多趨中之回應。機構原期待 C 參與團體，會有較多觀察及學習的機會，但 C 的個人中心態度，讓其常成為團體衝突事件的主角。整體而言，團體對 C 助益有限，幾個稍有變化的面向以「尊重／互惠」較明確，在團體中 C 確實會更常注意誰能提供幫助、誰與其有更多互利型的互動。

表 5-9-3　成員 C：「青少年社會行為評量表」前、後測結果

成員 C	總量表	合群	溝通技巧	主動	尊重／互惠	衝突處理	自我效能
前測	145	22	21	15	30	30	27
後測	153	24	21	18	33	30	27

(4) D 成員：D 是有高度參與意願的成員。前後測填答過程皆相當認真，各面向的後測分數均有提升（如表 5-9-4 所示），領導者認為是團體同儕的多樣性和參照，讓 D 對於自己有較佳的看法。機構工作者觀察到，D 在衝突事件的處理上較過往積極、有較多的嘗試，對自己較難因應的高漲情緒狀態亦有較多的覺察。

表 5-9-4　成員 D：「青少年社會行為評量表」前、後測結果

成員 D	總量表	合群	溝通技巧	主動	尊重／互惠	衝突處理	自我效能
前測	196	28	28	24	44	37	35
後測	236	40	35	30	51	40	40

(5) E 成員：E 是團體中，安置期間相對較久、年齡較長之成員。就量表結果來看（如表 5-9-5 所示），E 的前、後測差距不大，領導者認為此結果反映出安置期間及多樣的學習輔導活動，對其人際技能已有穩定的助益。其中明顯差異的「合群」分量表，則顯出 E 與領導者或機構工作者的合作有提升；就團體過程觀察來看，E 確實是團體之正向成員，最能協助領導者使團體順利進行。

表 5-9-5　成員 E：「青少年社會行為評量表」前、後測結果

成員 E	總量表	合群	溝通技巧	主動	尊重／互惠	衝突處理	自我效能
前測	245	30	35	30	55	50	45
後測	244	38	33	29	52	49	43

(6) F 成員：F 是較具明確學習動機的成員，但後測分數則大幅下降（如表 5-9-6 所示）。除量表填答上的可靠性需考量外，F 在量表對照中也呈現其溝通技巧的不足，以及衝突處理的弱點。與機構工作者的觀察對照，F 的人際表現在情緒調適失當時確實較有狀況，但在團體中較無機會與 F 深入討論其情緒控制的議題與經驗，建議團體結束後可轉為安置社工處遇的目標。

表 5-9-6　成員 F：「青少年社會行為評量表」前、後測結果

成員 F	總量表	合群	溝通技巧	主動	尊重／互惠	衝突處理	自我效能
前測	255	40	35	30	55	50	45
後測	188	30	25	24	41	35	33

(7) G 成員：G 是團體中較獨來獨往的成員，雖不太親近其他成員但仍有明顯的人際渴求。機構和 G 都期待可以在參與團體後，提升其人際互動能力。量表結果顯示（如表 5-9-7 所示），G 在自我效能面向有明顯變化，認為自己更能應對他人的肯定訊息，或更能面對人際壓力的情境，也更知道自己的優缺點；機構也觀察到，G 在團體參與期間，遇有衝突事件時，有較多積極的反應而非僅僅是消極迴避，G 亦說明：「雖然沒有達到自己的期望——可以不要吵架，這太難了，但還是繼續嘗試、還是有成功一些；一直嘗試就對了。」

表 5-9-7　成員 G：「青少年社會行為評量表」前、後測結果

成員 G	總量表	合群	溝通技巧	主動	尊重／互惠	衝突處理	自我效能
前測	186	33	26	24	39	35	29
後測	194	33	25	23	42	37	34

2. 綜合討論

　　由成員前、後測結果及機構工作人員的回饋可知，不同成員的學習結果差異頗大，由於「衝突處理」是合作的安置機構最希望成員能加強的人際能力之一，此處再歸納團體歷程中有關「衝突處理」議題的討論，來對照及討論成員在「衝突」議題上的人際行為樣態（如表 5-10 所示）。

表 5-10　成員之「衝突處理」能力綜合討論

	第一次團體	第四次團體	第五次團體	
	「團體樹」學習單	團體衝突事件反應	衝突當下沒溝通清楚的原因	衝突因應風格
A	面對外在事件，選擇高位，認為「不關我的事」；但和自己相關的事件，會造成自己困擾的，則會「叫他滾」；意見不同時則「討論一下」	沉默	不想講了	皆可，「快解決」就好
B	面對外在事件，認為「不關我的事」；和自己相關的事件，選擇「放空、尊重他人的意見」	沉默	利益	逃避型
C	面對外在事件，選擇高位「旁觀」；和自己相關的事件，則表達「弄死他」	提出條件交換，未協商完成即放棄	太過於在生氣的情緒中	「對雙方有利」的方法
D	和自己相關的事件「都會參與」；如果意見不一就「坐在旁邊」	主動提出期待	因為不想把事情擴大	合作型＞妥協型＞讓步型
E	（請假）	附和自己的期待	吵架才會有衝突	競爭型＞逃避型＞讓步型
F	面對外在事件，有「跟他講清楚、避免發生衝突、勸告他」的想法；和自己相關的事件，都會「跟他溝通、講白、找出結果」	期待能好好討論	如果當時很激動，就沒有換位思考	競爭型＞逃避型＞妥協型
G	（無可使用之內容）	沉默但神態參與	因為腦袋會混亂	逃避型

　　從以上內容可知，成員的衝突反應一致，與量表結果相較，也並非所有成員自評其衝突因應能力都不佳，故領導者在團體過程中時常提出個人對事件的差異反應可能帶來的影響，鼓勵成員在人際情境中清楚表達。

　　由成員面對衝突情境的類型來看團體中衝突事件的結果，A、B、C 三成

員是低參與意願者，對於團體認同低，C較無具體的因應策略，A、B則沉默因應，表現出事不關己的態度；成員 D、E、F 雖可能逃避或讓步，但還是會期待能有溝通討論的機會，不過衝突過程因一方未具體表達處理的意願，因此無法完整處理。

最後，領導者認為團體衝突過程應是機構生活的縮影，故如何提升成員的學習動機，或許是改善成員在機構生活及人際樣態的首要任務。

三、學習、反思與建議

（一）團諮領導者部分

1. 團體經驗的具備：領導者過往參與團體的經驗較多為成長性團體，對於教育性團體的參與經驗僅有一次，且為成人學習團體；而過往社會團體工作的執行經驗則比較是高指導性的，欠缺對團體而言重要的團體內社會學習的療效因子的催化經驗，故對於本次團體而言，領導者的經驗是不足的。針對青少年教育性團體的執行與規劃，需要領導者再多加揣摩。

2. 領導者個人狀態與團體的發展息息相關：領導者對於團體的推進也有影響，如同督導過程所討論到的，領導者對於「人際適應的好與壞」有自己的價值判斷，過程中，領導者也感到自己的人際適應行為的議題、整體身心狀態的影響，團體後期的修正，或許也可以說有些在反應新手領導者所能帶領團體走向的進展。

3. 理論使用：現實治療的療效核心在於共融關係的基礎，本次成員與領導者之間、成員與成員之間並沒有這樣的關係基礎，因此團體後續的運作上要再討論現實治療的其他內涵，就會有些不甚適當，領導者認為這也與團體後期試圖要執行到理論內涵的「行動計畫與承諾階段」、但成員卻無法融入進行確切討論的原因。領導者認為並不是現實治療理論不適用於青少年人際議題團體，核心還是在於領導者與成員之間的關係。

（二）合作機構部分

1. 此時此刻經驗的處理：團體的此時此刻是能推進團體的關鍵時機，本次團體中常有這樣的時刻，例如：難以討論對團體期待的社會計量、團體衝突事件、不樂意投入於學習人際技巧的反應，事後評估這些關鍵時刻領導者之所以很難推進，使成員有更多學習或覺察，原因還是在於成員本身的學習習慣影響所致，多數成員還是比較難在過程中進行感受、想法或行為的真實體驗，進而分享。機構生活中如能協助成員在事件中即時討論，或許可以提供給安置少年不同因應事件的回應能力。

2. 關照成員的需求與參與動機：在本次參與成員中，明顯可以感受到參與的動機對於團體成效的影響。雖然機構以集體生活的運作為考量，但是在團體參與的過程中，成員的差異帶來的影響非常大。如果有機會持續於安置機構中帶領團體，領導者期待能夠：(1)以有參與意願的少年為主，不強迫；(2)在團體規劃前就進行更深入的調查訪談，以期規劃出符合成員需求的團體主題與設計；(3)領導者與成員之間的關係建立及品質，必須再多加思考。

（三）團諮學習者部分

1. 領導者過往經驗是助力更是阻力：工作經驗上時常接觸青少年，但也帶來較多是限制性的自動化反應與思維，容易以領導者自己的經驗詮釋成員的狀態。過程中縱使有所覺察，亦有練習專注在當下，但對於領導者的學習及成員的權益仍是不利的。督導歷程可以稍微化解這部分阻力，但若避免熟悉之服務對象，就學習者而言應能更有收穫。

2. 團體前的準備非常必要：每次團體都能提早準備好等待成員進入團體，在機構的協助下可於固定的地點進行也有利領導者投入，有助於降低新手團體領導者的焦慮感。

3. 團體外的處理：過程中領導者一直對於是否要與成員進行個別會談感到遲疑，與同儕督導討論後的結論，大多不贊同；團體結束後參考黃惠惠（2001）所述：「當諮商員從自己的觀察或從回饋反應中弄不清楚究竟團體怎麼了，也在團體中努力過用一些方法來了解仍不能達到效果時」，是可以使用個別會談的；事後檢討，還是認為自己應該在團體的中期進行個別會談才好。

參考文獻

余姍瑾（2011）。安置機構「家」的意義建構：經歷長期安置機構安置之離院個案的經驗詮釋（未出版之碩士論文）。國立臺灣師範大學。

吳惠文、許雅惠（2015）。「家」內圍牆：兒少安置機構專業人員之專業互動分析。東吳社會工作學報，**29**，25-51。

李品蓉（2016）。兒少安置機構社工員對「難置兒」之處遇經驗探討（未出版之碩士論文）。國立臺灣師範大學。

卓翊安（2017）。非自願少年留院適應之探討：以生態系統觀點。當代社會工作學刊，**9**，21-49。

周宛樺（2016）。機構安置少年歸屬感、多元參與機會與復原力之相關研究（未出版之碩士論文）。東海大學。

林淑君（2009）。受虐兒童青少年之團體諮商介入策略。輔導季刊，**45**（2），19-29。

洪文惠（2019）。兒童及少年安置及教養機構性侵害防治工作手冊。衛生福利部社會及家庭署。

徐瑜、廖士賢（2019）。家與非家？談機構安置中替代性照顧角色的親職困境與突破。社區發展季刊，**167**，126-139。

翁涵棣（2011）。司法安置少年逃離安置機構原因之探討（未出版之碩士論文）。國立臺北大學。

張麗惠（2013）。安置少年生活適應經驗之研究（未出版之碩士論文）。國立臺北教育大學。

許瀞月（2012）。動物輔助諮商應用於人際困擾青少年之歷程分析（未出版之碩士論文）。國立彰化師範大學。

陳桂絨（2000）。復原力的發現：以安置於機構之兒少保個案為例（未出版之碩士論文）。東吳大學。

彭淑華（2006）。保護為名、權控為實？兒少安置機構工作人員的觀點分析。東吳

社會工作學報，**15**，1-36。

曾琬雅、張高賓（2011）。現實治療團體諮商對受霸凌國中生自我概念與憂鬱情緒之效果研究。**家庭教育與諮商學刊**，**11**，105-129。

程雅妤、謝麗紅（2016）。希望理論應用於青少年成長團體。**中華團體心理治療**，**22**（4），37-47。

黃立雯（2014）。**我和他們共構的團體故事：被同儕排擠青少年之人際關係團體諮商的敘說研究**（未出版之碩士論文）。國立臺南大學。

黃姝文、丁原郁（2010）。現實治療在團體諮商中的運用。**輔導季刊**，**46**（4），23-32。

黃惠惠（2001）。**團體輔導工作概論**。張老師文化。

黃德祥（2000）。**青少年發展與輔導**。五南。

廖夏慧（2018）。**從多元觀點檢視兒少安置機構之管理**（未出版之碩士論文）。慈濟大學。

衛生福利部（2020）。**兒童及少年福利與權益保障法施行細則**。作者。

謝時（2018）。現實治療運用在配偶外遇婦女團體。**諮商與輔導**，**390**，2-6。

謝樂可（2014）。**復原力對安置兒少生活適應影響之研究：安置機構服務供給者觀點**（未出版之碩士論文）。國立暨南國際大學。

謝麗紅、陳尚綾（2014）。新手領導者對青少年團體帶領經驗之分析研究。**輔導與諮商學報**，**36**（2），65-81。

鍾明勳、郭珀如、杜家興、張達人（2013）。中文版團體氣氛量表之信效度。**中華團體心理治療**，**19**（4），45-56。

Corey, M. S., Corey, G., & Corey, C.（2014）。**團體諮商：歷程與實務**〔王沂釧、蕭珺予、傅婉瑩譯〕。心理。（原著出版年：2014）

Toseland, R. W., & Rivas, R. F.（2013）。**團體工作實務**〔莫藜藜譯，第3版〕。雙葉書廊。（原著出版年：2012）

第六章
家有小一生，誰能傾聽我
心聲：早療家長支持性團體

吳亭穎、沈慶鴻

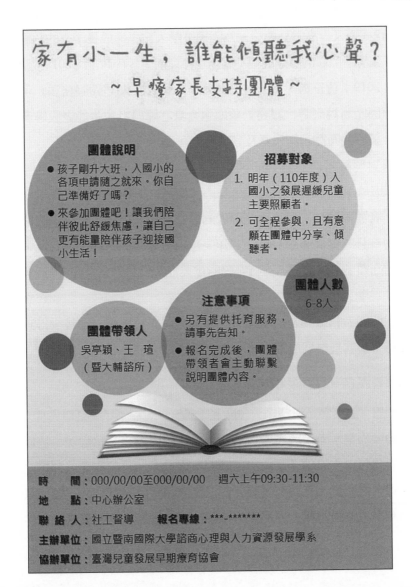

第一節　團體設計

一、緣起與理念

（一）問題陳述

據統計，臺灣於 2018 年 3 月底時，65 歲以上老年人口已占總人口的 14.1%，正式邁入「高齡社會」，為因應高齡人口迅速成長帶來的照顧衝擊，許多關注失能者照顧的議題與福利服務也應運而生（內政部，2018；張淑卿、陸子初，2019；黃正吉、吳天方，2020）。依《長期照顧服務法》可知，進行長期照顧服務規劃時，服務對象即包含身心障礙者、失能老人等所有有需求的人，讓有共同需求的民眾及其家庭均可受惠。

根據對照顧者的調查與研究（張淑卿、陸子初，2019；衛生福利部，2018a，2018b），不論是老人或是身心障礙者之照顧者的研究都發現，當家中有失能者需照顧時，對主要照顧者的身心健康、日常生活都造成很大的影響及壓力，且為提供照顧而無法工作，也讓照顧者的財務出現狀況，這些調查結果均凸顯了提供照顧者支持服務的重要性，而此亦是長照 2.0 政策中的重要項目。

而在照顧者相關議題的討論中，有個族群界於邊緣，卻較少得到長照體系的支持，那就是早期療育服務中的照顧者。

1. 早期療育服務中的照顧者相關議題

早期療育服務體系所謂之「發展遲緩兒童」，涵蓋了「疑似異常」或「可預期有發展異常」者，經主管機關認可之醫院確診後發給證明。是以早期療育服務對象包含「已領有身心障礙證明」之兒童、「領有發展遲緩證明或綜合報告書」之兒童、「疑似發展遲緩但尚未完成發展評估」三類兒童。但僅「已領有身心障礙證明」之兒童的照顧者符合申請支持性服務的條件，「領

有發展遲緩證明或綜合報告書」或「疑似發展遲緩但尚未完成發展評估」之兒童的照顧者，仍須為兒童的復健或早期療育課程承受相當大的壓力。

賴念華等（2020）訪談 15 位身心障礙者的母親，發現其困境與服務需求可依身心障礙者生涯發展軸線切分為「階段性」與「跨階段性」兩類，「階段性」包含「診斷期」、「早療復健期」、「進入教育體系期」、「離開教育體系期」，每階段均會面臨特殊的困境與服務需求。早期療育服務本身就是跟著兒童發展歷程而設計的服務，「進入學齡教育體系」是早期療育服務的關鍵，但當兒童入國小以後，早期療育服務即依法終止，家長也須帶著孩子獨自走向義務教育階段。因此，每為使早療服務家庭能順利完成階段性的轉銜，早療家庭的轉銜需求與相關服務更顯重要。

轉銜（transition）是指個體由一個安置環境，轉換到另一個新環境；從學習的觀點來看，是從一個較基礎的場所轉到一個較高層的學習場所（林宏熾，1999；蔡春美，1993；蔡桂芳，2002）。《特殊教育法》也提到轉銜服務是協助身心障礙學生順利轉換不同教育階段的重點服務。依據《各教育階段身心障礙學生轉銜輔導及服務辦法》，幼小轉銜服務均由幼兒園邀請國小老師、家長及相關人員參與，並在特教通報網填寫轉銜服務資料，因此家長多為被動邀請參與，時間仍以雙方學校為主，許多時候家長無法出席。由於家長對轉銜工作欠缺意識感，多是被動接收訊息，許多家長與兒童的權益因此無法主張（陳麗如，2010）。所謂的「轉銜服務」，也淪為學生資料在不同學校間的轉換而已。

2. 家長在幼小轉銜服務中的需求與困境

發展遲緩兒童之照顧者與家庭對兒童發展的影響甚鉅，專業服務的介入需要父母參與，以增進及強化父母的能力、達成父母的責任及滿足兒童的需求（林雅容，2016；Kadushin & Martin, 1998）。早療兒童的照顧者主要是家長，因此如何支持父母、增強父母的能力，應是早期療育各環節的服務中都應重視的重點，但實際上卻並非如此。

在轉銜服務當中，轉介前應先進行評估，但轉介評估受限於教師特教知能不足、人力與評估工具不足等，常未能進入學生實際的生態環境評估了解學生功能問題，導致轉銜評估工作一直無法落實，許多家長不了解兒童需求或可能的選擇，也難有良好的轉銜狀態（陳麗如，2010）。對多數擔負照顧工作的母親而言，得同時在孩子需求和教育環境間做衡量，由於各校特教師資、設備良莠不齊，為了替兒童找到最適切的學習環境，照顧者常在著急與慌亂的心情下四處打聽（賴念華等，2020）。

一項針對臺中市家長參與身心障礙幼兒轉銜服務之調查（吳盈瑤、孫淑柔，2014）顯示，雖多數家長都了解「家長參與幼小轉銜服務的重要性」，但居住偏遠、教育程度與收入愈低的家長，對轉銜重要性的認知程度有明顯差異；家長參與幼小轉銜服務的過程中，自己沒有足夠的能力和技巧教導子女做好入小學的準備，是最常遭遇的困難，而希望學校老師能真心接納自己的孩子、提供教養方式和醫療資訊增進家長的轉銜服務能力，則是其最想獲得的協助。

可見，早療兒童的家長在孩子幼小轉銜的過程中，即使知道參與轉銜服務的重要性，實際上卻無法如預期般的充分參與；家長擔心自己沒有能力協助孩子做準備，且希望學校老師能接納自己的孩子，期待有充足的資訊增進自己的轉銜能力，足見家長在轉銜服務中的困境與需求仍未滿足。

（二）使用「團體諮商」作為問題解決策略的原因

Almasri 等（2012）曾對有無參與支持性團體的照顧者進行研究，其結果顯示，有參與支持性團體的照顧者其社會支持度較未參與者顯著增加，且參與支持性團體的照顧者較易獲得正式的社會支持。臺中市家長參與身心障礙幼兒轉銜服務之調查結果也建議（吳盈瑤、孫淑柔，2014），家長應主動參加家長團體，並了解社區社服機構所提供的服務，透過資訊交流、經驗分享，不但能減輕獨自尋求相關資源的負擔，更能藉由家長間的鼓勵，建立起持續參與轉銜服務的信心。

　　賴念華等（2020）的研究也發現，在孩子進入教育體系後，家長間的經驗傳承、資訊交流一直是母親最重要的支持系統；陳宛渝、朱思穎（2013）也鼓勵家長參與為特殊需求幼兒家長辦理的研習成長營、分享座談會等，可讓家長在轉銜時期不徬徨。以上建議，相信對同樣身為照顧者之一的發展遲緩兒童家長而言，若能參與支持團體，應可獲得較多的社會支持，透過團體獲得的資訊交流、經驗分享，能在轉銜過程中發揮功能，協助孩子順利銜接國小教育、舒緩焦慮。

（三）理論觀點

　　由於國內、外文獻均提到家長在轉銜過程中若能獲得社會支持，將可協助孩子順利銜接國小課程，以下以社會支持模式與社會支持理論說明其重要性。

1. 社會支持與家庭支持模式

　　家庭在加入新成員後，整個家庭需隨之適應、改變，而在調適過程中，所有的家庭成員都會受到影響，若加入的新成員為特殊需求的幼兒，家庭面臨的壓力會更龐大，需要各類正式和非正式的資源和支持，才有足夠的知識、技巧、時間協助孩子發展（陳惠茹，2010）。Dunst（2000）曾提出社會支持影響孩子行為和發展的關係模式，認為社會支持可提升父母的福祉，進而改變父母的教養方式，並對孩子的發展產生影響；社會支持同時也會影響家庭的社經地位、成員關係等，這些因素交互作用下，間接也對孩子的行為發展產生影響。

　　Dunst（2000）在另一項有實證基礎的早期介入與家庭支持模式中建議，若要提供「以家庭為中心」的支持服務，須包含「兒童學習機會」、「育兒支持」、「家庭／社區支持和資源」等三元素；此三元素相互交集另定義了有效實踐的其他元素，例如：在「兒童學習機會」與「家庭／社區支持」的交集中提及，作為家庭和社區生活一部分的自然學習機會，包括了為兒童提

供許多不同的經歷和機會。在「兒童學習機會」與「育兒支持」的交集中強調，父母的教養方式若能配合兒童發展，對其表現出來的行為和能力具有回應，兒童也可依照顧者的回應練習新的發展技能。在「育兒支持」與「家庭／社區支持」的交集部分則強調，父母與其社會支持網絡的互動，其社會支持網絡中的成員若能提供父母情感上的或工具性的支持，就能鼓勵或勸阻父母特定的教養態度和行為，提供新的教養及親子互動方式。可見，有早期療育服務需求的家庭若能得到充分的社會支持，對「主要照顧者本身」及「家庭」會有相當大的影響。

2. 社會網絡與社會支持理論

家庭照顧者面對壓力時，家庭資源的運用及對壓力的感受，往往會引爆家庭危機。由於照顧者對壓力事件的認同與感受是相當主觀的，而家庭資源的獲得卻是較客觀的，因此一個家庭若有足夠的自有資源，則對壓力之紓解相當有助益；而無足夠資源的家庭若能得到外來奧援，則同樣具有消除或減緩壓力的作用。這對有長期需照護者的家庭而言，格外重要。因此社會支持不僅對家庭功能有正向影響，也讓照顧者的壓力獲得緩解（何志鴻、黃惠璣，2007）。

宋麗玉等（2012）整理學者Lin（1986）對「社會支持」的概念化定義，並分別由「社會」和「支持」兩面向進行探討；「社會」可區分成：社區、社會網絡和親密伴侶等三層面，「支持」則分為工具性支持和表達性支持。社會支持的綜合定義為：由社區、社會網絡和親密伴侶所提供之感知的和實際的工具性或表達性支持。

吳鄭善明（2015）曾引述國外學者對社會支持的定義後，綜合整理出的概念為，「社會」意指群居的人們彼此互動而產生意義，如親疏關係；「支持」則是在社會關係之下，人與人之間彼此的支援；因此所謂「社會支持」乃是人與人從互動中得到問題解決或是降低壓力，並進而肯定自我。吳鄭善明（2015）還同時提出社會支持的三個重要性，包含：(1)社會支持協助個體

緩衝壓力；(2)社會支持對身心健康的重要性；(3)社會支持有助個體身心健康。由此可知，當個體面對壓力情境或事件時，若能有充分的社會支持，不但可使壓力獲得緩解，更可協助其維持身心健康，且可緩衝壓力，進而對家庭功能有正向的影響。

　　而在幼小轉銜的過程中，家長的焦慮與壓力猶如溫水煮青蛙，往往等到正式開學前才會驚覺自己已處在高壓之中。若能及早提供支持性的服務介入，讓家長在壓力事件開始時便同步得到社會支持，將可發揮更好的緩衝效應，甚至維護家長心理健康。而以支持性團體作為介入策略時，團體可提供歸屬感，並透過社會網絡形成連結，提供家長工具性與表達性的支持，將可使家長更有能量面對及協助孩子。

二、團諮目標

1. 透過參與團體讓成員產生普同感，促進成員們彼此的經驗分享、資訊交流，達到相互情緒支持之效。
2. 蒐集成員在幼小轉銜過程中的需求並協助其表達，使成員在團體中可獲得資訊，找出因應策略。
3. 協助發展遲緩兒童家長覺察自己在面對孩子將入國小時所產生的焦慮及壓力，並學習處理的方式。

三、合作機構

（一）單位介紹

　　本團體合作單位為「臺灣兒童發展早期療育協會——南投辦事處」（以下簡稱早療協會），該單位於 1999 年起承接南投縣早期療育通報轉介中心，迄今於南投駐點已二十逾年，致力投入發展遲緩兒童家庭的相關服務，長期關注與陪伴南投早療家庭，為這些家庭注入一股長期溫暖的涓流。

（二）合作原因

　　早療協會對南投縣內的早療家庭需求有清楚掌握，依據兒童及家庭需求設計相關服務，而幼小轉銜為早期療育服務的重點工作之一，早療協會針對轉銜服務有規劃詳盡的整年度服務，不同月分會有不同的重點工作，與早療協會合作辦理，彼此均有相互加乘的作用，是以進行洽談合作。

四、設計與帶領

　　活動設計者即是團體領導者，為暨南國際大學輔諮碩二研究生，在設計本團體前，已在早療領域工作十多年，對早療領域的議題有一定的熟悉度，這也是選擇規劃此團體的原因。協同領導者同為暨南國際大學輔諮碩二學生，有多年醫療體系的服務經驗。

　　觀察員有兩位，一位為暨南國際大學輔諮碩三研究生，另一位為療養院工作人員，畢業於中部某大學復健諮商所，因對早療家長支持團體有興趣，故在團體開始前加入成為觀察員。

五、時間與地點

　　1. 時間：連續六週，每週六上午 9：30～11：30。
　　2. 地點：早療協會辦公室空間。

六、團體特性

　　1. 封閉性：團體在第一次聚會前便確認成員名單，於第一次聚會之後，便不再開放新成員加入。
　　2. 半結構性：團體領導者會在開始前針對每次團體設計團體目標及活動內容，並會因成員當下的反應、互動等適時調整，故設定為半結構性團體。
　　3. 形成性：參與成員對此主題有共同需求，故為形成性團體。

4. 自願性：團體由社工主動邀請，成員自行決定後報名，為自願形成之團體。

5. 分散式：團體固定在每週六上午進行，符合分散式團體之條件。

6. 同質性：成員的條件設定為「110 學年度入國小之發展遲緩兒童的主要照顧者」，參與成員均面臨同樣的情境、有共同的需求，屬同質性團體。

7. 處遇型／支持性團體：團體目的是讓成員們在面對孩子入國小的階段，能透過參與團體分享彼此的情緒並從中相互支持，故設定為支持性團體。

七、邀請對象

家中有 110 學年度入國小之發展遲緩兒童的主要照顧者。

八、成員來源

1. 邀請：提供簡章委由早療協會協助寄發給潛在團體成員，再由早療協會社工先評估符合團體邀請對象，且需求較高的家長後，再協助邀請其參與。

2. 團體前訪談：經合作機構詢問參與意願後，領導者將針對有意願者進行訪談，以蒐集家長之團體參與期待。

九、團體內容

如表 6-1 所示。

表 6-1 團體內容

單元名稱	單元目標	活動內容	理論依據
第一單元 開學典禮	1. 增進領導者與成員的熟悉度，形成團體 2. 促進成員之間了解彼此及孩子的情況，產生普同感 3. 說明團體規範，聚焦團體目標 4. 協助成員釐清現階段的需求，並訂出個人目標	1. 開學典禮致詞 2. 自我介紹 3. 我了解你的明白 4. 我的願望 5. 典禮結束	
第二單元 我們都 一樣	1. 形成團體凝聚力及提升成員的普同感 2. 成員學會分享、傾聽與正向回應 3. 提供正確的教育資訊，協助成員覺察對兒童轉銜申請的考量因素及擔憂 4. 引導成員探索自己在教養困境中的感受與自我期待	1. 暖身 2. 特教服務大解密 3. 選填志願 4. 入學狂想曲 5. 分享與回饋	
第三單元 我的家庭 真○○	1. 成員學會分享、傾聽與正向回應 2. 從分享過程引導成員相互鼓勵與支持 3. 引導成員洞察生活中重要他人對孩子入學的影響 4. 協助成員看到轉銜決策中自己的能力與限制	1. 暖身 2. 畫圖接龍 3. 我的家庭真○○ 4. 分享與回饋	社會支持與家庭支持模式
第四單元 誰怕誰的 親師座 談會	1. 催化成員間互相支持 2. 團體凝聚力的促進 3. 引導成員洞察生活中重要他人對孩子入學的影響 4. 成員可了解親師溝通中雙方的立場	1. 暖身 2. 上週回顧 3. 晨光故事時間 4. 分享與回饋	社會支持理論
第五單元 I Can Do It！	1. 催化成員間互相支持 2. 幫助成員準備結束關係 3. 成員能以合適的方式進行親師溝通 4. 協助成員發展在幼小轉銜中自己可執行的策略	1. 暖身 2. 回顧親師立場 3. 聽‧說 4. 分享與回饋	
第六單元 結業式	1. 目標檢核 2. 團體結束，協助成員處理離別情緒 3. 提供服務資源，建構支持網絡	1. 微電影：入學通知單 2. 團體回顧 3. 未來信 4. 結束	

十、團體評量

（一）評量方法

依據團體目標設計質性評估指標，由領導者及觀察員透過觀察成員在團體中的分享內容、表現做紀錄，評估成員參與團體前後的變化。

（二）評量向度

依團體執行將分為「歷程評量」及「成效評量」，以下分別論述。

1. 歷程評量：分為「成員個人」、「團體動力」和「療效因子」來分析。

   (1) 成員個人：包含「參與動機」、「出席率」、「發言主動性」和「投入程度」。

   (2) 團體動力：依團體的前期、中期、後期分別分析「互動模式」和「團體凝聚力」。

   (3) 療效因子：包含「普同感」、「傳達資訊」和「利他主義」。

2. 成效評量：依據團體目標設計質性評量指標如下：

   (1) 支持程度：成員感受到被支持的程度，包含在團體內及團體外的生活中。

   (2) 情緒舒緩：係指成員情緒變化的情況。

   (3) 資訊獲得：透過團體討論，成員在團體中獲取資訊的能力。

   (4) 行動策略：成員提出需求後，透過團體找出解決孩子入學的焦慮與壓力的可行策略。

第二節　團體招募與面談

一、成員招募

　　本團體成員並未對外招募，因與早療機構合作，所有成員皆為早療機構服務的案家，符合領導者所設定的團體對象條件後，再經早療機構的評估與邀請。相關資格，以及納入、排除的條件如下：

　　1. 家中有 110 學年度入國小之發展遲緩兒童的主要照顧者。

　　2. 能全程參與，且有意願在團體中分享自己、傾聽他人者優先。

　　3. 納入條件：預計幫兒童申請國小特教服務者，或經社工評估兒童有需要申請國小特教服務者，同一家庭不同的照顧者可同時參加。

　　4. 排除條件：有心智功能障礙者。

二、成員聯繫：電話訪談

　　因考量參與成員不是主要照顧者，就是家庭經濟負擔者，平時均要工作或照顧小孩，逐一面談不易，故預計透過電話訪談說明團體內容、注意事項及確認成員的期待。

　　因成員報名時，機構社工已針對團體相關資訊做說明，也事先告知後續會接獲領導者的訪談電話，因此領導者電話聯繫時，成員皆已做了接受訪談、確認團體意願的準備。領導者電話訪談的內容包括：

　　1. 您有無參與團體的經驗？若有，還記得是什麼樣的主題？您的經驗為何？

　　2. 請問即將要入小學的是您的第幾個孩子（或孫子女）？

　　3. 孩子入小學後，您預計幫孩子（或孫子女）申請的特教服務型態是什麼？

　　4. 在孩子（孫子女）上國小前，您有什麼擔心？

5. 透過團體，您想獲得的是什麼？

6. 團體正式開始前，為幫助您能做好進入團體的準備，我會先寄「團體行前說明」給您，請您留下方便聯絡您的地址或電子郵件信箱。

三、訪談結果

1. 團體領導者依預計時間於○○月○○日至○○月○○日期間進行電訪，當時僅有 6 位成員報名，第一次團體原計畫於○○月○○日進行，但因電訪時發現有 4 位成員第一次團體無法出席，故將第一次團體延後一週（○○月○○日）開始，團體報名時間也因此增加，後續又有 3 位成員報名，在○○月○○日前完成所有成員電訪。

2. 原有 9 位成員報名，透過電訪了解後，其中 1 位報名者因家中小孩已無早療需求，入小學後不需申請特教服務，與團體目標不符，並不適合參與團體；故予以排除後，確認 8 位成員參與。

3. 報名的成員中有一位新住民媽媽，由於平時對外的聯絡多靠先生，故該成員對接受訪談顯得相當沒有信心，怕自己說得不好，不斷請領導者跟先生聯絡。不過，領導者說明直接與她訪談的重要性，並安撫、減緩她的不安；電訪中也得知其無法閱讀中文資料，因此後續寄發「行前通知單」時，便增加成雙語版，以便其與家人能共同閱讀。此一友善的作法，希望能讓其感受領導者對她的歡迎與理解。

4. 第一次團體進行時，成員小芬（成員姓名均已使用化名）帶了先生育誠一同前來，才知事前的報名登載遺漏育誠的資料，但其有意願參與且於第一次便加入，故最後有 9 位成員參與團體。

四、成員簡介

成員基本資料如表 6-2 所示。9 位成員中有 5 位媽媽（其中 1 位是新住民）、3 位爸爸及 1 位祖母，9 位成員中有三對夫妻；6 位主要照顧者、3 位次要照顧者，而 6 位主要照顧者中有 4 位為家管，其餘成員（5 位）則就業

中。9 位成員的 6 個子女中，有 3 位被診斷為泛自閉症類群障礙，1 位為注意力不集中，1 位為智能障礙，1 位則為全面性的發展遲緩。

表 6-2　成員基本資料

成員	身分	職業	（孫）子女簡介
小芬 育誠	母親／主要照顧者 父親／次要照顧者	家管 公務人員	小滋，家中的第一個孩子，被診斷為泛自閉症類群障礙
彩鳳	母親／主要照顧者	家管	小元，獨生子女，被診斷為注意力不集中
蘭芳 紹輝	母親／主要照顧者 父親／次要照顧者	家管 工程師	小星與小月，雙胞胎，哥哥被診斷為全面性發展遲緩
小紅	母親（新住民）／ 主要照顧者	家管	壯壯，家中的第三個孩子，被診斷為泛自閉症類群障礙
玉嬌	祖母／隔代教養／ 主要照顧者	攤商員工	阿和，家中的第一個孩子，被診斷為智能障礙
淑真 振雄	母親／主要照顧者 父親／次要照顧者	業務人員 業務人員	皓皓，家中的第三個孩子，被診斷為泛自閉症類群障礙

註：成員姓名均使用化名，介紹中也修改能辨識個人資訊的基本資料。

五、團體行前說明

電訪確認成員是否符合團體報名資格及團體設計符合成員需求後，便確認團體成員名單，並於電訪後寄出「團體行前說明」（如附件 6-1 所示）。

附件 6-1　團體行前說明書

早療家長支持團體行前說明

親愛的 _____，您好！

很高興邀請您成為「家有小一生，誰能傾聽我心聲～早療家長支持團體」的成員，我是團體領導者吳亭穎。本團體成員目前有○人，在與各位聯繫的過程中，發現大家對於小孩目前的發展能力、在學校跟同學相處的狀況等都很擔心，也擔心孩子入國小之後是否能適應，因此我們將齊聚一堂、共同討論與分享。由於團體次數有限，為了讓團體運作有效益，以下幾點小叮嚀供您參考：

1. 團體進行過程中，會有分享、討論的機會，述說自身經驗不僅能幫助自己重新整理，同時協助團體成員更認識您，我們亦可從中看見與他人的異同，進而獲得支持或聽見不同的聲音，但我們會尊重您表達的意願及方式，您只要自在的參與即可，在團體中透露多少訊息由您決定。

2. 成員間彼此回饋是力量的來源，期待您在回饋他人時能以自身感受或想法為焦點，不批判或評價他人獨特的生命經驗，尊重自己也尊重他人。

3. 考量活動方便性，建議穿著舒適、方便活動之服裝。

4. 為協助團體順利進行，讓大家都能更專注投入，以下兩點需要您的配合：
   - 優先照顧好生理需求再進入團體。
   - 團體進行期間將手機調整為靜音模式。

5. 團體時間有限，更顯相聚時光的珍貴，期待您能準時出席。若臨時需請假或晚到，請撥打早療中心○○-○○○○○○○○告知，讓我們知道您的狀況喔！

　　另外，本團體是培養我們成為專業諮商心理師的重點訓練過程，為了維護參與者的最佳福祉與成效，我們會將歷程帶到課堂中討論，目的在請團體授課教師沈慶鴻教授指導團體領導者的技巧與能力，確保團體的進行對您有幫助；但為尊重每一位參與者，相關資料將匿名處理，以保障您的權益，請您放心！無論您帶著什麼樣的心情準備與一群人相遇，都期待您能全程參與，盡情地體驗團體！

團體時間：○○／○○／○○起連續六週，每週六早上 09：30～11：30，總計 12 小時。

團體地點：早療協會辦公室

若您有任何對團體的疑惑或好奇之處，歡迎隨時與我聯繫。（email）

敬祝　平安順心

暨南國際大學輔導與諮商研究所

吳亭穎、王瑄、王汝廷　敬上

第三節　團體設計與執行

一、修改後的團體內容

面談後，根據成員需求進行微幅修改（如表 6-3 所示）。

表 6-3　修改後的團體內容

單元名稱	單元目標	活動內容	理論依據
第一單元 開學典禮	1. 增進領導者與成員的熟悉度，形成團體 2. 促進成員之間了解彼此及孩子的情況，產生普同感 3. 說明團體規範，聚焦團體目標 4. 協助成員釐清現階段的需求，並訂出個人目標	1. 開學典禮致詞 2. 自我介紹 3. 我了解你的明白 4. 我的願望（刪除） 5. 典禮結束	
第二單元 我們都一樣	1. 形成團體凝聚力及提升成員的普同感 2. 成員學會分享、傾聽與正向回應 3. 提供正確的教育資訊，協助成員覺察對兒童轉銜申請的考量因素及擔憂 4. 引導成員探索自己在教養困境中的感受與自我期待	1. 暖身 2. 特教服務大解密 3. 選填志願 4. 入學狂想曲（刪除） 5. 分享與回饋	社會支持與家庭支持模式
第三單元 我的家庭 真○○	1. 成員學會分享、傾聽與正向回應 2. 從分享過程引導成員相互鼓勵與支持 3. 引導成員洞察生活中重要他人對孩子入學的影響 4. 協助成員看到轉銜決策中自己的能力與限制	1. 暖身 2. 畫圖接龍 3. 我的家庭真○○ 4. 分享與回饋	社會支持理論
第四單元 誰怕誰的 親師座談會	1. 催化成員間互相支持 2. 團體凝聚力的促進 3. 引導成員洞察生活中重要他人對孩子入學的影響 4. 成員可了解親師溝通中雙方的立場	1. 暖身 2. 上週回顧 3. 晨光故事時間 4. 分享與回饋	

表6-3　修改後的團體內容（續）

單元名稱	單元目標	活動內容	理論依據
第五單元 I Can Do It！	1. 催化成員間互相支持 2. 幫助成員準備結束關係 3. 成員能以合適的方式進行親師溝通 4. 協助成員發展幼小轉銜中自己可執行的策略	1. 暖身 2. 回顧親師立場 3. 聽・說 4. 分享與回饋	
第六單元 結業式	1. 目標檢核 2. 團體結束，協助成員處理離別情緒 3. 提供服務資源，建構支持網絡	1. 微電影：入學通知單 2. 團體回顧 3. 未來信 4. 結束	

二、單次團體設計：以第二次團體為例

單元 名稱	我們都一樣		團體人數	9人	對象	早療家長
團體 時間	○○年○○月○○日 9：30～11：30		團體地點	南投早療中心	設計者	吳亭穎
單元 目標	1. 形成團體凝聚力及提升成員的普同感 2. 成員學會分享、傾聽與正向回應 3. 提供正確的教育資訊，協助成員覺察對兒童轉銜申請的考量因素及擔憂 4. 引導成員探索自己在教養困境中的感受與自我期待					
名稱	團體目的	內容及步驟				器材
暖身 （10分 鐘）	成員學會分享、傾聽與正向回應	・成員報到後，提供空白名牌給成員填上期待被稱呼的名稱，並請成員自由入座。 指導語 大家早安！很高興這週又能見到大家。上週因為要讓各位體驗孩子們入學的情境，所以準備好名牌與固定座位，這週則是邀請大家以自己習慣被稱呼的方式製作名牌，我們今天在團體中，就可以用對方期待的方式稱呼對方。從我左手邊開始，請大家再次介紹一下你期待大家怎麼稱呼你。 過了一星期，不知道大家這週過得如何？有沒有發生什麼事想跟大家分享？或是針對上週的內容想分享你的感受？				名牌紙 麥克筆

名稱	團體目的	內容及步驟	器材
特教服務大解密（50分鐘）	提供正確的教育資訊，協助成員覺察對兒童轉銜申請的考量因素及擔憂	指導語 記得在上週聽大家分享，對於入學以後到底可以選哪些型態感到有點困惑，不知道該怎麼選擇，好像擔心做了不適合的選擇以後，會害了孩子。所以在今天的一開始，要先來跟大家說說國小以後主要的特教服務型態，依照對孩子的協助程度由少到多依序是「巡迴輔導」、「資源班」和「特教班」，這也是大家主要會需要選擇的類型。好像有些家長已經大略知道了，也有些家長完全不了解，我們從「巡迴輔導」開始。 我想先了解目前小孩在幼兒園中有接受巡迴輔導服務的人有多少？說說看你們接收到的服務內容，你們接受服務的感受如何？你認為孩子接受服務會有什麼感受？ ➤從成員的回應中再去澄清並提供正確的資訊，也說明幼兒園的巡迴輔導服務和國小的異同。 接下來，我們要討論的是「資源班」的服務。有沒有人預計為自己的孩子申請「資源班」？那你們認為「資源班」是怎麼運作的？從你打聽到的這些資訊中，你有哪些疑惑？你認為你的孩子需要什麼？知道資源班的運作方式以後，你有什麼感受？ ➤從成員的回應中再去澄清並提供正確的資訊。 最後，是「特教班」的服務。有沒有人預計或正在考慮要為自己的孩子申請「特教班」？那你們認為「特教班」是怎麼運作的？從你打聽到的這些資訊中，你有哪些疑惑？你認為你的孩子需要什麼？知道特教班的運作方式以後，你有什麼感受？ ➤從成員的回應中再去澄清並提供正確的資訊。 以上的說明，有沒有什麼你想知道而我遺漏的訊息？請大家提問。大家在這階段要盡量問喔！因為待會的活動，我們就不再針對這些型態做說明了。 ➤在此只針對特教服務類型做說明，若家長提問自己孩子情況適合哪種服務，則放在下一段討論。	無

名稱	團體目的	內容及步驟	器材
選填志願（50分鐘）	1. 形成團體凝聚力及提升成員的普同感 2. 成員學會分享、傾聽與正向回應 3. 提供正確的教育資訊，協助成員覺察對兒童轉銜申請的考量因素及擔憂 4. 引導成員探索自己在教養困境中的感受與自我期待	【分組討論】 指導語 好，看來大家對於這三種服務型態已經有基本的了解了，接下來我們要分組進行討論，從我右手邊開始，請大家1、2、1、2幫我報數。1的一組，2的一組，請大家挪動位置，讓你們小組成一圈。 好，請大家注意聽喔！就我們現有的資訊，請你先想一下，以你孩子目前的發展狀況，你覺得他適合哪一種特教服務？你的小組夥伴會是你的智囊團，可以跟你的小組成員一起討論。我們當中有一些爸爸、媽媽一起來參加，但爸爸、媽媽可能會有不同的看法，這都沒關係，我們先嘗試做出選擇看看。這階段會有20分鐘的討論，我和王瑄會輪流在兩組內參與大家的討論。大家在討論中可能也會發現新的問題，那我們就在討論結束後帶回大團體中討論。 【大團體的分享】 指導語 看來大家經歷了一陣揪心的抉擇，也給予彼此一些建議和支持，過程中好像也有一些新的想法或問題。 有沒有什麼問題想先提出來討論和確認的？ 想問問看有沒有誰想分享一下，你剛剛在討論時的心情是什麼？ 有沒有誰要跟我們分享，你為孩子選填了什麼志願？你考量的因素是什麼？	無
分享與回饋（10分鐘）	1. 形成團體凝聚力及提升成員的普同感 2. 成員學會分享、傾聽與正向回應	指導語 大家真的有很多不同的想法耶……或許我們可以從中找出適合自己、適合自己孩子的策略，也可能我們透過今天的討論內容，反而讓你想到了新的方法，這都是這個團體期待能帶給大家的。 從上次到今天，我們一起討論了一些事情，大家對彼此的孩子與家庭狀況，好像也有些粗淺的了解。 在今天結束前，請每個成員都說說看，今天的團體當中，你有什麼感觸或收穫，也可能是對今天討論中的哪句話、哪個片段印象最深？每個人用一兩句話說說你的想法。 謝謝大家今天提供的回饋，今天的活動就到此結束，我們下週再見。	無

185

三、團體紀錄：以第二次團體為例

單元名稱	我們都一樣	應到人數	9人	實到人數	7人
團體時間	○○年○○月○○日	團體地點	南投早療中心	L	吳亭穎
				coL	王瑄

單元目標	1. 形成團體凝聚力及提升成員的普同感 2. 成員學會分享、傾聽與正向回應 3. 提供正確的教育資訊，協助成員覺察對兒童轉銜申請的考量因素及擔憂 4. 引導成員探索自己在教養困境中的感受與自我期待

座位說明：

座位圖

團體紀錄

【團體內容】

報到及暖身	1. 彩鳳第一個準時到，對於場地異動成坐起來較為舒服的狀態表示滿意，也協助向晚到的成員說明製作名牌。 2. L先說明有些成員因故請假，有些成員還在路上，邀請大家說明對彼此的印象，振雄、育誠、彩鳳皆有發言，對彼此的印象停留在工作型態等外在條件。 3. L提問最近一週生活上有沒有什麼事件可以分享，成員們沉默，接著育誠主動提問「孩子做錯事情，請教在座各位家長是否會罵孩子智障、白痴等話語」，此時小芬雙手於胸前交疊並怒視育誠；淑真先回覆自己類似的經驗，振雄也接著附和；育誠回應罵孩子的當事人正是小芬，小芬持續怒視育誠，隨即便借故離開團體。

	團體紀錄
報到及暖身	4. 因有成員回應自己跟孩子相處也常有理智斷線的時刻，L引導大家討論在家中什麼角色的人最容易理智斷線，淑真與蘭芳分別分享自己在家中打罵小孩的經驗，振雄則緩煩表示有時自己接手照顧三個孩子時，鬧到後來也會想動手打孩子。L歸納出「和孩子相處時間較久」的人，都容易會有理智斷線的時刻，只是在多數的家庭中，通常是媽媽與孩子相處最久，造成媽媽對孩子比較容易不耐煩的假象，成員們點頭同意，育誠則呈略為沉思狀。 5. 振雄能理解太太淑真在家中的辛苦，儘管自己工作時間較長，但在家中的時候會盡量協助淑真一起處理小孩。L肯定振雄的用心，延伸提出當照顧者與孩子間的相處過於緊繃時，若另一位照顧者或有其他家人可協助時，較能舒緩親子間高漲的情緒。 【互動概況及動力運作】 1. L說明小紅請假，還有一些成員還在來的路上，隨後關心成員們對上週團體的感受以及近日生活事件等，作為活動開始前的暖身。 2. 育誠在團體中提出小芬打罵小孩的教育方法太過極端。 3. 淑真先回應育誠的提問，振雄附和一同加入分享。 4. 其他成員聽聞育誠的分享有指明針對小芬，顯得有些尷尬，但仍回應育誠的問題，選擇分享自己類似的經驗，而非評論小芬行為的對錯。 【特殊事件說明】 1. 團體場地改變；從坐木頭地板改為坐椅子。 2. 玉嬌的孫子因不願到托兒的場地，在團體內到處移動略為影響成員的專注力，對團體造成干擾，約15分鐘。 3. 協會工作人員有轉告紹輝與蘭芳的孩子因病住院至昨天出院，蘭芳遲到約20分鐘，加入團體時略顯疲態，有為自己的遲到致歉，但未說明原因。 4. 小芬因覺得先生育誠當眾公審她，私下告知coL要如廁便憤而離開團體，隨後觀察員注意到她離開時的情緒，故起身出去陪伴及安撫，約1小時後，兩人才回到團體中。當中育誠曾離開團體尋找小芬，兩人在走廊上有一些小爭執，隨後請育誠先回到團體中。
特教服務大解密	【團體內容】 1. 延續上週的承諾，L將和成員說明三種特教服務的差異。從「巡迴輔導」服務開始，並了解所有成員的孩子目前都有在幼兒園接受巡迴輔導，故L請成員們說明現行接受服務的狀況，蘭芳、彩鳳、淑真、玉嬌均主動分享，L說明此服務於國小後較無差異，大家依照時間提出申請即可。 2. 成員們對「資源班」最感好奇，在說明前，L詢問成員們目前對「資源班」的了解為何，淑真及振雄分享打聽到的情況；蘭芳和玉嬌也主動表達自己對資源班的理解。L針對成員分享中錯誤的資訊予以澄清，並再補充說明資源班的運作模式，並提醒每學年學校的運作方式可能都略有差異，這也是需要考量之處。

	團體紀錄
特教 服務 大解密	3. 成員們對特教班的服務均表示想先了解，但暫無申請考量，故 L 簡短說明，並告知這些資訊都會在協會辦理轉銜說明會時再次說明。
	【互動概況及動力運作】 1. 小芬重新加入團體，育誠顯得有些緊張，兩人無互動；其他成員亦自在的接納小芬回到團體，L 第一次邀請小芬分享，小芬搖頭表示「沒有想說話」，但隨後進入小組討論，小芬能很快的加入小組討論。從表現判斷，無論是成員或者小芬，似乎都不受先前的情緒事件影響。 2. 討論過程中，許多成員會提問，而玉嬌、振雄、淑真等人會主動回覆其他成員的提問。
	【特殊事件說明】小芬於 10：57 回到團體。
選填 志願	【團體內容】 1. L 將成員分成兩組，請成員們針對剛剛團體的資訊討論，分享會想為自己的孩子選擇哪一種特教服務（分組時，L 帶領小芬、玉嬌、振雄和蘭芳一組；coL 帶領彩鳳、育誠和淑真一組）。 2. 振雄主動在小團體率先分享，描述自己孩子的狀況及自己幫孩子選擇的原因，他的積極有促進小組討論的氣氛，小芬接續提問討論，玉嬌在之後也分享孫子的情況和自己的考量，蘭芳聽見玉嬌的分享後，轉頭詢問振雄以及與其討論，兩人在小團體中私下討論。 3. coL 的小組中，彩鳳提到現在知道的資訊較少，幫孩子選擇似乎有些奇怪，coL 立即調整指導語，彩鳳在接受其說法後，小組進入討論，由淑真主動分享自己的考量，彩鳳接續分享自己的想法。 4. 育誠在小組裡沒有太多的分享，偶爾回應另外兩位成員；雙手交叉，偶爾低頭略顯有所思。 5. 回到大團體，彩鳳分享在小組討論時的問題——針對孩子的特殊性是否需要先讓國小老師知道，蘭芳提出應該所有的學校都會知道，因為已經申請過鑑定，彩鳳、淑真分享學校雖然有資料，但不見得清楚。 6. coL 分享在小組中討論的另一個問題——班導師是否真的適合自己的孩子、可以如何選擇；淑真、彩鳳皆表示贊同並且接著分享。育誠也接著在 L 說明後做回應，其他成員也紛紛表示贊同。
	【互動概況及動力運作】 1. 分組時，小芬刻意將椅子背對育誠而坐，育誠則是不時關注小芬的狀態，在小組討論的過程略顯分心，但仍調整狀態傾聽與回應小組成員。 2. 玉嬌在小組中的分享較對著 L 說明，但是小芬將身體前傾、專注傾聽，並提出自己的問題；蘭芳與振雄則在私下討論，但當 L 開始回應，兩人又停下來專注傾聽。 3. 小芬在小組當中回應 L 的提問，並接著分享自己的想法和擔心，同時得到振雄的回應，說話開始較為大聲，身體也更前傾，表現較為投入。

	團體紀錄
選填志願	4. 成員們在分享的過程當中，又產出新的需求（對學校老師的不了解），L 關注到成員們的需求，並且即時予以回應。
	【特殊事件說明】無
分享與回饋	【團體內容】 1. L 預告下週討論的內容會有如何跟班導師互動，邀請淑真、振雄幫忙想一下相關的經驗，並能在下次團體分享。 2. L 邀請成員利用最後 1 分鐘分享自己今天參加團體的感受或想法： 　(1) 玉嬌、振雄、淑真、彩鳳提到的內容多為對今日特教服務討論中的學習。 　(2) 蘭芳因為孩子昨天出院所以感到很疲倦，但要開始去了解各個學校的差異。 　(3) 小芬表示沒有特別想分享的。 　(4) 育誠覺得大家都很辛苦，每個人都有被孩子惹怒跟失控的時候，更擔心老師們受不了。
	【互動概況及動力運作】 1. L 邀請成員針對此次的活動分享與回饋，成員們並未主動發言，與在其他活動當中的踴躍發言情況有些不同。 2. 成員溝通型態轉變為輪流發言。
	【特殊事件說明】無
成員狀況及 L 因應	1. 彩鳳：表示自己的孩子對特教服務的需求較低，但是仍有其擔心，L 能適時掌握她的擔心，提出與其核對，並且回應其需求。 2. 蘭芳：疲憊對其參加團體造成影響，此次話不多，但對活動的關注度高，也會與其他成員私下討論或回應其他成員。L 配合其狀態略減少邀請分享的次數。 3. 紹輝：孩子昨日出院，但今日未請假。 4. 育誠：最初進到團體即主動向 L 提及夫妻吵架的抱怨以及公開邀請其他成員一同抨擊與評論太太小芬，有其他成員開始回應，L 帶領成員們針對育誠提出的事件進行討論，育誠也因其他成員的發言而更了解其他家庭的狀態，對小芬的態度略有調整。 5. 小芬：受到育誠發言的影響，選擇離開團體，在中間回到團體繼續參與，L 有多次邀請小芬回應，關注小芬的狀態，尊重其選擇分享與不分享的時機。 6. 淑真：發言主動性高，L 也能適時回應。 7. 振雄：發言主動性高，能針對其他成員的問題分享自己的經驗，並且以較正向的發言在團體當中與成員們互動，其部分分享有助於團體的推動，L 會承接其發言，給與隱約式的鼓勵。 8. 小紅：因故請假。

團體紀錄	
成員 狀況及 L因應	9. 玉嬌：此次發言較為主動，也願意在團體當中分享自己的知識與經驗，講話分享的時候多半只面對L講，L能夠給予口語與非口語的鼓勵，當其他成員有提問，玉嬌才會轉向其他成員。
L與 coL的 合作 議題 及 觀察員 回饋	1. coL在此次團體當中主動性提高，能夠適時調整自己去配搭L或成員的需求，且成員也比較願意對其說出一些想法或提出需求。 2. coL能夠主動統整成員們討論的重點項目，在大團體討論當中提出，幫助L掌握成員狀況，以及引起其他成員更多的分享。 3. 當成員因故離開團體，再重新回到團體當中，coL很快的了解該位成員的需求，在適當的時機在團體當中提出請L幫助統整與做一些說明，協助該成員進入脈絡當中，對整體團體的運作與推進相當有助益。 4. 分小組討論時，雖由L掌控時間，也由L提醒時間的限制，但在最後coL帶領的小組能於限時內完成討論並停止，L帶領的組別則是持續開啟延伸話題。在時間的掌控上，L似乎較難截斷成員的發言與分享。
備註／ 與原設 計不同 之處及 對下次 團體的 建議	1. 成員們擅於分享與討論，但也因此容易停不下來，建議活動的安排可以維持促進成員們討論的方式進行，但若能在資訊與經驗的分享之外，還能有一些覺察或自身的感受連結應會更有助於團體目標的達成。 2. 資訊的提供雖是成員提出的表面需求，但實際上成員們參加團體似乎也都帶著其他議題和期待，建議下次團體活動的設計可以在提供資訊的同時也往深處探索，而非停止在更多資訊的汲取與分享。

第四節　團體評量

一、歷程評量

（一）個別成員參與狀況

1. 參與動機：配合機構的服務型態，活動訊息公告後由社工主動告知邀請，9位當中有7位都是社工邀請後主動報名參與，另外2位成員由太太邀請後參與。

2. 出席狀況：僅第一次團體全員到齊，其餘均有成員請假或缺席的情況，多半因家庭及工作而請假，但請假成員均會主動、事先告知，只

有紹輝未事先說明，領導者致電關心後，則有改善其出席情況（如表6-4所示）。

表 6-4　成員出席率

成員＼次別	一	二	三	四	五	六
小芬	✓	✓	✓	請假	✓	✓
育誠	✓	✓	✓	請假	✓	✓
彩鳳	✓	✓	✓	請假	✓	請假
蘭芳	✓	✓	✓	請假	✓	✓
紹輝	✓	缺席	缺席	請假	✓	✓
小紅	✓	請假	✓	✓	✓	✓
玉嬌	✓	✓	✓	✓	✓	✓
淑真	✓	✓	請假	✓	請假	請假
振雄	✓	✓	請假	✓	請假	請假

3. 歷程中的參與情形：此處歸納觀察員之觀察紀錄及領導者之現場觀察的結果：

(1) 育誠、淑真、振雄的發言主動性高，也會主動回應其他成員。

(2) 小紅因擔心自己口語表達能力不佳，不太敢主動表達，但經鼓勵後可分享。

(3) 成員的投入程度與發言主動性關聯度很高，小芬發言主動性雖為中等，但依其眼神注視、身體姿態等，均可看出她的投入程度仍很高。

(4) 其他成員（如彩鳳、玉嬌等人）可跟隨著團體內容進行，但發言主動性較低，會依自己有興趣的話題或被邀請時才會發言。

（二）團體動力

縱觀六次團體歷程，團體互動型態以「輻射型」為主，依活動內容偶爾會出現「圓圈型」及「熱椅子」（如表6-5所示），但三者均為「以領導者為

表 6-5　團體歷程的互動模式

	輻射型	圓圈型	熱椅子	次團體
前期	成員彼此不熟悉，多由 L 帶領；且 L 介紹自己多年的早療服務經驗，成員將 L 視為「專家」，團體討論中自然而然呈現輻射型互動模式	小組討論，因成員對話題感興趣，且振雄在此次提到醫師對孩子入學的建議，引起其他成員熱絡交流，互動型態轉為圓圈型	×	初期彼此不熟識的情況下，夫妻間在團體中的交談較多，形成次團體
中期	成員習慣視 L 為「老師」，也會等待 L 引導討論，故互動型態仍以輻射型為主軸	第三次團體的活動設計讓成員輪流發言，活動中也會直接對話，故仍有些時段出現圓圈型的互動模式	第四次團體僅 4 人出席，仍依前次規劃的邀請淑真與振雄夫妻分享；L 引導淑真覺察情緒、花些時間關注自己。此段呈現熱椅子模式，但具示範效果，可引導成員練習覺察和關注自己	中期開始，因每次團體都有夫妻之一的成員請假，且成員間逐漸熟悉，故夫妻間的次團體逐漸打散，團體中也未再有其他次團體出現
後期	最後兩次團體，互動多以 L 為主的輻射型，成員主動性降低，多由 L 邀請成員發言，最後一次的情況又更為明顯	×	×	×

中心」的互動模式。一方面是領導者經驗不足，讓團體成員了解團體目標及自己在團體中的責任之技巧較不熟稔，不足以引導成員主動發言；另一方面，成員不習慣「團體」的運作模式，認為自己是來「上課」，且將領導者視為「專家」，期待從領導者身上得到更多資訊，因此互動型態便多呈現「輻射型」。

（三）療效因子

1. 團體凝聚力

許多成員因想取得更多資訊而參加團體，但加入團體後，發現成員處境的相似性高，可在團體中傾吐其他朋友無法了解的教養困境，有種被認同、心理上的安全感，團體凝聚力逐漸醞釀。團體中期，陸續有成員請假對凝聚力略有負面影響，但依著團體討論的深度增加，教養困境浮現，成員間互動、交集增加，和團體的連結也增加了。最後一次的團體中，成員回饋在團體中聽到其他成員的分享對他們的影響很大，成員間彼此的吸引力提升了團體整體的凝聚力。

2. 普同感

在第一次及第二次的團體中介紹到自己孩子的狀況和需求時，明顯發現幾位成員的孩子有類似的發展狀況，成員們在分享到孩子令他們困擾的問題行為時，普同感便流竄在成員間。另一營造出普同感的情境是在第二次團體，育誠原想當眾公審他認為小芬不當的管教方式，但藉由領導者的引導，其他成員也會分享自己曾做過誇張的教養方式，後續幾次團體中，成員的分享更真實，促使團體成員產生普同感。

3. 傳遞資訊

第一次團體中，不少成員提出想得到更多資訊的需求，因此領導者在後續團體中會適時的提供資訊讓大家討論；而在團體過程中，成員們也會分享自己為孩子入學所做的安排及規劃，透過經驗提供刺激其他成員覺察。在最後一次團體中，許多成員都有提到來參加團體獲得許多資訊，這是團體中的一大療效因子。

4. 利他主義

小紅（新住民身分）和玉嬌（隔代教養的祖母）初參與團體時，即表達

自己閱讀和理解能力有限，因此其他成員在過程中均會給予協助，此協助過程可讓成員感受到自己是有能力給予的；而振雄夫妻的分享也影響許多成員採取行動，此影響雖在不經意間造成，卻讓他們感受到自己的「有能」。而由團體結束時許多成員表達對其他成員感謝的回饋，充分呈現了團體中利他主義造成的療效現象。

二、成效評量

（一）成員個別目標的達成狀況

透過團體前電訪詢問、第一次團體結束前再次確認成員參與團體的期待與目標，最後則由領導者、協同領導者、觀察員依成員團體歷程中的參與狀況及分享內容，共同檢視成員目標的達成情形（如表 6-6 所示）：

1. 成員提出的期待可分為「轉銜準備」和「教養技巧」兩大類，另有一位成員提到對個人能力的擔憂，反應出成員目前的需求確實落在教養瓶頸及面對轉銜的未知感。

2. 9 位成員中，有 4 位達成目標（轉銜準備、自我能力），2 位部分達成（轉銜準備、教養技巧），3 位成員未達成個人設定的目標；不過 3 位未達成個人目標的成員，在團體中也有其他的收穫與學習，有些成員甚至在反思後進而調整自己。

表 6-6　成員個別目標的達成狀況

成員	參與期待／目標	達成與否	說明
小芬	想了解其他家庭是如何面對和處理孩子入學問題，幫助自己做好準備【轉銜準備】	△	小芬在第二次中途離開，第四次請假，剛好錯過有關轉銜討論的內容。但因她十分投入團體，也會主動和其他成員討論教養孩子的方法，故評估她個人目標僅達成一半。

表6-6　成員個別目標的達成狀況（續）

成員	參與期待／目標	達成與否	說明
育誠	如何引導小孩聽從自己的指令【教養技巧】	×	育誠的目標雖是期待孩子能「聽從自己的指令」，但隨著團體歷程進行，他已能逐漸調整看待孩子的角度。第五次團體中，還能以自己孩子進步很慢的現象，勉勵小芬不要放棄。從其能調整自己的育兒觀點來看，評估他原先設定的目標未達成，但卻能自行修正出更符合現狀的目標。
彩鳳	1. 學習教養技巧【教養技巧】2. 想了解孩子新階段會面臨的狀況【轉銜準備】	△	討論到彩鳳有興趣的主題，她會積極參與、提問及討論；關於轉銜處理，也表示在第二次團體中獲得了想要的資訊，第五次團體主動分享自己學到的技巧，故目標2有達成。至於個人目標1，彩鳳雖會分享經驗，但集中於情緒的抒發，也未回饋學到的新教養技巧，故未達成。
蘭芳	想了解國小（含資源班）的運作型態【轉銜準備】	✓	蘭芳在第二次團體中相當投入，並從其他成員的分享中獲得新的資訊，也刺激自己形成了下一步的行動計畫；最後一次團體時甚至為沒全程參與的成員感到惋惜，因此評估其個人目標有達成。
紹輝	想縮短小孩起床後，出門上學的時間【教養技巧】	×	紹輝一直較以「局外人」的姿態在團體中，請假次數多、分享個人想法少。
小紅	他人能理解自己【自我能力】	✓	小紅對自己的口語表達相當沒信心，第三次團體時還帶了表達能力較佳的大女兒出席代她發言；然團體中成員、領導者、協同領導者與觀察員均鼓勵小紅發言，後續小紅已能主動分享。
玉嬌	想先了解國小的教學及運作方式【轉銜準備】	✓	第二次團體時，玉嬌便能積極和其他成員討論特教服務的實際情況；最後一次團體時，也表示從大家的分享中學到很多。
淑真	想了解協助孩子的方法及資源【轉銜準備】	✓	請假次數雖達一半，但在有出席時都積極參與；第二次團體結束時已提到更知道了各項特教服務的內涵，有助於其為孩子進行入學準備。
振雄	想了解幫助孩子有效學習的方法【教養技巧】	×	振雄一直想了解提升孩子理解能力、學習的方法，但在團體中較少主動提出自己的現況與困境，也很少回饋他人，故評估其目標未達成。

註：「✓」為「有達成」；「△」為「達成一半」；「×」為「未達成」。

（二）團體目標的達成狀況

本團體為支持性團體，團體目標包括以下三項：

目標一：透過團體讓成員產生普同感，促進成員經驗分享、資訊交流，達到情緒支持之效。

目標二：蒐集成員在（孫）子女幼小轉銜過程中的需求，使成員在團體中獲得資訊，找出因應策略。

目標三：協助發展遲緩兒家長覺察自己在面對孩子將入國小時所產生的焦慮及壓力，並學習處理的方法。

彙整前三項目標後，預期達成的團體目標包括了：(1)普同感（支持程度、情緒舒緩）；(2)情緒支持；(3)轉銜需求；(4)傳遞資訊（資訊獲得）；(5)轉銜因應策略（行動策略）；(6)學習焦慮與壓力處理（行動策略）等六個指標。根據 Lin（1986）將「支持」分為「工具性支持」和「表達性支持」之分類（引自宋麗玉等，2012），這些指標在本團體中的落實狀況如下（如表6-7所示）。

表6-7　團體目標：六個指標達成狀況

指標	表達性支持			工具性支持		
	指標1 普同感	指標2 情緒支持	指標3 轉銜需求	指標4 獲得資訊	指標5 轉銜因應 策略	指標6 學習焦慮 與壓力處 理
達成狀況	√	√	√	√	△	×

註：「√」表「三分之二以上的成員達成」；「△」表「三分之一至三分之二的成員達成」；「×」表示「三分之一以下的成員達成」。

1. 表達性支持

包括普同感及情緒支持；在第一、二次團體中成員就能互相傾吐教養上的瓶頸、小孩的發展限制、令人頭痛的行為表現等，普同感很快就出現。另

外，成員彼此間的情緒支持亦隨著普同感的出現明顯提升。一直擔心自己中文表達能力不佳的小紅，在團體中多次受到其他成員鼓勵，在最後一次團體中，甚至是較常擔任「局外人」的紹輝，都主動鼓勵小紅要試著走出來跟不同的人接觸；大家分享到教養的困境時，也會彼此說聲「辛苦你了」。這些支持力量，都是成員間自發的，而這也是支持性團體最重要的部分，而有超過 7 位成員都曾表達過對他人的支持，故評估本項指標有達成。

2. 工具性支持

包括轉銜需求、獲得資訊、轉銜因應策略，以及學習焦慮與壓力處理等四項。

(1) 轉銜需求：由於團體辦理時間尚早（11 月），有關孩子規範性的轉銜需求尚未出現；不過淑真和振雄在第二次團體中分享了醫師的提醒（何時回醫院安排評估、何時須繳資料給學校等訊息）後，讓成員產生了比較性的轉銜需求，刺激部分成員可提早為孩子做準備（有三分之二以上的成員達到，「√」）。

(2) 傳遞資訊：在第一次團體時，所有成員均強烈期盼能從團體中獲得特教服務內容，因此領導者立即調整了第二次的團體設計，讓成員有較多時間可了解不同的特教服務型態。另外，第二次團體後多數成員產生了轉銜的比較性需求後，較能積極參與討論，第四、五次「親師溝通」活動中，更能了解學校老師的立場（幾乎所有成員均達成，「√」）。

(3) 轉銜因應策略：第四次、第五次團體中，成員針對「親師溝通」活動進行積極的討論，彼此激盪出許多方法（例如：蘭芳先分享要具體跟老師描述孩子的行為，彩鳳回應可用錄影的方式讓老師更清楚，而玉嬌則提醒也要先了解老師的期待等）。然團體中後期，因成員陸續請假，加上僅半數成員提及具體策略，故本項指標達成率落在中間（「△」）。

(4) 學習焦慮與壓力處理：有鑑於成員轉銜服務的急迫性不高，成員們的焦慮和壓力多集中於平日的教養瓶頸，且團體運作尚未進入到工作階段，成員還停留在資訊獲得及想著下一步的策略，故未論及面對因應轉銜產生的焦慮和壓力方法（「×」）。

綜合而言，本團體 9 位成員中，僅 3 位成員的個人目標未達成，4 位成員達成目標（轉銜準備、自我能力），2 位成員部分達成（轉銜準備、教養技巧）；在團體目標部分，表達性支持（普同感、情緒支持）的目標達成，而在工具性支持中，轉銜需求、獲得資訊的目標達成，轉銜因應策略的目標部分達成，學習焦慮與壓力處理的目標則未達成。

三、學習、反思與建議

（一）對團體領導者個人

從團體設計到實際帶領的技巧，領導者親身完整經歷整個團體執行的歷程，深感團體諮商這門課的廣闊與不易，更感受到自己的不足與渺小。這一個學習歷程確實是充滿挫折與艱苦，但也是如此才能激勵自己要更認真投入學習，團體帶領的技巧真的要透過實務現場不斷的累積經驗，但團體的設計確實可以多參考一些文獻或資料，實際多參與一些團體也會有所幫助！

（二）對「早療家長支持團體」

1. 辦理時間的調整：本次以「幼小轉銜」為主題，幼小轉銜有其一定的期程，機構通常在當年度的 1、2 月辦理說明會，開啟轉銜服務的序幕，但本次因搭配學校課程安排的時間，將此主題提早到前一年度的 11 月辦理，參與成員對此主題尚未產生足夠的需求，因此採團體諮商的形式對於來參與的成員協助有限，建議可在 4、5 月後辦理，搭配機構針對兒童辦理「幼小轉銜團體適應班」的時間，將能提供給因幼小轉銜而感到焦慮的家長更多的協助。

2. 主題的選擇：透過本次團體可發現，家長在生活中仍有許多的壓力待抒發，依本次團體中成員分享的內容，可搭配年度計畫辦理「親職教養」、「親子溝通」等不同主題的家長支持團體，相信對有需求的家長會很有幫助。

（三）關於團體評量的設計

1. 方式及工具的選擇：因領導者對團體較不熟悉，導致在團體設計階段，較難決定評量工具及評量項目。故建議無論是質性或量化的評量方式，評量指標、資料蒐集或評量工具的選擇等均須更具體的規劃，團體結束後的評估才可更客觀、具體、可執行。

2. 成員能力的考量：本團體在第一次團體結束時，曾嘗試以量表作為評估的方式，但有部分成員（新住民身分、隔代教養之祖母）對文字的閱讀和理解有困難，也有其他成員對於填寫量表的用意產生疑惑，擔心自己成為實驗品，領導者當下評估量表的填寫僅對團體成效評量、對領導者有幫助，但對成員來說是困難且有負擔的，因此立即捨棄量化評估工具。故設計團體評量時，也需考量成員的文化水平、接受度等，讓成員在可完成、輕鬆的狀態下同步做團體評量的資料蒐集，才不至於造成成員的負擔。

（四）對團諮學習者

本次家長團體面臨的議題建議團諮學習者可嘗試思考，團體設計者同時分享個人的想法及處置方式供大家參考。

1. 團體成員中夫妻、家人、朋友共同組成，對團體動力的影響？

熟識的人一起參與團體，若彼此互動良好、情感緊密，易出現次團體，但若彼此互動較負向，則可能將團體外的議題帶到團體中，影響團體中的其他成員。雖然次團體可透過活動設計（例如：分入不同組別、給予不同任務等）巧妙的削弱其連結，但並不容易改變其本來就存在的負向互動。不過每個選擇一定有利、有弊，領導者應清楚成員招募的理由，並做好準備。

家有早療兒童時，就會有一位主要照顧者負責兒童的飲食起居、醫院復健、學校課程等，主要照顧者因此背負著沉重的照顧責任。領導者由過往工作經驗中看見此現象，故開放同一個家庭的不同照顧者可共同參與團體（本團體成員即包含三對夫妻），以鼓勵其他家人能分攤照顧責任、彼此支持，本次團體設計即強化此對話，鼓勵成員共同為孩子的相關議題努力。

2. 第二次團體中，領導者依成員需求花較多時間說明特教服務類型，過程雖具教育性，但本團體設定為「支持性團體」，配合成員需求說明特教服務類型，是否適切？

第一次團體結束前，成員想了解特教服務類型的需求強烈，同時也在團體中表達出教養早療子女的焦慮，以及對轉銜歷程的未知與茫然。為提升成員的安全感，因此領導者配合成員需求調整團體設計，以較多的時間提供資訊；此一調整雖有明顯的「教育性」，但領導者在資訊提供過程中，亦會同時注意減少「上課」式的單向互動，鼓勵成員先分享已知的訊息，形成掌握較多資訊的成員「支持」較少資訊的成員的互動型態，之後領導者再予以澄清或補充，營造出討論氛圍，促進成員的互動。

3. 第二次團體出現丈夫當眾指責妻子，妻子負氣離開團體的情況，領導者該如何因應？

丈夫在團體中指責妻子不適當的教養行為時，領導者即試圖將「行為」與「人」區隔——「行為（媽媽辱罵孩子）」化成「共同議題（照顧孩子常會有理智斷線的時刻）」在團體中討論，討論什麼狀況下會出現？什麼角色的人容易碰到此情況？邀請所有成員分享共同經驗，使得原是指責方的丈夫也能易地而處，逐漸轉變自己的觀點，進而主動找妻子修復。

而當有成員負氣離開團體時，應視狀況（例如：成員情緒強度、離開時間長度等）請協同領導者或觀察員暫時離開團體進行陪伴。當成員回到團體時，讓該成員繼續銜接上團體活動即可，不需刻意關心或再做討論，避免成員感到窘困或再成焦點。

參考文獻

中文部分

內政部（2018）。重要內政統計指標。https://www.moi.gov.tw/stat/node.aspx?sn=6716

何志鴻、黃惠璣（2007）。影響身心障礙兒童家庭照顧者憂鬱之因素。身心障礙研究季刊，**5**（1），41-50。

吳盈瑤、孫淑柔（2014）。臺中市家長參與身心障礙幼兒轉銜服務之調查研究。特殊教育學報，**39**，1-29。

吳鄭善明（2015）。失智症長者主要照顧者心路歷程之研究：以社會支持論分析。美和學報，**34**（1），85-110。

宋麗玉、曾華源、施教裕、鄭麗珍（2012）。社會工作理論：處遇模式與案例分析（第四版）。洪葉文化。

林宏熾（1999）。身心障礙者生涯規劃與轉銜教育。五南。

林雅容（2016）。社工人員、教保人員與家長對早期療育到宅服務觀點之探討。幼兒教育年刊，**27**，47-67。

張淑卿、陸子初（2019）。國際失能者家庭照顧現況與支持策略。長期照護雜誌，**23**（1），1-10。

陳宛渝、朱思穎（2013）。幼兒園及小一家長對特殊需求幼兒入國小準備能力觀點之探究。身心障礙研究季刊，**11**（4），233-248。

陳惠茹（2010）。早期介入家庭支援服務之探討。特殊教育季刊，**114**，22-28。

陳麗如（2010）。特殊需求兒童幼小轉銜工作問題與因應。國小特殊教育，**49**，62-71。

黃正吉、吳天方（2020）。探討臺灣人口高齡化與健保支付的關聯性。嶺東通識教育研究學刊，**8**（3），37-54。

蔡春美（1993）。幼稚園與小學銜接問題調查研究。臺北師院學報，**6**，665-730。

蔡桂芳（2002）。發展遲緩兒童幼小轉銜服務。臺中師範學院特殊教育論文集，**9101**，165-173。

衛生福利部（2018a）。中華民國 **105** 年身心障礙者生活狀況及需求調查主要家庭照顧者問卷調查報告。作者。

衛生福利部（2018b）。中華民國 **106** 年老人狀況調查主要家庭照顧者調查報告。作者。

賴念華、李御儂、羅子琦、蕭雅雯（2020）。臺灣身心障礙者母親在不同時間點之困境與服務需求初探。**特殊教育研究學刊，45**（1），1-32。

英文部分

Almasri, N., Palisano, R. J., Dunst, C., Chiarello, L. A., O'Neil, M. E., & Polansky, M. (2012). Profiles of family needs of children and youth with cerebral palsy. *Child: Care, Health & Development, 38*(6), 798-806. https://doi-org.autorpa.lib.ncnu.edu.tw/10.1111/j.1365-2214.2011.01331.x

Dunst, C. J. (2000). Revisiting "Rethinking Early Intervention". *Topics in Early Childhood Special Education, 20*(2), 95-104.

Kadushin, A., & Martin, J. A. (1998). *Child welfare service* (4th ed.). Macmillan.

第七章
「藝」起按個讚：
目睹兒童教育性團體

江文彬、沈慶鴻

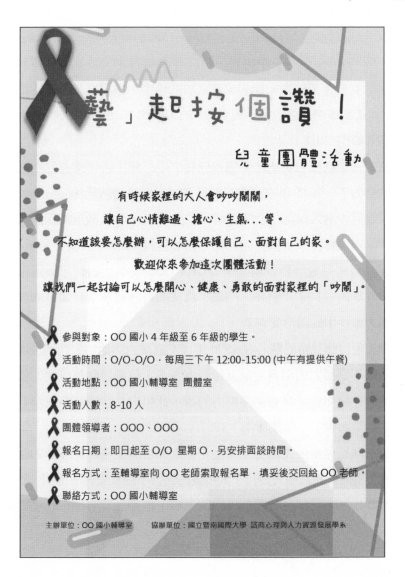

第一節　團體設計

一、緣起與理念

（一）問題陳述

聯合國毒品和犯罪問題辦公室（United Nations Office on Drugs and Crime）在《全球女性凶殺行為研究》（*Global Study on Homicide Gender-Related Killing of Women and Girls*）中提到，2017 年全球有 87,000 名女性遭到謀殺，其中 58%的女性是死於親密伴侶或家庭成員手中，換言之，全球平均每天有 137 名女性遭到親密伴侶或家庭成員殺害（United Nations Office on Drugs and Crime [UNODC], 2018）。

我國的《家庭暴力防治法》通過已屆二十三年，近年來在婦女團體和兒童團體的努力下，2015 年立法院三讀通過《家庭暴力防治法部分條文》修正案，將目睹兒少納入保護扶助的範疇，自此（2015 年）政府的保護服務統計資料才開始出現轉介或提供目睹兒童服務的資料（8,606 人次），至 2020 年轉介或提供目睹兒童服務就增加至 27,169 人次（衛生福利部保護服務司，2021），五年內成長了三倍多，凸顯了修法前目睹兒童受到嚴重的忽略，成為家庭暴力事件中的隱形受害者。

其實，對目睹兒童的關心在 1996 年《家庭暴力防治法》通過後即存在，目睹兒童雖不是暴力的引發者或直接受傷害者，但是目睹父母間的暴力攻擊行為，對於兒童而言是具有高度壓力的事，此壓力是造成許多兒童心理─社會問題的危險因素之一（沈慶鴻，1997）。

家庭原應是兒童成長的安全堡壘，但對於目睹兒童而言卻非如此，當兒童目睹最親密的母親被暴力對待，其所受的傷害不亞於受害的母親（杜瑛秋、張玉芳，2010）。目睹兒童雖無外顯的傷痕，但卻為其生理、心理與社會層

面上帶來負面影響（劉可屏、康淑華，2016），代間傳遞的影響更讓暴力預防工作者擔憂，原生家庭暴力經驗（父子間暴力、母子間暴力、目睹父母間暴力），可直接預測大學生的約會暴力（孫頌賢、李宜玫，2009）；受虐者暴力的原生家庭（祖父母、父母，甚至父親手足間經常的暴力衝突）也有著代間傳遞的特性（王秀美、曾儀芬，2012）。

透過團體協助目睹兒童是受肯定的介入方法，目睹兒童團體諮商是以目睹家庭暴力創傷為關注焦點，依團體取向或派別引導成員分享或投射家暴經驗，打破家庭暴力的家庭秘密的羞恥感，學習情緒辨識與表達、問題解決技巧、正向健康的因應策略和自我安全保護計畫等議題（楊雅華、郁佳霖，2012）。而團體諮商之所以產生效果，是因為目睹兒童可在團體中分享類似經驗，而得到足夠支持，同時有機會將害怕、恐懼或焦慮的經驗和負向情緒正常化（王文秀等，2012）。

姚冠吟（2018）研究指出，透過校園輔導人員及導師對於學生的觀察得以辨識出潛在目睹兒童後，在校園內與社工合作辦理目睹兒童團體，可藉此關懷並處理潛在目睹兒童，並能夠對其暴力的認同及錯誤認知調適，進一步提供情緒支持。國內實務工作者楊雅華、郁佳霖（2012）在「初探目睹兒團體工作」也提到，若從預防這個更寬廣的角度來看，家庭暴力可於校園內發展教育性團體，針對疑似家內高衝突的兒童，提供教育性的暴力課程或團體，也可轉介適宜的資源連結，達到暴力預防、早期發現和早期介入的功能。

綜上所述，團體諮商除是普遍策略，除能夠帶來創傷復原與轉化，也可有人際與情緒支持，同時讓負向情緒正常化，並學習問題解決技巧與壓力因應行為，且能有早期發現、早期介入，而達到家庭暴力預防效果。

（二）理論依據

Ellis 曾提出理情行為治療（rational emotive behavior therapy, REBT）的介入具有預防性的效果，並實際施行於校園，通過建立積極的心理健康概念來幫助學生學習「自助」（引自 Vernon & Dryden, 2019）。而 Caruso 等（2018）

也指出，美國使用為兒童提供預防性的心理教育課程，透過 REBT 基礎取向來培訓教師，而實施理性情感教育（rational emotive education），研究結果發現，接受過 REBT 基礎取向訓練的那些小組，其所教授的兒童，理性思考的傾向能有所提高，且可防止心理健康問題。陳毓孜（2015）嘗試透過多媒體方式結合理情行為治療規劃課程，發現有使用理情行為治療課程的學生在自我概念、焦慮、憤怒、違規行情緒穩定度，都優於未使用理情行為治療課程的學生。

理情行為治療是 Albert Ellis 於 1955 年所創立。REBT 和許多認知治療與行為治療一樣，強調思考、判斷、決定、分析和行動，基本假設為：人們是因他們自己對事件和情境的詮釋而造成自己的心理問題以及特定的症狀，因此基於這樣假設，認知、情緒和行為很明顯是交叉作用，互為因果關係（Corey, 2016）。而理情行為治療的理論與實務的核心乃為 ABC 理論，A 是指引發事件（activating event）；B 是指信念（belief），其中又區分為合理信念（rational belief, RB）與不合理信念（irrational belief, IRB）；C 是指情緒與行為的結果（emotional and behavioral consequence）。其主要概念為情緒反應（emotional consequence, C）是跟著刺激事件（A）所發生的，雖然 A 是影響 C 的原因，但是實際上 C 的產生卻是個人信念（B）所直接造成的結果，此稱為 ABC 理論。而 A、B 與 C 之後接著被提出的是駁斥討論（disputing, D）與效果（effect, E）；REBT 的 ABC 理論認為人也有能力改變想法，於是提出 D，亦即為非理性信念的駁斥階段，行為也將在駁斥階段進行而隨之改變，將 IRB 轉變為 RB，此即為效果（E）（Corey, 2016）。

依照此學派觀點，要改善兒童的生活情緒困擾，可透過 REBT 來教導兒童面對挫折或壓力情境時合宜的思考與因應方式，練習駁斥自己錯誤認知思考，再透過家庭作業或其他行為介入，讓兒童改變其想法，進而改善其情緒及行為（王文秀等，2012）。從上述資料來看，REBT 取向的團體諮商除可在諮商人員的協助與教導下學會新的行為技巧、情緒的調整、合宜的思考傾向，以及防止心理健康問題的產生。

二、團諮目標

在本次團體中，領導者將與公立國小合作，根據前述之緣起與理念，本團體主題為學齡期兒童家暴防治預防教育，期待學齡期兒童能透過團體有更多機會學習家庭暴力辨識與自我安全保護，以及情緒的覺察與調適，並提供兒童情緒支持力，使兒童學習壓力因應行為。故此，本團體將達到下列目標：

1. 透過成員的分享與傾聽，使成員感受到團體中的凝聚力與情緒支持。
2. 透過團體活動讓成員從目睹家庭暴力的壓力中釋放，並有宣洩情緒效果。
3. 透過團體討論增進成員辨識家庭暴力情境的能力，並調整家庭暴力所帶來的錯誤認知。
4. 透過團體探討家庭暴力帶來的生活壓力與影響，發展因應家庭生活壓力壓力與自我保護的策略。

三、合作機構

2015 年《家庭暴力防治法》（以下簡稱《家暴法》）修法後，在社會工作者服務目睹兒經驗之研究中發現，即使目睹兒進入社政服務，社工在與家長工作中，常面臨的困難包括家長受困於家庭暴力、拒絕的態度，難以討論兒少目睹家暴議題，而難以有效處遇（姚冠吟，2018）。為因應此狀況，除了解家長對家庭現況及親密關係暴力的因應能力外，更重要的是要與網絡單位合作，特別是學校輔導資源（魏祥娟，2018），而進入學齡期的目睹兒有很長的時間都在校園內，學校對於目睹兒而言，常是他們得以喘息的處所（洪文惠，2006）。故學校教師是僅次於家人，最具潛移默化的人生領航員，教師可以協助學生教育學習和發展生涯專長，激勵學生的潛能開發，建立自信及自尊，協助兒童與同儕的相處，以及面對日常生活挫折，所以當兒童遭遇困難挫折，第一時間發現和提供幫忙的人，也常是在校的老師（天主教善牧社會福利基金會，2016）

學校環境是提供目睹兒正向人際互動示範的最佳場域，故在三級預防工作中，學校扮演重要的角色，其不僅可以在初級預防工作上協助一般學生在認知及情緒上對暴力的議題有所覺醒，還可適時為有需要的學生及其家庭建立支持網絡，並適時予以輔導或轉介社工處理，同時與社政體系合作（李化愚等，2007），尤其在 2015 年《家暴法》修法後，在教育與社政輔導分流之政策下，學齡期目睹兒之輔導工作由學校主要負責（姚冠吟，2018）。由此可知學校教育機關對目睹兒處遇與服務的重要性，因此本次團體也與公立小學進行合作。

四、設計與帶領

1. 領導者：江文彬，暨南國際大學諮人系研究生，具親密關係暴力處遇七年服務經驗。
2. 協同領導者：吳秉霖，暨南國際大學諮人系研究生。
3. 觀察員：陳靜平，暨南國際大學諮人系研究生，具研發專員（主責性侵及諮商輔導）六年經驗。

五、時間與地點

1. 時間：連續七週，每週三下午 13：00～15：00，共七次。
2. 地點：公立國小團體教室。

六、團體特性

1. 封閉性團體：本團體有既定主題，並在過程中評量成員狀態調整各階段內容，故不適合中途加入新成員。團體開始後成員不會變動是穩定的，並隨著團體次數的增加，成員間的信任和凝聚力會漸漸加深，有助於成員對自我的開放與揭露。
2. 結構性團體：進行前即訂有明確的團體目標，在活動中誘發成員們的感受、引導經驗的分享，讓成員學習運用在生活中，且理情行為治療

取向團體重視回家作業，亦即成員於團體外的時間與空間練習並應用在團體中所習得之內容是很重要的。

3. 同質性團體：成員有一定的相似性，皆是同一所國小四至六年級之兒童，並且同樣受到目睹家庭暴力影響。

4. 教育性團體：藉由結構性程序的團體設計（含單次團體內容及每次團體相連性），著重發展成員們認知、情感和行為的技巧，團體領導者則需要創造一個正向與安全的氛圍，以催化個人的學習團體。

七、邀請對象

1. 因目睹家暴影響學校生活表現，且經學校導師或輔導室老師評量轉介之學生。

2. 以國小四至六年級學生為主，預計招募兒童人數 8～10 人。

八、成員來源

1. 尋找合作小學：透過家暴通報數據尋找家庭暴力熱區，先以電子郵件與電話聯繫在地小學，並準備團體諮商計畫書拜訪輔導室的專輔老師、組長與主任，說明團體目標與設計，能順利洽談並合作。

2. 宣傳說明：製作團體招募海報與招募說明單，將此說明單交給輔導室，並由輔導室老師們進行轉介。

九、團體內容

如表 7-1 所示。

表 7-1　團體內容

單元名稱	單元目標	活動內容	理論依據
第一單元 美麗新世界	1. 暖身進入團體，相互認識，減少陌生感 2. 訂立團體規範與了解期待 3. 說明團體性質及進行方式	1. 名牌設計與分享 2. 團康活動：叮咚彈 3. 一起約定 4. 我的身體圖 5. 寫回饋單	無
第二單元 家家有本 不一樣的經	1. 暖身活動增進成員間的熟悉度，提升團體凝聚力 2. 分享家庭樣貌，協助成員了解彼此的家庭狀況，開始談論家庭	1. 暖身活動：樂高鴨 2. 家庭地圖 3. 家中的秘密花園 4. 寫回饋單	REBT：ABC理論 A：引發事件探索
第三單元 什麼是家庭 暴力？	1. 透過影片，覺察家庭暴力的類型，以及對目睹者的影響 2. 透過影片，了解家庭暴力對想法、情緒、行為的影響 3. 辨識家庭暴力類型及求助觀念，並澄清家暴迷思	1. 播放微電影：《小山》 2. 影片探討 3. 氣球氣球別爆炸 4. 寫回饋單	REBT：ABC理論 C：情緒與行為反應
第四單元 停一停， 想想該 怎麼做？	1. 整理引發衝突的原因，並以「身體 X 光」的概念，引導學生辨識衝突情境下的情緒與想法，同時示範自我覺察的內涵 2. 教導「停、看、聽」，思考並練習避免衝突及解決衝突的技巧	1. 分享回家作業 2. 身體 X 光 3. 生氣生氣不打人，我有找到好方法 4. 寫回饋單	REBT：ABC理論 B：信念尋找取代行為技巧練習
第五單元 做自己的 主人	1. 探索重要他人（施暴者與受害者）對自己的非理性影響，並引導自我優點 2. 提升自我了解，區別重要他人（施暴者與受害者）帶來的負向標籤，覺察自己的優點，而達到再自我接納	1. 分享回家作業 2. 撥放影片 3. 暖身——撕下標籤 4. 讚美時間 5. 自我優點盾牌 6. 寫回饋表	REBT：ABC理論 D：改變信念 E：新的效果
第六單元 我們的堡壘	1. 練習同儕合作、溝通，探討家暴求助方法與安全計畫 2. 透過團體活動討論安全與正向經驗，並共同發展支持性	1. 分享回家作業 2. 氣球氣球不落下 3. 踩數字 4. 我們的安全堡壘 5. 寫回饋單	REBT：ABC理論 E：鞏固改變
第七單元 成為自己的 超人！	1. 團體歷程回顧，統整團體學習與收穫 2. 邀請成員給予彼此回饋 3. 完成回饋單與測驗單	1. 暖身活動：賦能卡 2. 團體回顧 3. 正向小卡：彼此回饋祝福	無

十、團體評量

1. 團體單次回饋單：包括以彩虹七色評分、天氣圖，並有開放性的提問以評量成員對於當次團體的參與狀況以及感覺，同時觀察成員於團體參與歷程之變化，如附件 7-3 所示。

2. 團體總回饋單：由領導者自行設計，於團體的最後一次填寫，了解成員參與團體後的意見，如附件 7-4 所示。

3. 觀察員觀察紀錄：依據領導者設計的觀察紀錄表，由觀察員每週進行撰寫，評量每次團體中成員的參與狀況與變化。

4. 團體記錄：領導者會透過觀察員的觀察紀錄表，結合自身帶領當次團體經驗來完成團體紀錄撰寫。

5. 簽到表：根據出席紀錄來評量成員參與情形。

6. 家庭暴力測驗題：領導者參考苗栗縣政府教育處資訊中心之題庫，依成員年級修改成「家庭暴力測驗題」，內容包含辨識家庭暴力類型、家庭暴力求助、辨識家庭暴力類型因應方式、家庭暴力迷思、目睹情境辨識、目睹家庭暴力影響，並將測驗卷進行前測（團體前面談）、後測（團體結束），以評量成員對家庭暴力的認知調整效果，如附件 7-6 所示。

十一、相關附件

1. 附件 7-1：導師同意書。
2. 附件 7-2：家長同意書。

附件 7-1　導師同意書

「藝」起按個讚！

—家庭暴力預防性團體

【導師同意書】

敬愛的導師 您好：

我們是國立暨南國際大學諮商心理與人力資源發展學系碩二的學生，因為團體諮商課程的要求，將<u>於近日(○/○-○/○)到貴校舉辦為期 7 次(每週○)</u>的家庭暴力預防性團體諮商。

團體諮商是一群人參與的諮商活動，目的在使參與者在互動中學習、覺察、透過彼此討論，認識自己，也了解他人。此次在輔導室的支持下，舉辦了家庭暴力預防性團體，將針對目睹父母衝突或暴力的學生，透過繪畫、黏土等媒材，並搭配遊戲探索或影片觀看，除以生動的活動，陪伴學生度過愉快的週三午後，還會在整個活動過程提升學生對家庭暴力的辨識，學習如何調整情緒，提高家庭暴力發生時的自我保護能力，並預防學習家庭暴力行為。

由於團體係利用連續 7 週的週○下午(12:00-15:00)，因此需要得到導師的支持，而為讓學生安心參與活動期間完全免費並提供午餐，活動過程會注意學生安全，並且都是在團體室進行活動，而本次辦理過程亦有團體諮商任課老師(○○○教授)擔任督導，在活動辦理前後給予專業指導，相信能讓預期目標更有效地達成。

我們將會以學生的權益為課程活動帶領的最大考量，請各位導師放心，若有任何狀況我們也會主動與輔導室保持聯繫，請讓有意願的學生把握機會踴躍參加！

團體資訊如下：

時間：週○放學後 12：00-15：00 (三小時，含吃飯時間)	地點：團體室
日期：暫訂○/○ (三) ~ ○/○ (三) 共七次	費用：**完全免費！**(含課程及午餐)
資格：(1)本校 4-6 年級學生 (2)目睹父母衝突的學生	人數限制：8-10 人

再次感謝您的支持，若您對此次的家庭暴力預防教育性團體，若有任何問題，歡迎可向輔導室反映或與我們聯繫。

團體領導者聯絡信箱：

授課老師：○○○ 教授 (國立暨南國際大學諮商心理與人力資源發展學系)

國立暨南國際大學　諮人系研究生
○○○、○○○ 敬啟

- - - - - - - - - - 請由此剪下 - - - - - - - - - -

「藝」起按個讚 團體活動回條　　　　　回條請送回 輔導室○老師，感恩！

參加學生班級與姓名：＿＿年 班＿＿姓名＿＿＿　　聯絡電話 ○○○○○○○○○○ 分機 ○○

導師同意簽名：＿＿＿＿＿＿＿＿＿＿＿＿＿

附件 7-2 家長同意書

「藝」起按個讚！

兒童團體活動

【家長同意書】

敬愛的家長 您好：

我們是國立暨南國際大學諮商心理與人力資源發展學系碩二的學生，因為團體諮商課程的要求，將於近日到○○國小舉辦為期 7 次(每週○)的兒童團體活動。

團體諮商是一群人參與的諮商活動，目的在使參與者在互動中學習、覺察、並透過彼此討論，認識自己，也了解他人。此次在輔導室的支持下，舉辦了這次兒童團體活動，在過程免費提供繪畫、黏土等媒材，並搭配探索遊戲與觀看影片等方式，以生動的課程活動，陪伴孩子度過愉快的午後，同時完全免費並提供午餐，而本次課程活動辦理過程亦有團體諮商任課老師(○○○教授)擔任督導，在活動辦理前後依據活動紀錄與照片給予專業指導，相信能讓預期目標更有效地達成。

團體辦理時間利用連續 7 週的下午(12:00-15:00)，在輔導室旁的遊戲是辦理團體活動，參加的學生皆是○○國小 4-6 年級的學生，除了我們兩位活動帶領者之外，也有輔導室老師的陪伴，因此需要得到家長的同意與支持，我們將會以孩子的安全與權益，作為課程活動帶領的最大考量，請各位家長放心，若有任何狀況我們也會主動與輔導室保持聯繫，請讓有意願的孩子把握機會踴躍參加！

費用：**完全免費！**（含課程及午餐）	日期：暫訂 O/O ~ O/O 共七次
地點：團體室	時間：週三放學後 12：00-15：00（三小時）
資格：本校 4-6 年級學生	人數限制：8-10 人

再次感謝您的支持，若您對此次兒童團體有任何問題，歡迎可向輔導室先反映。

授課老師：○○○教授（國系暨南國際大學諮商心理與人力資源發展學系）

國立暨南國際大學 諮人系碩士生

○○○、○○○ 敬啟

- - - - - - - - - - 請由此剪下 - - - - - - - - - -

「藝」起按個讚 週三團體活動回條（請家長務必簽名，參加者請勾選放學方式以確保學員安全！）

學生姓名：_____ 班級：___年___班 家長同意簽名：_____

☐ 有事無法報名參加，謝謝！　　　　　　　　　回條請送回 輔導室 OO 老師，感恩！

☐ 將參加兒童團體活動，結束後讓孩子自行返家/安親班/課後班 聯絡電話 OOOOOOOOOO 分機 OO

☐ 將參加兒童團體活動，結束後在校門口由家長接回

附件 7-3　團體單次回饋單

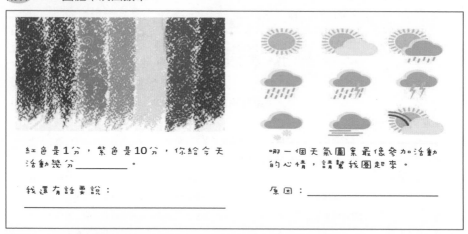

紅色是1分，紫色是10分，你給今天活動幾分＿＿＿＿＿。

我還有話要說：

＿＿＿＿＿＿＿＿＿＿＿＿＿＿＿＿

哪一個天氣圖案最像參加活動的心情，請幫我圈起來。

原因：＿＿＿＿＿＿＿＿＿＿＿

附件 7-4　團體總回饋單

　　親愛的小朋友，開心你來這七次的活動玩，希望你可以在七次的活動，讓你有所收穫，接下來我們想聽聽你對於整體活動的想法，請盡情地寫下來吧！☺ IDEA

七次活動當中，我最喜歡的活動是＿＿＿＿＿＿＿＿＿＿＿＿＿＿＿．

因為＿＿＿＿＿＿＿＿＿＿＿＿＿＿＿＿＿＿＿＿＿＿＿＿＿＿．

七次的活動當中，我覺得最有收穫的方面

是：＿＿＿＿＿＿＿＿＿＿＿＿＿＿＿＿＿＿＿＿＿＿＿＿＿＿．

整體而言，我給這七次的活動而言＿＿＿＿＿＿＿分(請填 1-100 分)．

因為＿＿＿＿＿＿＿＿＿＿＿＿＿＿＿＿＿＿＿＿＿＿＿＿＿＿．

整體而言，我給自己在這七的活動的表現＿＿＿＿＿＿＿分(請填 1-100 分)．

噓！最後我有還有話想要跟老師說：

＿＿＿＿＿＿＿＿＿＿＿＿＿＿＿＿＿＿＿＿＿＿＿＿＿＿＿＿

第二節　團體招募與面談

一、團體招募

（一）成員篩選標準

1. 符合團體招募之國小四至六年級學生。

2. 時間上可以全程參與團體者為優先。

3. 有經輔導室老師與導師評量，以因目睹家庭暴力而造成困擾之學生為主，且學生願意參與團體活動。

（二）招募情形

依據成員篩選標準，學校輔導室老師從其關懷的學生之中挑選適合的成員，並協助向學生的家長與導師介紹本次團體內容與資訊，以及完成家長同意書及導師同意書，唯考量家庭暴力是一種常見的家庭秘密類型，為避免標籤與減少抗拒，而以團體藝術成長課為名來向家長說明。

二、面談與聯繫

（一）面談流程與規劃

團體領導者透過學校輔導室協助與轉介參與成員約定面談時間，並於一天上學日在早自習、午休或可安排的課堂間，與協同領導者前往國小輔導室之個別諮商室中與轉介學生進行個別面談。並設計「團體面談通知書」（如附件 7-5 所示），以事先了解參與學生的狀態，例如：與家庭成員的關係、對家庭的感受、有無非正式支持系統，以及參與團體的期待，或對於團體的疑問。

將依據成員篩選條件來進行評量，評量適合進入本團體後，再邀請學生

加入，同時在面談結束前會邀請成員施測「家庭暴力測驗題」（如附件 7-6 所示），以協助領導者了解成員對家庭暴力的認知情形。

（二）面談準備

團體領導者與協同帶領導者先透過輔導室老師提供的轉介資訊，以了解成員基本背景資訊，例如：成員目睹家暴情況、目前除學校提供輔導服務外有無其他單位介入處遇中，或有無其他特殊議題等。

而團體領導者與協同領導者至輔導室後確認面談空間的隱私性，而考量成員為學齡期兒童，雖具有言語能力，但表達能力尚有限，尤其針對抽象概念，如家庭氣氛或家庭暴力等，因此於會談室中準備表達性藝術媒材與動物玩具，以利面談成員表達與分享自我情緒、想法或行動。

（三）面談提問內容

1. 你覺得家裡最近的氣氛如何呢？
2. 那在家裡跟你最好的家人是誰呢？
3. 可以請你各用一隻動物形容你的家人嗎？為何會這樣形容？
4. 遇到困難的時候，你會跟誰討論？

（四）面談過程重點

1. 面談說明：領導者與協同領導者說明未來團體辦理時間與地點，以及團體活動內容或進行方式，如繪畫、影片或體驗遊戲。
2. 蒐集資訊：
   (1) 輔導室轉介資訊。
   (2) 基本資訊：姓名、班級、目前同住家人情況、團體結束後返家方式。
   (3) 家庭關係詢問：例如：「你覺得目前家庭氣氛怎麼樣？」「你能不能用什麼動物來形容自己？」「你能不能用什麼動物來形容爸爸／媽媽／哥哥／姊姊／弟弟／妹妹？」「你為什麼會選這樣的

動物來代表自己／爸爸／媽媽／哥哥／姊姊／弟弟／妹妹？」「他們住在一起相處起來都是什麼樣子呢？」「他們住在一起有發生什麼樣特別的事情嗎？」

(4) 對團體參與準備：關心參與成員，是否知悉要參與團體，且有無拿到團體面談通知書，對於內容是否了解，或對於參與團體的想法。

（五）面談觀察

1. 觀察成員外觀，例如：衣物、頭髮是否整齊，來初步了解成員日常受照顧的狀況。

2. 觀察成員對於談論家庭、父母或家人間關係的反應，是否自在、不敢說或抗拒說明等。

3. 觀察成員對談話、識字、閱讀能力，以利後續團體活動設計之規劃。

（六）面談錄取成員基本資訊

如表 7-2 所示。

表 7-2　成員基本資訊表

姓名	年級	性別	目睹兒類型	家庭暴力測驗題分數	轉介來源
小希	四年級	女	第一現場看見	70	專輔老師轉介
小李	四年級	男	第一現場看見	85	專輔老師轉介
小玲	四年級	女	第一現場看見	57.5	專輔老師轉介
小城	六年級	男	第一現場看見	75	專輔老師轉介
小東	五年級	男	第一現場看見	77.5	專輔老師轉介
小北	四年級	男	第一現場看見	57.5	專輔老師轉介
小美	五年級	女	第一現場看見	70	專輔老師轉介
小輪	四年級	男	第一現場看見	65	專輔老師轉介
小穎	四年級	男	第一現場看見	60	專輔老師轉介

（七）其他

1. 附件 7-5：團體面談通知書。

2. 附件 7-6：家庭暴力測驗題。

附件 7-5　團體面談通知書

「藝」起按個讚 ── 兒童團體活動

【面談通知書】

＿＿＿＿＿＿＿同學您好：

　　我們是「『藝』起按個讚！」兒童團體活動帶領者，國立暨南國際大學諮商心理與人力資源發展學系碩士生的○○○和○○○。

　　首先，很開心你願意來參加活動，在團體活動開始前，想向你說明團體活動進行的方式，讓你可以了解接下來 7 週精彩的活動，所以希望能和你見一次面！

面談內容大概有如下：

1. 你覺得家裡最近的氣氛如何呢？
2. 那在家裡跟你最好的家人是誰呢？
3. 請你可以用一隻動物形容你的家人嗎？例如爸爸、媽媽、跟其他兄弟姊妹
4. 遇到困難的時候，你會跟誰討論？

　　請你在○月○日＿＿＿點＿＿分，至輔導室的個別諮商室，面談大概會花費 10-15 分鐘的時間，如果你對活動有任何問題跟疑問，也歡迎你可以先跟輔導室勤宏老師反映或諮詢，我會在面談的時候一併跟你說明！

　　最後，謝謝你來參加，能在星期三下午跟同學一起用餐，接著參加活動是一件很特別的事情，期待你帶著一顆歡樂的心來，豐富的收穫回家！

國立暨南國際大學 諮人系碩士生

○○、○○ 敬

附件 7-6　家庭暴力測驗題

考考你，家庭暴力防治知識你知多少！？

| 班級： |
| 姓名： |
| 分數： |

是非題，每題 5 分

(　　) 1.會被家庭暴力的小孩，就是因為他不乖才會被打，乖小孩是不會被家庭暴力的。

(　　) 2.家庭暴力是爸爸媽媽之間的暴力行為，不會對孩子有影響。

(　　) 3. 因家庭暴力而尋求幫忙，例如跟導師說、跟輔導室老師說協助，或接受心理輔導是丟臉的行為。

(　　) 4.如果爸爸跟媽媽發生家庭暴力，一定是被打的人做錯事情。

(　　) 5.家庭暴力只有動手打人，不包括口出惡言、威脅你、恐嚇你！。

選擇題，每題 7.5 分。

(　　) 1.什麼是家庭暴力？**(複選)**

(1) 生氣就動手動腳打家人(2)隨便罵你三字經(3)無緣無故就摔壞傢俱(4)和氣說話

(　　) 2.什麼是家庭暴力目睹兒？**(複選)**

(1).只有看到大人打架才算(2).看到大人在聊天(3)看到、聽到或事後發現大人吵架或打架

(　　) 3.你如果遇見家庭暴力的時候，你會可以怎麼辦？**(複選)**

(1)離開現場(2)保持冷靜(3)打113 (4)打110(5)問上帝(6)擲筊(7)到學校之後要跟老師說

(　　) 4.男生不可欺負女生，下列哪一項理由最正確？

(1)男生女生平等應該互相尊重 (2)女生是弱者，男生要保護女生 (3)老師說男生欺負女生要受處罰。

(　　) 5.當家庭暴力發生在你身上，要如何處理？

(1)要忍耐住 (2)報告老師、新任的家長、或在緊急時要報警處理(3)打回去 (4)以上都是

(　　) 6.下列哪一項不是家庭暴力的範圍？

(1)生氣就動手打人 (2)總是一直嫌棄別人或罵人很難聽的話 (3)適當管教

(　　) 7.當有人遇到家庭暴力或性侵害的事件時，下列哪些單位可以提供協助？

(1)各縣市的家庭暴力及性侵害防治中心 (2)警察局 (3)學校輔導室 (4)以上都是。

(　　) 8.目睹暴力的小孩可能會有什麼心情？

(1) 很容易難過 (2)常常會害怕 (3)常常覺得孤單 (4)以上皆是

(　　) 9.如果身旁有同學遇見家庭暴力，你可以怎麼幫忙他？

(1) 可以關心他 (2)可以陪他去找導師把問題說出來(3)可以鼓勵他去跟輔導室老師說 (4)以上皆是

(　　) 10.下面哪一句是對的？

(1)只有「男生」打「女生」，沒有「女生」會打「男生」(2)家庭暴力只有發現流血才算(3)發生家庭暴力，要勇敢說出來，找信任的大人幫忙

第三節　團體設計與執行

一、修改後的團體內容

　　因團體督導時，成員未如預期出現對家庭暴力的錯誤認知與迷思，因此延伸家庭暴力伴隨的議題，例如：離婚議題、父母爭執衝突因應之探索，因而修改第五單元團體內容，而第六單元與第七單元雖單元目標無變更，但活動內容有所微調，如表 7-3 所示。

表 7-3　修改後的團體內容

單元名稱	單元目標	活動內容	理論依據
第一單元 美麗新世界	1. 暖身進入團體，相互認識，減少陌生感 2. 訂立團體規範與了解期待 3. 說明團體性質及進行方式	1. 名牌設計與分享 2. 團康活動：叮咚彈 3. 一起約定 4. 我的身體圖 5. 寫回饋單	無
第二單元 家家有本不一樣的經	1. 暖身活動增進成員間的熟悉度，提升團體凝聚力 2. 分享家庭樣貌，協助成員了解彼此的家庭狀況，開始談論家庭	1. 暖身活動：樂高鴨 2. 家庭地圖 3. 家中的秘密花園 4. 寫回饋單	REBT：ABC 理論 引發事件探索
第三單元 什麼是家庭暴力？	1. 透過影片，覺察家庭暴力的類型，以及對目睹者的影響 2. 透過影片，了解家庭暴力對想法、情緒、行為的影響 3. 辨識家庭暴力類型及求助觀念，並澄清家暴迷思	1. 播放微電影：《小山》 2. 影片探討 3. 氣球氣球別爆炸 4. 寫回饋單	REBT：ABC 理論 情緒與行為反應
第四單元 停一停，想想該怎麼做？	1. 整理引發衝突的原因，並以「身體 X 光」的概念，引導學生辨識衝突情境下的情緒與想法，同時示範自我覺察的內涵 2. 教導「停、看、聽」，思考並練習避免衝突及解決衝突的技巧	1. 分享回家作業 2. 身體 X 光 3. 生氣生氣不打人，我有找到好方法 4. 寫回饋單	REBT：ABC 理論 信念尋找與改變 取代行為技巧練習

表 7-3 修改後的團體內容（續）

單元名稱	單元目標	活動內容	理論依據
第五單元 叮叮咚咚的 家內事	1. 透過活動了解家庭衝突對自己的影響，覺察家庭互動狀況 2. 家庭氣氛緊張或衝突時，避免衝突的自我調適方法	1. 分享回家作業 2. 你家我家大不同 3. SOS 求救計畫 4. 寫回饋單	REBT：ABC 理論 理論 信念尋找與改變 取代行為技巧練習
第六單元 我們的堡壘	1. 練習同儕合作、溝通，探討家暴求助方法與安全計畫 2. 透過團體活動討論安全與正向經驗，並共同發展支持性	1. 分享回家作業 2. 氣球氣球不落下 3. 我們的安全堡壘 4. 寫回饋單	REBT：ABC 理論 理論 鞏固改變 新的安全行動計畫
第七單元 成為自己的 超人！	1. 團體歷程回顧，統整團體學習與收穫 2. 邀請成員給予彼此回饋 3. 完成回饋單與測驗單	1. 踩數字 2. 團體回顧 3. 優點盾牌 4. 正向小卡祝福	REBT：ABC 理論 理論 鞏固改變

註：陰影處為增修的部分。

二、單次團體設計：以第三次團體為例

單元 名稱	什麼是家庭暴力？	團體人數	9 人	對象	四到六年級 學生
團體 時間	○○年○○月○○日 13：00～15：00	團體地點	○○國小 團體室	設計者	領導者
單元 目標	\multicolumn{5}{l}{1. 透過影片，覺察家庭暴力的類型，以及對目睹者的影響。 2. 透過影片，了解家庭暴力對想法、情緒、行為的影響。 3. 辨識家庭暴力類型及求助觀念，並澄清家暴迷思。}

名稱	團體目的	內容及步驟	器材
播放微電影：《小山》（20分鐘）	・回顧上週活動與團體規範 ・說明今天活動主題	【事前準備——指導語】 L1：各位同學，今天是我們第三次團體，開始前文彬老師要再一次提醒規定，請大家要遵守，然後今天一樣表現好會有抽禮物（秀出禮物袋），我跟秉霖老師會注意大家的表現然後計分，計分方式就是如果遵守規定，或者願意分享就會加分。 L2：各位同學，也想問問大家，我們已經來參加兩次的團體活動，不知道有沒有家長或老師或同學問你呢？如果有，你會怎麼說呢？	簽到表*1 投影機*1 筆記型電腦*1 學習單*4

221

名稱	團體目的	內容及步驟	器材
播放微電影：《小山》（20分鐘）	・回顧上週活動與團體規範 ・說明今天活動主題	（引導同學判斷的原則：信任、保密） 1. 信任：你可想一想你相信他嗎？他是可以幫忙你的人嗎？ 2. 保密：因為有些同學會說到自己的家庭生活，你可以說你的心得，或是老師上課內容，例如：介紹了有什麼家庭類型。 【播放微電影《小山》──指導語】 L3：各位同學，還記得上禮拜我們講到了家庭的樣貌、秘密，其中也有講到家庭暴力，所以等一下老師會播放一個跟家庭暴力有關的影片，請各位同學仔細看喔。 L4：影片結束了！各位同學，男主角小山有一個家，只是他的家不太一樣，所以等一下我要請大家來分組討論這個影片，我會把學習單發下去，並請大家把答案寫下來。	
影片探討（40分鐘）	・透過影片，認識暴力的意義與類型，以及求助觀念 ・傳達暴力的本質為不尊重他人的表現 ・讓成員了解目睹家庭暴力對兒童的影響	【影片討論──指導語】 L5：提問 1. 小山的家發生什麼事？ 2. 小山的家秘密可以說嗎？原因是？ 3. 在影片裡你覺得有什麼危險的事情？ 4. 如果我們可以幫忙小山，我們可以做什麼事情？ （L依據成員數分組，以2～3人為一組） L6：討論結束囉，有沒有要自願回答學習單的問題的呢？ （依據成員狀況予以回應與引導） L7：說明暴力的定義（搭配自行設計的圖片） 老師要解釋一下什麼是「暴力」，暴力就是指所有會傷害別人身體和心情的行為，所以不只會讓別人受傷的行為是暴力，去傷害別人的心情，讓別人覺得難過、害怕、不舒服的行為，也通通是暴力喔！ L8：說明心理暴力 老師要先介紹的是「心理暴力」，什麼是心理暴力呢？就是那些會傷害別人心情的行為，比如說，去取笑別人、威脅別人、罵別人難聽的話等等，雖然表面上看起來又沒有把別人弄受傷，不過傷害別人的心情也是不對的，這都是不尊重別人的表現。請各位同學想想，剛剛影片裡面哪些是心理暴力呢？	學習單*5 原子筆*9

名稱	團體目的	內容及步驟	器材
影片探討（40分鐘）	·透過影片，認識暴力的意義與類型，以及求助觀念 ·傳達暴力的本質為不尊重他人的表現 ·讓成員了解目睹家庭暴力對兒童的影響	L9：說明身體暴力 接下來老師要介紹的是「身體暴力」，就是那些會傷害別人身體的行為，像是打人、踢人等等，這樣的暴力行為當然是不對的，不論任何理由，都不可以動手打人。 L10：說明身體界線／性暴力 就是那些不尊重別人的身體和感覺，隨便亂碰（摸）別人的身體，讓別人覺得不舒服的行為，就像影片中的小山，他在火車上遇見一位怪叔叔。我們要當自己身體的主人，除了保護自己的身體（即使是大人的要求，小孩也有權利說不），也要學習尊重別人的身體。 L11：小結 老師再次強調所有暴力都是不被允許的行為，我們要去發揮解決問題的能力，讓成員了解，當他可以尊重別人時，自然而然就會得到別人的尊重了，換言之，尊重別人，就是尊重自己。	
休息時間（5分鐘）		【休息——指導語】 L12：很開心剛剛跟大家一起玩，等一下還有其他活動，大家先休息5分鐘，到（幾點幾分）就要回來這邊囉！	無
氣球氣球別爆炸（50分鐘）	·運用ABC理論來教導成員情緒、認知、行為間的關聯及影響 ·利用氣球特性，讓成員具體看到「有壓力要釋放」，並建立自己抒發壓力	【氣球氣球別爆炸——指導語】 L13：各位同學剛剛看的影片，我們去觀察一下，小山在這麼特別的家庭，他有受到什麼影響嗎？ L14：各位同學這裡有兩張圖片，告訴我們什麼是目睹兒，比如現場看到、事後發現。會有的影響則會有像是傷心、難過、做惡夢、也用暴力對人等等。（以自行設計的圖片或海報進行說明何謂目睹兒，以及目睹家庭暴力對兒少的影響，讓參與學生了解） L15：所以我們可以知道，當我們遇見家庭暴力的時候，是很大的壓力，就會很像這個氣球（同時發下氣球給大家）： 1.一直充氣到大，猛然放開，氣球可能像沖天炮般飛出去，失控不見。 2.繼續吹氣，氣球可能就會爆炸，可能傷到或嚇到自己與別人，氣球也破了。 L16：為了不讓氣球爆炸或失控，所以就像如果心裡	氣球*9 ABC理論圖片*1 目睹兒介紹圖片*1

名稱	團體目的	內容及步驟	器材
氣球氣球別爆炸（50分鐘）	的方法，以氣球活動讓成員有機會參考彼此的作法	有壓力跟不好的感覺，就要慢慢找機會放掉，就像這顆氣球一樣慢慢放掉，那氣球才不會爆炸或失控。 L17：請各位同學想出釋放壓力與憤怒的好方法，所以我會發給每位同學兩三張小紙條，請同學想想看，並寫下紓解壓力的管道或方法。 L18：ABC 理論說明 最後請大家想一想，就像剛剛的氣球，如果你生氣了（C），是因為受到什麼事情（A）的影響，而會讓你這麼生氣，有沒有什麼原因（B）呢？（使用圖片講解） L19：發放回家作業 今天有一張回家作業給大家，大家用這個禮拜的時間去記錄生活有沒有遇到心情不好的時候，用剛剛說的方法把它記錄下來，然後下次帶來討論！	
寫回饋單（5分鐘）	‧結束團體 ‧寫回饋單	【結束團體——指導語】 L20：結束前一點小提醒，離開前請大家簡單的填寫這份回饋單，讓我知道你對於今天參與團體的感受及想法。填寫完的人可以交給我或coL，別忘了自己的物品，以及記得今天說到要保守秘密的事情，最後大家回家小心。	回饋單*9

附件 7-7　第三次團體活動用品內容

1. 微電影：《小山》

資料來源：衛生福利部社會及家庭署（2016）

2. 微電影《小山》學習單：自行設計

> 1. 小山的家發生什麼事？
>
> 2. 小山的家秘密可以說嗎，原因是？
>
> 3. 在影片裡面你覺得有什麼危險的事情？
>
> 4. 如果我們可以幫忙小山，我們可以做什麼事情？

附件 7-8　目睹兒類型

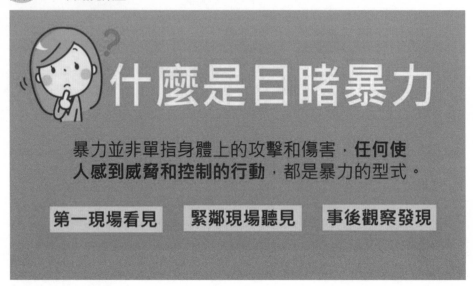

附件 7-9　ABC 理論說明圖

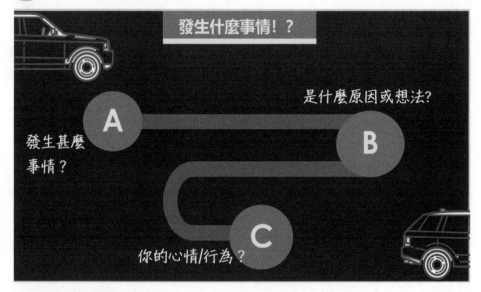

註：領導者自行設計。

附件 7-10　回家作業

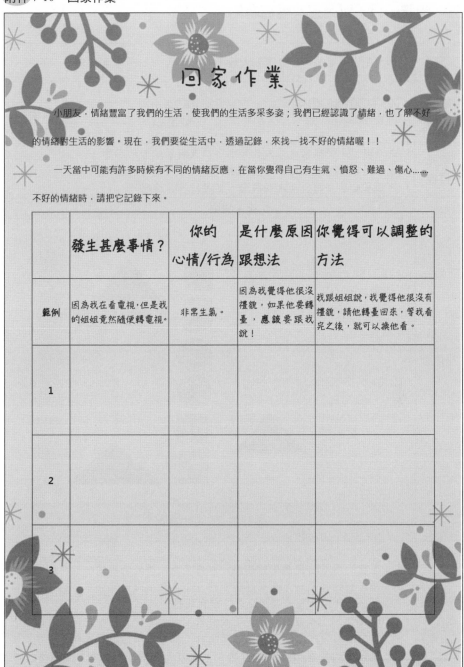

回家作業

　　小朋友，情緒豐富了我們的生活，使我們的生活多采多姿；我們已經認識了情緒，也了解不好的情緒對生活的影響。現在，我們要從生活中，透過記錄，來找一找不好的情緒喔！！

　　一天當中可能有許多時候有不同的情緒反應，在當你覺得自己有生氣、憤怒、難過、傷心⋯⋯不好的情緒時，請把它記錄下來。

	發生甚麼事情？	你的 心情/行為	是什麼原因 跟想法	你覺得可以調整的 方法
範例	因為我在看電視，但是我的姐姐竟然隨便轉電視。	非常生氣。	因為我覺得他很沒禮貌，如果他要轉臺，應該要跟我說！	我跟姐姐說，我覺得他很沒有禮貌，請他轉臺回來，等我看完之後，就可以換他看。
1				
2				
3				

註：領導者自行設計。

三、團體紀錄：以第三次團體為例

單元 名稱	什麼是家庭暴力？	應到人數	9 人	實到人數	6 人
團體 時間	○○年○○月○○日 13：00〜15：00	團體地點	○○國小 團體室	L	江文彬
				coL	吳秉霖
				觀察員	陳靜平
單元 目標	1. 透過影片，覺察家庭暴力的類型，以及對目睹者的影響。 2. 透過影片，了解家庭暴力對想法、情緒、行為的影響。 3. 辨識家庭暴力類型及求助觀念，並澄清家暴迷思。				

	座位說明
座位圖	

活動 名稱	互動概況及動力運作
播放微 電影： 《小山》	1. 互動概況： 　(1) 團體開場：L 提醒團體規範，以及集點換禮物的規定，並回顧上週團體活動內容，而談及家庭類型時，小東自主向大家分享自己是單親家庭和低收入戶家庭等，L 予以回應關心。 　(2) L 關心 M（成員的簡稱）是否有被家長、老師或同學詢問參與團體，欲引導同學判斷分享參與團體經驗，並提醒團體保密規則，小希則主動分享「會跟別人說很好玩」、「但是爬樓梯爬到四樓有點累」等語，L 肯定小希的分享方式，並且提醒所有 M，要協助保密，但可分享自己的心得之方式。

活動名稱	互動概況及動力運作
播放微電影：《小山》	(3) 13：10 時開始播放微電影《小山》，約 10 分鐘。 　A. L 請 M 仔細觀看電影內容，注意男主角所遇見的事情與個人狀態。M 對於播放影片表現出期待之情，M 間略有鼓譟的情況，但從影片開始後 M 間漸安靜，並專注於影片中。 　B. 影片開始播放後，小東看到影片中的畫面時會不時小聲說話，並與小李小聲打鬧，期間當影片有出現家庭衝突畫面時，當下所有的 M 都安靜，影片播放結束，L 回顧影片內容，而小城會回應 L，小希也會主動舉手發言討論。 (4) 學習單活動： 　A. L 拿出影片觀後學習單，請 coL 協助發學習單，此時小希與小李至 L 身旁表達想要協助發學習單，L 同意並讓小希與小李幫忙。 　B. L 請 M 自行分組，小李與小東很快成為同一組，小希則主動找小玲同組，小北則與小城同組，在分組討論過程中，小玲與小希雖可討論書寫，但小玲書寫內容較多，因此小希稍有抗議，但後續小玲有所調整，彼此繼續書寫，全體 M 都有投入學習單活動，且各組偶會因不會寫的字而詢問 L，L 予以解答。 　C. 學習單書寫活動結束，L 邀請 M 分享時，小東率先舉手表達想要分享，且邀請小李共同上臺，分享後則換小城獨自上臺分享，最後由小希與小玲上臺分享，但因小希與小玲害羞而躲於 L 身後講話，小李與小東則表示聽不見其分享內容，L 鼓勵小玲與小希至 L 前面分享，小希與小玲可至 L 身前進行分享，分享期間 M 原可專心聆聽，唯小北有在第一組分享時去玩沙包，L 提醒後，小北返回自己的位子上。 　D. L 詢問 M 知不知道目睹暴力兒童，M 皆大聲表示說知道，尤其小東與小城能夠說明目睹兒就是目睹家庭暴力的兒童，L 與 coL 透過互動與圖片說明家庭暴力定義，M 能在 L 提問時回應，回應內容皆能答對，L 反應今日 M 投入活動並專心於分享，予以讚美，M 皆表現開心，L 並宣布休息。
	2. 動力運作：在進行看影片的活動時，全體 M 多可聚焦於影片中，而在分組時 M 能夠自主快速分組，分組完成學習單時，各組 M 能夠專心，唯小北偶會分心被沙包吸引，但經 L 或 coL 提醒，能夠回到活動主軸中。而在各組分享過程裡，M 亦能聆聽他人分享，此段活動過程中，M 能隨 L 引導討論，專注度高，且集點發獎品策略發生效果，促使團體活動凝聚力高。

活動名稱	互動概況及動力運作
氣球氣球別爆炸	1. 互動概況： (1) 活動開始：L 進行此活動指導語，邀請自願的 M 嘗試抓氣球，首先由小北與小城表達想要抓，但未抓到飛起的氣球，後續小東表示也想嘗試，但小東依舊沒抓住氣球，而小玲表示自己可以把氣球吹得很大，但是不會吹破；L 使用圖片講解 ABC 理論，並舉例讓 M 了解，結束指導語後，請 M 進行壓力氣球創作活動。 (2) L 詢問 M 想要獨自創作，還是分組創作，全體 M 皆表示想要分組共同創作，因此 L 請 M 自主尋找組員，小東主動邀請小李，小希則與小玲同組，在分組過程中，L 開始下指導語，請 M 依照 ABC 理論來創作，並以今日影片為例，小北則在旁邊想畫地板，L 上前關心，小北表示因為沒有人想跟其一組，L 陪伴小北詢問小城，小城回應「當然可以」，所以小北到小城旁邊坐下，且由 coL 陪同小北與小城進行討論，小北較難依照 ABC 理論進行討論，但可透過小城分享的事情來參與討論。 (3) 完成學習單之分享過程： A. 小東與小李此組優先分享創作內容，接著換小城與小北共同分享，但小北表示因多是小城創作，而未上臺分享，小玲與小希是第三組分享，小城、小東與小李則會詢問小玲創作內容。 B. 各組分享完畢，L 請 M 完成回饋單，並發放回家作業，同時解釋回家作業的內容，請 M 盡量完成作業。之後說明今日得獎的是小城、小東與小北，指出小城、小北與小東具體得獎原因，予以獎勵，且說明因為今日全體 M 在活動與課程的分享清楚且認真，讓大家可以帶氣球回去，並提醒氣球只能回家玩，不可以在學校上課時玩。
	2. 動力運作：活動過程裡，M 能夠在 L 引導下了解 ABC 理論的內容，且主動分組。分組過程中 M 能夠各自在小組中投入，coL 多陪伴小北與小城此組，而 L 則會於團體中四處走動，關心 M 創作狀況，排解創作問題，並持續在小組內以 ABC 理論引發思考。全體 M 亦可在大團體中分享，動力乃多透過 L 引導，多呈以 L 為主之輻射型。

活動名稱	互動概況及動力運作
成員狀況及 L 因應	1. 成員狀況： (1) 小希：小希本次團體過程與小玲親近，可以與小玲共同配合 L 的指導語進行活動討論，但在創作時，多由小玲主導，小希雖會抱怨，但彼此間會協調，且會主動和小玲或 L 分享較多家庭事務。小玲與小希在大團體分享時，雖略顯羞澀，但經 L 鼓勵，仍可分享。評量小希能夠參與團體，並且透過 L 鼓勵而能分享家庭生活經驗。 (2) 小李：小李與小東關係最為靠近，從進入團體室時便與小東共同進入與簽到，且會與小東打鬧並坐在一起，小李雖可依照 L 的指導語進行活動並完成活動，創作活動作品完成度高，但與小東同組分享時略顯話少，多由小東表達，今日較以往多舉手詢問他人作品問題。評量小李較能參與團體活動，且有更多提問之表現。 (3) 小北：小北今日在團體活動時，略顯安靜，而在分組時因 L 或 coL 引導會與小城同組；小城會於分組過程中邀請小北加入，小城能積極參與活動成為小北模範效果。而 coL 亦於本次團體多陪伴小北，因此小北能夠於團體中較穩定的參與活動。小北雖偶會分心玩沙包，但經提醒能夠回到團體中參與活動，且於團體最後主動分享自己的牛奶給其他 M，亦有 M 回饋給小北。評量小北較過往更能融入與團體中。 (4) 小玲：小玲進入團體室後，選擇靠近團體中心的位子。活動過程中小玲雖表現安靜，但會配合 L 的指導語進行創作，創作時作品完成度高，並能與同組的小希完成作品。而今日小希有主動尋找小玲互動，唯小玲在大團體中分享較害羞，但能於分組中仔細分享。評量小玲較第二次更進入團體活動中。 (5) 小東：小東在本次參與團體時表現積極，投入活動中，且多是第一個舉手想要發言的 M，並能夠正確回應 L 的提問。能依據引導與同組的小李完成作品，且作品完成度高。由小東可於首次進入團體便開始舉手發言，且分享作品等表現，評量小東能順利融入團體，並高度參與活動。 (6) 小城：小城於團體中會展現出像班長之角色特質，能管理男生 M 秩序，並且能夠參與團體活動，多是第二位舉手發言之 M，且能大方與小北同組，同組時小城在 coL 引導下，能夠有較佳示範給小北看，且依據 L 的引導願意在大團體分享。評量小城可融入團體活動中，且為核心角色，會影響他人。 2. L 因應 (1) L 會於活動當下四處走動，關心 M 創作狀況，排解 M 創作困難，協助 M 順利完成創作，以及引導 M 依照指導語內容進行活動，如祕密的原則，並在 M 於大團體分享時，協助反應給所有 M。

活動名稱	互動概況及動力運作
成員狀況及L因應	(2) 今日活動M能依據團體規範受L的控制，且本次開始施行正增強集點活動，鼓勵M遵守規範外，亦讓M可以主動發展正向行為，例如：收拾媒材、整理椅子、發言分享。M也多積極參與活動，且能回應L許多問題，因此L給予全體正向鼓勵，除頒獎外，亦有讓M將今日玩的氣球帶回去。
L與coL的合作議題及觀察員回饋	1. 合作狀況：L與coL能互相搭配，觀察員建議持續由L擔任帶領活動主軸，coL則會在活動中關懷M，以及多關懷小北。 2. 本次團體目標評量：本次團體M互動熱絡，因集點換小獎品活動設計，而使其參與積極，並分享更多自我的事情，尤其小玲從原本靠近門口的位子，轉而選擇較中間的位子，團體凝聚與支持度提高，且M能嘗試運用ABC理論來探索經驗，其中多可談論家庭或學校生活衝突經驗，故評量本次團體目標有所達成。惟ABC理論的運用，需花費較多時間向中年級M做說明。 3. 團體的發展評量：本次為第三次團體，開始進入團體之家庭暴力主題與ABC理論說明。在活動練習時，M可聚焦於活動中，且分組時M能夠自主快速分組；分組完成學習單時，各組M能夠專心，唯小北偶會分心被沙包吸引，但經L或coL提醒，能夠回到活動主軸中；而在各組分享過程中，M亦能聆聽他人分享。此段活動過程中，M能隨L的引導討論家庭暴力對自我生活的影響，評量團體進入工作階段。 4. 團體動力：本次團體M唯小北多需coL關懷外，其他M皆會積極參與，並舉手回應。本次團體較多知識教導，因此整體團體過程仍主要由L控制為主軸，由L作為輻射型之動力，但於M分享或分組時，M會自由發表意見與想法，會出現自由漂浮型之動力。 5. 觀察員評分： |	過程流暢度	目標達成度	M投入度	時間掌控度
---	---	---	---	---
分數	5	5	5	4	
備註	因本次團體有3名M請假，因此下次團體開始前將回顧本次團體內容，以及有無應用於生活之中，並討論家庭作業。

第四節 團體評量

一、歷程評量

團體單次回饋單於每次團體結束後請成員進行填答，用以評量成員對於每次團體的參與後之心情感受及滿意度，以利團體領導者與協同領導者了解成員參與情形。

而針對「單次回饋單」的內容設計，因考量本次參與團體成員兒童雖具有基礎表達能力，但對於抽象心情感受與滿意度表達仍有限制，因此團體領導者自行設計以圖像搭配打分數的方式，邀請成員進行圈選，例如：彩虹七色評分代表滿意程度、天氣圖代表參與團體後心情，但仍保留原因開放性的提問，如填選天氣圖的原因，或滿意度填寫後有無要補充的內容，供願意嘗試表達的成員來書寫。

（一）單次回饋單填寫狀況整理

團體次數	活動滿意度平均數與原因	參與活動後心情與原因	
一	1. 填答分數狀況：共 7 位成員實際出席，10 分 5 位，6 分 1 位，5 分 1 位 2. 平均分數：8 分 3. 原因：無人書寫	1. 天氣圖：	
		圖形	出現次數
			5
			1
			1

團體次數	活動滿意度平均數與原因	參與活動後心情與原因
二	1. 填答分數狀況：共 8 位成員實際出席，10 分 5 位，9 分 1 位，5 分 1 位，3 分 1 位 2. 平均分數：8 分 3. 原因：因為今天是我生日	1. 天氣圖： | 圖形	出現次數 | |---|---|
☀	5
🌈	2
☁	1	 2. 原因： (1) 選擇烏雲：「我想睡覺，想上廁所但不行去」。 (2) 選擇晴天：活動好玩、很快樂、上課程有趣。
三	1. 填答分數狀況：共 6 位成員實際出席，10 分 5 位，7 分 1 位 2. 平均分數：9 分 3. 原因：很開心有拿到禮物、謝謝老師	1. 天氣圖： | 圖形	出現次數 | |---|---|
☀	3
🌈	2
🌧	1	 2. 原因： (1) 選擇打雷：「還好，沒多好玩」。 (2) 選擇晴天：活動很開心、很快樂。 (3) 選擇彩虹：「我有拿到小禮物」。

團體次數	活動滿意度平均數與原因	參與活動後心情與原因	
四	1. 填答分數狀況：共 8 位成員實際出席，10 分 6 位，8 分 1 位，5 分 1 位 2. 平均分數：9 分 3. 原因：今天很開心	1. 天氣圖：	
		圖形	出現次數
			5
			2
			1
		2. 原因： (1) 選擇烏雲：「有點冷」。 (2) 選擇晴天：活動很好玩、有開心的事情發生。	
五	1. 填答分數狀況：共 4 位成員實際出席，10 分 4 人 2. 平均分數：10 分 3. 原因：無人書寫	1. 天氣圖：	
		圖形	出現次數
			4

團體次數	活動滿意度平均數與原因	參與活動後心情與原因	
六	1. 填答分數狀況：共 9 位成員實際出席，10 分 5 位，5 分 1 位，0 分 2 位，1 分 1 位 2. 平均分數：6 分 3. 原因：今天男生很吵、今天有人吵架、比較喜歡畫畫	1. 天氣圖：	
		圖形	出現次數
			5
			1
			1
			2
		2. 原因： (1) 選擇打雷：表示今天有人吵架。 (2) 選擇下雨：有人今天亂罵人、男生很吵。	
七	1. 填答分數狀況：共 8 位成員實際出席，10 分 8 位 2. 平均分數：10 分 3. 原因：今天有聖誕節禮物，很開心	1. 天氣圖：	
		圖形	出現次數
			3
			5
		2. 原因：好玩、今天活動很好玩。	

綜上資料，第一次團體與第二次團體皆達 8 分，而第三次至第五次則有 9 分或以上，而於第六次團體則因成員間發生衝突，而使滿意度分數僅有 6 分，但於最後一次團體則能達到 10 分。

（二）總回饋單填寫內容整理

有 8 位成員填寫，說明如下：

1. 七次活動當中，我最喜歡的活動與原因：
   (1) 最喜歡的活動：都很喜歡的有 3 名成員，最喜歡第七次的有 2 名成員，最喜歡繪畫活動的有 2 名成員，寫無的有 1 名成員。
   (2) 原因：成員多寫無與沒有，僅有 3 位成員填寫原因，而內容為「我很喜歡畫畫」、「畫畫、寫東西都很自由、很自在」，以及「老師很帥」。

2. 七次活動當中，我覺得最有收穫的方面：有 5 位成員填寫，其書寫內容為「合作學習」、「第四次家暴的知識」、「家庭組成」、「家庭暴力的知識」、「情緒控管」、「紓壓的方式」，其他成員則未填寫。

3. 整體而言，我給這七次活動＿＿分（請填 1～100 分），以及原因：
   (1) 填答分數僅有 1 位填寫為 66 分，其他皆填寫 100 分。
   (2) 原因則有 6 人填寫，另 2 人未填寫，內容多是指領導者會聆聽，也有其他成員會聆聽；活動內容好玩，讓自己感到開心之內容。

4. 整體而言，我給自己在這七次活動的表現＿＿分（請填 1～100 分）：每位成員都有填寫，有 5 位填寫 100 分，1 位填寫 99 分，1 位填寫 90 分，1 位則填寫 66 分。

5. 噓！最後我還有話想要跟老師說：此題項每位成員都有書寫，多是以向領導者與協同領導者道別或表達感謝。

（三）成員出席狀況

表 7-4　成員出席狀況

姓名	第一次	第二次	第三次	第四次	第五次	第六次	第七次
小希	○	○	○	○	○	○	○
小李	○	○	○	○	○	○	○
小玲	○	○	○	○	○		○
小北	○	請假	○	○	請假	○	請假
小東	請假	○	○	請假	請假	○	○
小城	請假	○	○		○	○	
小美	○	○	請假	○	請假	○	○
小輪	○	○	請假	○	請假	○	○
小穎	○	○	請假	○	○	○	○

（四）團體發展與動力評量

1. 團體氣氛與發展評量

(1) 團體初期：首次團體因成員多數曾經共同參加過團體，僅有小玲第一次參與團體，因此雖處於初期階段，但成員關係尚屬熟絡，可投入活動中，因此互動熱烈。不過因尚未擬定團體規範，所以在團體初期顯得混亂，直至團體規範擬定後，成員才能遵守規定。由於團體規範與領導者增加集點換小獎品的活動，因此成員表現積極，展現較高自發性，並能依隨領導者引導之團體內容進行討論，同時成員於第二次團體便有自我揭露目睹暴力經驗，團體凝聚力更加提高，且有展現團體默契，例如：遵守團體規範，並在成員深層自我揭露時，能夠給予關注，因此評量團體發展出現轉換階段，而快速進入本團體目標之工作期階段內容。

(2) 團體中期：第三次團體便可開始進入團體之家庭暴力主題，且於第三次與第四次便開始使用 ABC 理論進行說明與活動練習。全體成員多可聚焦於活動中，且分組時成員能夠自主快速分組，分組完成學習單時，各組成員能夠專心，唯小北偶會分心被沙包吸引，但經領導者或協同領導者提醒，能夠回到活動主軸中。而在各組分享過程裡，成員亦能聆聽他人分享，此段活動過程中，成員能隨領導者引導討論自我生活經驗，如影響自身心情的事件，專注度高，且集點發獎品策略發生效果，促使團體活動凝聚力高，成員開始較多互動，分享自我生活經驗，甚至於第五次團體時，成員皆在活動過程中有揭露自身目睹家庭暴力或衝突之經驗與心情，成員之間信任感有所深化，評量團體除進入工作階段外，也能有所深化與發酵。

(3) 團體後期：團體於第六次時，雖能延續先前團體探索內容，但第六次團體不斷發生衝突，團體發展階段退後至風暴期階段，而領導者與協同領導者頻於處理衝突，嘗試使成員間能夠有所協調和諧，才再次使團體進入工作階段。團體的最後一次，一開始因上週團體混亂、衝突，因此再次進行有關上週團體相同議題之活動，接續統整前六次團體內容，並邀請成員給予相互讚美與回饋，成員可透過領導者與協同領導者引導進行，且再次以集點發獎品策略，促使成員遵守團體規範下開始較多互動，以及信任感有所深化，因此本次成員皆有主動分享。成員於後期開始想留下協同領導者與領導者的聯繫方式，以及多次詢問是否再辦理類似活動，略顯依依不捨，但經領導者與協同領導者同理和設限，成員能夠透過團體設計活動彼此祝福，進入團體結束階段，並完成團體目標，進而結束團體。

2. 團體動力評量

(1) 團體初期：首次團體成員因熟絡互動混亂，成員會大聲呼喊或自行遊走於團體中，領導者則會於團體創作中四處走動，關心成員創作狀

況，排解問題或衝突，但在團體規則訂立後，成員開始能漸依據團體規範進行互動與參與團體規劃之活動，團體動力呈以領導者為主的輻射型。第二次團體中因小希有進行深層自我揭露，則有短暫熱椅型動力出現，而小城與小美分別在不同性別組成的小團體中擔任領導者角色，不過整體團體過程仍主要由領導者為主控主軸，多由領導者作為輻射型之動力。

(2) 團體中期：而第三次至第五次團體時，雖由領導者引導團體活動主軸，但成員於創作過程中能專注於自身作品上，後續在討論創作內容時，可自由發言；多數成員會分享目睹家暴經驗，且可自願分享與抒發心情，其他成員亦能回應，成員能積極參與，並舉手回應，成員間會出現自由漂浮型之動力。

(3) 團體後期：第六次團體開始時成員發生衝突，首先是男生組與女生組發生對抗與爭辯情形，且有男生成員互打而哭泣等多段衝突，並多需領導者介入協調，排解成員衝突，在討論團體活動時多呈以領導者為主的輻射型。直至第七次團體因由領導者帶領活動與統整回顧，多為由領導者主控與輻射型動力，而團體成員除於活動與創作過程專注於自身優點盾牌上之外，後續在分享優點盾牌與正向小卡時，成員也能積極舉手發言且能回應，因此後半段則多呈現自由漂浮型之動力。

二、成效評量

（一）成員觀察與回饋

此處說明成員完成家庭暴力測驗題的分數前後比較，以及成員參與整體過程的觀察與回饋，說明成員在團體參與過程的表現與變化，如表 7-5 所示。

表 7-5　成員施測分數、觀察與回饋

姓名	前測	後測	觀察與回饋
小美	70	100	小美為高年級之成員，常於參與團體活動中積極參與，多會第一個舉手發言，且可與其他人互動，擔任分組成員的領導角色；在團體中能有效學習，且在家庭暴力測驗題達到滿分。唯小美有兩次於團體工作階段之請假情形，因此影響分享深度。評量小美可積極參與活動，學習成效佳。
小希	57.5	80	小希為首位在團體中分享目睹家庭暴力經驗之成員，且有受到成員關注，情緒獲得支持，並與小美和小玲多有互動；活動作品完成度高，且有完成回家作業，逐漸能於團體中分享自己作品；同時在參與團體後之家庭暴力測驗題分數提高，以及全勤參與。評量小希能於團體中學習家庭暴力知識，且分享自我目睹經驗，情緒舒緩，獲得支持，且小希會完成回家作業，能於實際生活中延伸團體學習。
小輪	65	77.5	小輪在團體參與過程，多顯躁動，且會被周遭玩具吸引而分心，並且有二次請假之情形；分組活動中會影響他人，且曾與他人有所衝突，但經 L 引導與提醒可繼續參與團體；在創作活動中小輪皆可投入並完成作品，且在參與團體後之家庭暴力測驗題分數有所提高。評量小輪於團體中學習家庭暴力知識成效佳，能隨著團體過程討論家庭暴力影響。
小李	85	92.5	小李於本次團體參與皆全勤，能於當下投入活動，完成作品，並可自主分享作品；能於團體中分享自己的目睹暴力經驗，進行探索與討論，且在家庭暴力測驗題分數提高。評量小李於團體參與過程有所效果，除學習家庭暴力知識，同時透過團體安全感營造，小李可以分享自我目睹經驗，進而讓情緒有所抒發與被支持。

表7-5　成員施測分數、觀察與回饋（續）

姓名	前測	後測	觀察與回饋
小穎	60	75	小穎於本次團體過程經常分心，表現躁動，常會有大聲喊叫之行為，初期會干擾他人，且有二次未到；偶會影響他人，且觀察小穎鮮少於團體中談及自己家庭生活經驗；而於團體參與後家庭暴力測驗題分數有所提高，但提高幅度不高。評量小穎雖能於團體中學習家庭暴力知識，但相對其他成員積極度較低。
小玲	70	77.5	小玲是團體中唯一首次參與團體的成員，初期時略顯陌生，但可嘗試與他人互動，且後續從較邊緣座位逐步靠近團體中心；每次都能投入活動，完成作品，全勤參與，同時會完成回家作業；並且家庭暴力測驗題分數提高；能於團體中分享目睹暴力經驗。因此預期小玲能於團體得到情緒支持與抒發，並將團體習得的知識與經驗落實於日常生活中。
小北	57.5	請假未測	小北在團體中多不配合活動，並會想要玩玩具而影響他人，多需L引導與邀請，才能逐漸加入；觀察小北鮮少於團體中談及自己家庭生活經驗，且最後一次小北未能出席。評量小北參與本次團體成效有限。
小城	75	95	小城除首次未參與外，後續皆有穩定參與，每次活動皆能夠投入參與，完成作品，亦經常會是首先幾位發言分享之成員；多可與其他人互動，且多是擔任分組成員的領導角色；並在最後家庭暴力測驗題提高，能深入探索目睹暴力經驗，有所情緒抒發；會完成回家作業，能於實際生活中延伸團體學習。評量小城參與活動積極，學習成效佳，且能有情緒抒發。
小東	77.5	92.5	小東經常因生病請假，僅參與四次，但小東參與過程投入，會第一個舉手發言，且多可與其他人互動；在團體中能有效學習，並在最後家庭暴力測驗題進步。唯小東有三次請假情形，因此影響分享深度。評量小東可積極參與活動，學習成效佳，但較少說到自己目睹暴力經驗。

綜上資料內容可以了解，在團體前面談進行家庭暴力測驗題，得分最低分為57.5分、最高分為85分、中位數為70分、平均分數為69分，團體後再次測驗得分最低分為75分、最高分為100分、中位數為86分、平均分數為

86 分，因此能發現整體成員對於家庭暴力知識有所提高。唯除 1 名成員最後一次未出席而無法進行測驗以了解其進步狀況，其他 8 名成員分數皆有進步，小美則能有滿分表現，小希則是進步幅度最大。

（二）團體目標評量

團體設計時所設定之團體目標有四，以下根據家暴知識測驗結果與觀察員紀錄，來評量是否達成這四個目標。

1. 透過成員間彼此分享與傾聽，使成員在團體中感受到凝聚力與情緒支持

成員間本就相互認識，因此成員間互動熱絡，成員能在他人分享目睹暴力經驗時給予關注。唯小玲第一次參與團體，但觀察小玲每次團體活動都能完成作品，漸與其他成員互動，位子選擇從靠近門口的位子開始移往中間。因此評量本團體成員間具有凝聚力，且有情緒支持的展現，故達成此目標。

2. 透過團體活動讓成員從目睹家庭暴力的壓力中釋放，並有宣洩情緒效果

成員透過團體活動，可描述自己遇見家庭暴力或碰見衝突的心情，並專心創作與分享，因此評量成員情緒能有所抒發，故能達此目標。

3. 透過團體討論增進成員辨識家庭暴力情境的能力，並調整家庭暴力所帶來的錯誤認知

成員透過團體活動學會如何辨識家庭暴力類型、目睹家庭暴力類型、目睹家庭暴力的影響，以及因應家庭暴力的方式，且能夠完成家暴知識測驗前後測之成員其分數皆有提高。因此評量成員能透過團體辨識家庭暴力類型、目睹家庭暴力類型與影響，及求助方式，唯有 1 位成員最後一次缺席無法施測。

4. 透過團體探討家庭暴力帶來的生活壓力與影響，發展因應家庭生活壓力與自我保護策略

成員皆可透過活動設計，探討家庭暴力所帶來的影響，並討論因應方式。

且因凝聚力與團體安全感使成員能探索目睹家庭暴力的經驗，而使心情得以抒發，並進行求助方式討論。因此評量本團體成員可透過活動媒材討論到家庭暴力的影響，進而深化討論暴力因應方式，故評量有達到此目標。

三、學習、反思與建議

本次團體帶領的經驗發現，帶領前的準備，無論是對特殊族群需求的了解、理論閱讀或操作練習，都能可讓團諮學習者在實務現場表現的更穩定、更有自信，即使現場突發狀況打亂了團體的細流和順序，還是能讓團體帶領緊扣主題繼續活動，所以事前的準備相當重要。

筆者於家庭暴力防治實務工作中，致力於協助兒少減緩目睹家庭暴力的負向影響，並期待藉由提升目睹兒面對家庭暴力因應能力減少代間傳遞的可能。或許對目睹兒來說，童年逆境是件遺憾的事，但陪伴過程中，強化目睹兒處於此類環境下的復原力，以扭轉生命。

針對家庭暴力產生的童年逆境議題，已有許多具療效的研究，不過與其在三級輔導中努力，或許打造更具療癒的人際網絡，強化初級、次級預防可能更為實際，團體諮商便是一段具有安全、成長、正向學習的人際網絡經驗，成員可從中獲得情感支持與人際支持。因此，筆者將時刻提醒自己在學習成為一名團體諮商師的過程中，無論是在團體內，還是與成員所屬環境系統內的重要他人互動時，如果能多做一些，就會激盪起連綿不絕的漣漪，也終將滋養著服務對象。

參考文獻

中文部分

天主教善牧社會福利基金會（2016）。**目睹兒復原計畫**。作者。http://cwv.goodshe-pherd.org.tw/seemore/professional/assistance_teacher.html。

王文秀、田秀蘭、廖鳳池（2012）。**兒童輔導原理**（第三版）。心理。

王秀美、曾儀芬（2012）。一位家暴受虐兒的家庭特質。**嘉南學報，38**，608-628。

李化愚、陳立容、鍾宜利（2007）。**扭轉生命旅程：24 個協助目睹兒少的實驗性教案**。內政部家庭暴力及性侵害防治委員會。

杜瑛秋、張玉芳（2010）。「以案主最佳利益」看目睹暴力兒童的社工員角色與功能。**社區發展季刊，130**，98-107。

沈慶鴻（1997）。**婚姻暴力代間傳遞之分析研究**（未出版之碩士論文）。國立彰化師範大學。

姚冠吟（2018）。**社會工作者協助目睹家庭暴力兒童經驗之研究：以家庭暴力防治法 2015 年修法後為例**（未出版之碩士論文）。國立臺灣師範大學。

洪文惠（2006）。**人生領航員：協助目睹家庭暴力的孩子**。內政部。

孫頌賢、李宜玫（2009）。暴力的代間傳遞：原生家庭暴力經驗與依戀系統對大學生約會暴力行為的預測比較。**家庭教育與諮商學刊，7**，23-43。

陳毓孜（2015）。**運用多媒體於理情行為治療理論教學對國中生情緒輔導成效之研究**（未出版之碩士論文）。育達科技大學。

楊雅華、郁佳霖（2012）。初探目睹暴力兒童團體工作。**社區發展季刊，140**，107-120。

劉可屏、康淑華（2016）。**目睹家庭暴力兒童及少年受案評估輔助指引計畫**。衛生福利部委託之專題研究計畫。衛生福利部。

衛生福利部社會及家庭署（2016）。**兒少高風險家庭微電影小山**。https://www.yo-utube.com/watch?v=UzhcDq72gZY

衛生福利部保護服務司（2021）。家庭暴力被害人保護扶助人次。https://dep.mohw.
　　gov.tw/DOPS/lp-1303-105-xCat-cat01.html

魏祥娟（2018）。幫助目睹家庭暴力兒少：社工與家長工作之經驗探究（未出版之
　　碩士論文）。國立臺灣師範大學。

英文部分

Caruso, C., Angelone, L., & Abbate, E. (2018). Effects of a REBT based training on chil-
　　dren and teachers in primary school. *Journal of Rational-Cognitive-Behavior Ther-*
　　apy, 36, 1-14.

Corey, G. (2016). *Group process and practice* (9th ed.). Brooks/Cole.

United Nations Office on Drugs and Crime. [UNODC] (2018). *Global study on homicide*
　　gender-related killing of women and girls. Author.

Vernon, A., & Bernard, M. E. (2019). Rational emotive behavior education in schools. In
　　M. E. Bernard & W. Dryden (Eds.), *Advances in REBT* (pp. 289-306). Springer.

第八章
書寫生命旅程的完整篇章：喪寵飼主支持性團體

陳靜平、沈慶鴻

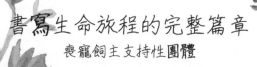

書寫生命旅程的完整篇章
喪寵飼主支持性團體

有你陪伴之後，我感覺自己不孤單；
生活的空際，你輕輕的在背景上色，不再是白茫茫一片。

儘管你走出了我的生活，
而你留下的色彩走進我的生命，看起來斑斕、絢爛。

想念你的陪伴。那些不需言語就能交流的會心時刻；
用你的眼神和好奇，讓我經驗你的世界。

想把你給我的愛，更具體的收起來。

謝謝你來到我的生命，而我有幸能愛著你也被你愛著。

這是我們的故事......

- 招募對象：1.經歷毛小孩離開半年以上的飼主；
  2.希望整理與毛小孩的生活故事，面對其離開的失落情緒者。
  （能全程參與者優先錄取）
- 團體時間：OO/OO至OO/OO，每週O 19：00至21：00，
  共六次
- 團體地點：臺北市政府衛生局社區心理衛生中心
- 團體費用：全程免費
- 團體領導者：陳靜平、江文彬
  （國立暨南國際大學輔導與諮商所碩士生）
- 詳細報名方式：請掃描右方QR Code，填寫報名表
- 將於OO/OO至OO/OO進行面談，詳細時間、地點將再做通知

主辦單位：國立暨南國際大學諮商心理與人力資源發展學系
協辦單位：OO協會

第一節　團體設計

一、緣起與理念

（一）問題陳述

　　根據農委會每兩年進行的全國家犬貓數量統計，臺灣家庭飼養寵物的數量逐漸上升，2019 年共有家犬 153 萬餘隻、家貓 76 萬餘隻（動物保護資訊網，2020），其中有 96 萬餘戶辦理寵物登記，數量集中於六都（行政院農業委員會，2021）；至 2020 年底全臺超過一成的家戶飼養寵物（內政部戶政司，2021）；若再加上犬貓以外之哺乳類動物與水生、爬蟲類等都市年輕人口流行飼養的動物，推估臺灣飼養寵物的人口實屬不少。

　　現代人飼養寵物的情況愈來愈普遍，不少飼主將寵物視為自己的孩子，與寵物間相當親密，甚至建立起依附關係；寵物依賴飼主提供物質與環境得以存活，而飼主則在飼養寵物過程中獲得被需要的感覺；若是飼主不照顧、愛護寵物，寵物很容易生病死亡，寵物提供無條件的愛與忠誠，兩者間互相依附（Clements et al., 2003）。國內針對臺北市、新北市、臺中市、高雄市四大都會區的問卷調查也發現，飼主和寵物情感依附關係與主觀幸福感有低度到中度的正相關，且飼主對寵物若有較高程度的情感依附關係，則有中上程度的主觀幸福感（吳佩珊，2014）。飼主和寵物的關係在人與人距離逐漸疏遠的社會現象下，藉由飼養寵物排解心靈上的空虛與寂寞、滿足心理層次的情感需求已愈來愈普遍，這可從逐年上升的家犬貓數量中略探一二。

（二）喪寵者的困境

　　失落是生命中的必經過程，發生失落事件時會出現難過、憤怒、食慾增減等生理、心理的失落反應。不少研究顯示，寵物死亡，飼主的悲慟程度相

當於關係密切的親友死亡，內疚、憤怒、焦慮和憂鬱等情緒接連出現（Chur-Hansen, 2010; Clements et al., 2003; Stokes et al., 2002）。然同伴動物的喪葬事宜被歸類為不重要的事，飼主的失落無人承接（Toray, 2004; Turner, 2003）。已有研究證實，失去寵物與親友過世時的感受類似，描述寵物過世後的「寵物失落反應」（pet loss）與哀傷反應相似之論述。

　　寵物對飼主來說屬於個人生活重要的部分，寵物離世會導致日常生活習慣被中斷，而產生不安的情緒（Quackenbush & Glickman, 1983; Turner, 2003）、家庭角色轉變、改變了家中長期的互動模式（Levinson, 1984）；失去寵物的壓力源將增加憂鬱的風險（Hunt & Padilla, 2006），得不到大眾理解與安慰（Cordaro, 2012; Lavorgna & Hutton, 2019），更是喪寵飼主普遍的經驗。

　　此外，女性喪寵的失落反應大於男性，乃因女性的社會支持網絡有限，因此面對喪寵情境時，其失落、絕望感會更強烈（Gosse & Barnes, 1994）。吳佩珊（2014）的研究指出，女性確實對寵物情感依附程度顯著高於男性，認為這個結果必須考慮到文化及社會期待對女性扮演照顧者、情感性角色的影響，並非指男性與寵物建立情感依附的程度較低。因此，性別並非判斷喪寵情緒困擾程度的依據，須小心陷入性別刻板印象強化男性喪寵飼主陷於被剝奪悲傷的困境。

（三）支持性團體於喪寵者之適宜性

　　喪親者的支持性團體廣泛運用於醫院、非營利組織，支持性團體被證實具有悲傷輔導的成效；然喪寵團體卻是個新議題，但此需求日益明顯，Hess-Holden 等（2017）建議獸醫、動物照護者可與精神衛生專業人員合作，辦理喪寵支持性團體，應能對飼主產生助益。

　　以團體方式對因喪寵而出現沮喪、不被了解之情緒，被誤解為情緒化，甚至是被汙名化的飼主而言，是個獲得支持的有效方法，團體中可以分享喪寵經驗導致的悲傷、被認可已為寵物做到最好的照顧，還能在團體中正常的

哀悼、哭泣，是成員參與團體最大的好處（Dunn et al., 2005）。

（四）「意義重新建構模式」的基本概念與技術

「意義重新建構模式」可有效處遇複雜性悲傷或被剝奪哀傷的失落，是 Neimeyer 依據 Worden 的哀悼任務論（four tasks of mourning）重新設計的工作模式（章薇卿譯，2007），其認為個體經歷失落事件後透過「講述再講述」生命故事的悲傷療癒歷程（the healing process of telling and retelling our life stories），會在「理解失落」（sense making）、「尋獲益處」（benefit finding）及「改變認同」（identity change）等三層面上出現變化（Gillies & Neimeyer, 2006）。

「意義重新建構模式」的基本假設，係認為每個人心裡都擁有一個對事物的意義結構，抑或是核心信念。人們對於置身世界之理解或處理可分為：排序日常活動和優先事項、建構自我身分的認同、經營人際關係、設想未來、建立對世界的看法、產生信念或靈性追求、謀求社群福祉等，這些理解因此構成了人們「失落前的意義架構」。然在死亡或重大失落事件發生後，這個架構就可能隨之動搖，產生不同程度的心理困擾。故若當事人失落前、後的意義架構一致，則其心理困擾較少；否則，就會引發其追尋新意義的動力，以適應失落事件發生後的世界。倘若新的架構無法協助哀慟者減少心理困擾，則會再次調整，直到得以適應失落、新的意義架構逐漸趨向穩定。

持續連結對於哀傷調適的功能漸漸被許多理論家及治療者所接受，主張繼續連結之學者，以依附理論為立論的基礎，死亡干擾主體對客體的依附連結，故引發其哀傷反應；繼續連結可促進內在資源，增進哀傷者的個人功能（引自吳秀碧，2020）。Packman 等（2011）追蹤 33 名喪寵的飼主長達一年的時間後發現，若可為飼主持續的與他們和寵物做連結，可大大減緩因喪寵所帶來的痛苦。

此外，Neimeyer 還在意義重新建構模式中增加了「挑戰」的內容，以強化「接受失落事實、外化情緒之慟、調適生活的假設及其意義、持續的連結」

此四項「哀悼任務」，並說明此四項任務無法依固定順序達成，也不適合用
「結束或完成」來界定悲傷歷程的後續發展。本團體因此嘗試以 Neimeyer 的
意義重新建構模式中的四項介入策略設計團體內容。

二、團諮目標

根據前述說明及「意義重新建構模式」，團體目標如下：
1. 協助成員與逝去的寵物建立連結。
2. 協助成員面對寵物離世的事實，可將悲傷情緒一般化。
3. 透過成員間彼此分享，從回饋中整理寵物存在的意義。
4. 減輕成員的悲傷程度並學習因應喪寵失落的方法。

三、合作機構

因動保意識抬頭，與動物相關的非營利組織愈來愈多，但僅有極少數的
組織同時為飼主與寵物提供服務，喪寵飼主的哀傷問題更未被重視。A 協會
為公益性組織，由社工提供服務，除以陪伴動物為主體，還為飼主提供支持
網絡。因其理念與本團體領導者相符，故選擇與 A 協會合作，期能共同為喪
寵飼主的哀傷議題努力。

四、設計與帶領

1. 領導者：暨南國際大學輔諮碩三研究生，曾任社福機構研發專員六
   年。
2. 協同領導者：暨南國際大學輔諮碩三研究生，為年資七年之保護性服
   務社工師。
3. 兩位觀察員分別為一同修習「團體諮商」課程的同學，以及正進行全
   職實習之碩三研究生。

五、時間與地點

1. 時間：○○年○○月○○日起，每週○19：00～21：00，連續六週。
2. 地點：臺北市政府衛生局社區心理衛生中心團體室，設備包含音響、和室椅、抱枕、白板。

六、團體特性

本團體為封閉式團體，每次主題均事先安排，並會在過程中評估成員狀態後調整團體內容，故中途不適合加入新成員。團體成員雖皆有喪寵經驗，但會因飼養的寵物類型、飼養時間、死亡原因之不同而有異質性經驗，且並非所有成員皆有團體經驗，部分成員可能不熟悉團體參與方式及運作結構，須由領導者適時提供引導。

本團體為每週一次、連續進行六週的分散式團體；隨著團體次數的增加，成員彼此間的信任和凝聚力會漸漸加深，每次團體討論及回家作業，讓成員在單元與單元間，有機會反思與回顧同伴動物離世的失落情緒。

七、邀請對象

預計招募 6～10 位成員，經歷寵物過世事件超過半年，且希望透過團體整理與寵物的生活故事、處理寵物離世事件所產生的失落情緒，並期待可將飼養寵物對自身影響、調整失落事件對自身所賦予之意義者為主要招募對象。

八、成員來源

由團體領導者與協同領導者負責招募，藉由網路社群、PTT「貓板」宣傳（團體招募海報、報名表單等團體資訊），以吸引符合團體成員條件之飼主參與。

九、團體內容

根據前述說明，本團體六次內容規劃如下（如表 8-1 所示）。

表8-1　團體內容

單元名稱	單元目標	活動內容	理論依據
第一單元 你好，我想讓 你認識我們	1. 讓成員彼此認識，建立關係 2. 說明團體性質及進行方式 3. 了解並澄清成員的目標及期待 4. 訂定團體公約	1. 自我介紹 2. 一起打勾勾	
第二單元 我與牠的故事	1. 增進成員熟悉度，提升團體凝聚力 2. 請成員回顧並分享與寵物的歷程	生命線	意義重新建構 模式：接受失 落事實
第三單元 我的遺憾	透過重述死亡事件，協助成員覺察自 己在關係中的未竟事宜	看到傳承	意義重新建構 模式：外化情 緒之慟
第四單元 我們的完整圖 像	1. 回顧並分享寵物對自己最重要的意 　義，思索陪伴動物為何重要 2. 由成員間分享彼此與寵物的重要生 　命經驗中找到普同感	1. 生命標記 2. 來自大自然 　的回憶	意義重新建構 模式：外化情 緒之慟
第五單元 在另一個世界	1. 了解成員前次團體結束後的情況 2. 藉由繪畫緩解成員對死亡的負面想 　像	1. 回顧 2. 牠所在的世 　界	意義重新建構 模式：調適生 活的假設及其 意義
第六單元 未完，待續	1. 回顧及整理成員的心得與收穫 2. 處理成員在團體中的未竟事宜 3. 書寫《生命之書》的序，為關係做 　總結	1. 生命的序 2. 社會計量 3. 回顧團體經 　驗	意義重新建構 模式：持續的 連結

十、團體評量

（一）領導者、協領者及觀察員之團體紀錄

本團體由兩位觀察員分別根據成員於團體中的反應與團體動力，以及領

導者及協同領導者於活動中的合作、流暢性、介入的時機等細節一一做紀錄，供領導者調整每一次的活動設計，也將這些紀錄作為團體總評估的質性資料。另在團體歷程的變化，除回顧團體活動、重要事件，還根據提到團體動力的四個向度：溝通與互動方式、凝聚力、社會控制結構、團體文化（Toseland & Rivas, 2016/2017）評估團體歷程。

（二）「寵物依附量表」

採用 Holcomb 等（1985）編製的「寵物依附量表」（CENSHARE Pet Attachment Scale, [PAS]）作為寵物依附程度之測量工具，此量表由「關係維護」（共 16 題）及「親密感」（共 11 題）兩個構面所組成，共 27 題，信度分別為 .83、.74，不過中文版量表的信效度仍待商榷；此量表採用李克特（Likert）四點量表方式作答，分數愈高，代表其與寵物間的依附程度愈高。已知女性於兩個向度的得分皆高於男性（引自 Cromer & Barlow, 2013）。

（三）「哀傷與意義重建量表」

「哀傷與意義重建量表」（The Grief and Meaning Reconstruction Inventory, [GMRI]）由「持續的連結」（CB）、「個人成長」（PG）、「感覺平靜」（SP）、「空虛與無意議」（EM）及「珍視生命」（VL）等五構面所組成，共 29 題，其採用李克特五點量表方式作答，除了「空虛與無意義」之外，分數愈高代表調適愈佳（Neimeyer, 2016/2019）。

Keser 與 Isikli（2018）曾對 306 名以土耳其語為母語者，於半年至十年內經歷配偶、父母或手足過世的成年人進行施測，得出五個分量表之 Cronbach's α 介於 .77～.82 間。由於此量表並未針對「喪寵」飼主，然為符合本團體主題，將在不影響題目意義的情況下，將題目的主詞由「摯愛（逝去者）」修改為「毛小孩」。

團體評量工具及信效度說明，如表 8-2 所示。

表8-2　團體評量工具及信效度說明

評量目標	評量工具	使用方式／信效度
寵物依附 程度	寵物依附量表 （PAS）	於初次面談時請成員填寫，作為了解其與寵物建立依附關係之依據
		1985 年研發者所得之 Cronbach's α為 .83（關係維護）、.74（親密感）
哀傷形成的意義 程度與類別	哀傷與意義重建量表 （GMRI）	1. 面談時請成員填寫作為前測依據，第六次結束時再次請成員填寫，作為後測依據 2. 共 29 題，包含五個因素：持續的連結（CB）、個人成長（PG）、感覺平靜（SP）、空虛與無意義（EM）、珍視生命（VL）
		全量表之 Cronbach's α為 .84，各分量表介於 .76～.85 之間
團體動力	團體領導者、觀察員 共同討論與記錄	根據 Toseland 與 Rivas（2016/2017）提到的團體動力的四個向度：溝通與互動方式、凝聚力、社會控制結構、團體文化，來評量團體歷程
團體滿意度	團體回饋單	自行編製，每次團體結束時使用
團體目標達成度	觀察員紀錄單	由觀察員針對過程、帶領行為、成員改變情形，觀察團體過程進行記錄
	總評量	每次結束後，由領導者、協同領導者與觀察員討論及評量團體成效、成員進展等

第二節　團體招募與面談

在招募成員的過程中，由於社群網站有不少與動物保護、動物福利有關的社團或粉絲專頁，協助傳遞團體招募資訊；故報名截止時共有 16 名報名者，2 位聯繫未果，故聯繫 14 位報名者後，提供了團體面談說明書（如附件8-1 所示）。

附件 8-1　團體面談說明書

書寫生命旅程的完整篇章：喪寵飼主支持性團體
面談說明書

＿＿＿＿＿＿＿＿小姐／先生，您好：

　　我們是暨南國際大學諮人系輔導與諮商碩士班的陳靜平與江文彬，是此次「書寫生命旅程的完整篇章：喪寵飼主支持性團體」的領導者。感謝您報名參與本團體，毛小孩離開後，可能您為了工作、為了生活，必須把悲傷都放在心中。然而，在團體中需要把種種發生的事、您的心情、想法都拿出來談，可能會造成一些情緒波動，希望您有心理準備。在過程中，我們都會接納、傾聽，並陪伴您走過這段歷程。

　　為了讓我們了解您對本團體的期待及動機、向您說明團體即將進行的方式與內容，以及讓您也可藉此機會評估此團體是否符合您的期待，因此須在團體開始前進行一對一的面談，使我們有機會認識彼此，並幫助您未來在團體過程中能更充分參與。

　　配合您在報名資訊中填寫合適的時間，想跟您約 ○○月○○日（星期○，詳細時間略），進行面談，面談預計進行半小時，地點是：○○心理諮商所（地址）。想請您確認該時段是否確定可行，時間上若無法配合，麻煩請回傳提供您可行的時間，我們會立刻幫您安排。面談內容大致如下：

1. 介紹您的毛小孩，以及與牠相處的過往。
2. 在毛小孩離開後，您出現了哪些情緒或想法？為了緩減這些情緒和想法，您曾經做過什麼，或和哪些人談過？
3. 過往是否有參與團體的經驗？對於這個團體的想像或是希望達成的目標是什麼？
4. 對於參與這次團體您有任何的疑慮或擔心嗎？

　　此外，為了能更了解您的狀態，面談時也會麻煩您填寫兩份問卷。希望透過此面談能了解您的想法及經驗，如有任何不清楚之處，也請透過電子郵件與我們聯絡，我們會盡力解答。

再次感恩您的配合！敬祝您安康順心！

暨南國際大學諮商心理與人力資源發展學系輔導與諮商碩士班

靜平、文彬　敬上

一、成員面談與篩選

（一）團體前面談

　　為避免通知的時間與面談日期的間距太短，造成部分已安排行程的報名者無法參與面談，故在報名期間同時進行面談；於兩個週末、四天共八個時段，供報名者選擇面談時間，同時以電子郵件告知面談內容。由領導者與協

同領導者以個別面談一同進行，每次 30 分鐘，以蒐集報名者初步資料，並篩選出適合者為目的。

（二）面談

面談 30 分鐘，內容包含：

1. 領導者、協同領導者簡短自我介紹。

2. 報名者簡短的自我介紹（含飼養寵物的經驗、與寵物生活概況）。

3. 寵物離開後的情緒及想法、有無其他支持系統。

4. 有無參與團體的經驗。

5. 參與本團體的想法、期待、目標。

6. 領導者簡介團體諮商、團體目標及團體注意事項。

7. 報名者自由提問。

8. 填寫「寵物依附量表」、「哀傷與意義重建量表」。

（三）面談結束後

領導者與協同領導者於每梯次的面談結束後，評估並篩選當天的面談者，依據原則如下：

1. 想透過團體抒發因喪寵產生的負面情緒（但若是情緒反應仍相當強烈者，則建議報名者可先藉由個別諮商整理自我）。

2. 想藉由團體整理與寵物生活的過往。

3. 透過參與團體認識有相同經驗者。

4. 能全程參與、配合度高者優先。

初次面談進行後，由領導者、協同領導者討論成員報名資料、面談所得資訊，並於第一次團體進行前三天以電子郵件的方式寄出錄取／未錄取通知書。

錄取 7 位成員，年齡在 20～40 歲間，幾乎皆是女性，男性僅有 1 位，由女友邀請共同報名。飼養之寵物以貓為主（4 位），狗次之（2 位），鳥類（鸚鵡）占 1 位。成員的目標主要以想處理失落情緒及整理過往與寵物相處經驗；成員所飼養的寵物類型、比例稍有失衡，故在活動的設計上需避免太

過針對特定種類之寵物（如表 8-3 所示）。

表 8-3　錄取成員之主述與目標

成員	性別／失落對象	主述	目標
Ruby	女／紋（貓）	紋離世前兩年，Ruby 結婚生子、領養第二隻貓，故內疚沒給全部的關注。婚後與朋友往來少，先生無法同理，故無人可傾聽失落事件	想處理難過、失落的情緒；想整理與毛小孩相處的點滴
May	女／寶 A（貓）	飼養十六年，周遭同事迴避此議題，無法給予情緒支持，較少於有宣洩管道，多透過網路平臺發文抒發情緒，想藉團體的機會整理寵物十六年來的生命紀錄	想處理難過、失落的情緒；想整理與毛小孩相處的點滴；想了解有相同經驗者如何面對毛小孩離開的事實
Kay	男／寶 B（貓）	認識女友前沒有養過寵物。寶 B 最親近他，使其有家的感覺，然突然猝死，對此有滿滿的自責。不願在家中討論此事，但願於團體分享	想處理難過、失落的情緒
Niki	女／弟（狗）	飼養六年，原是姊姊的狗。接手飼養後兩年罹患失智症，去年留職停薪專心擔任牠的照顧者，後因狗過世、失去生活重心，又因接著兩次試管失敗，一度陷入憂鬱狀態	想處理難過、失落的情緒；想整理與毛小孩相處的點滴；想了解有相同經驗者如何面對毛小孩離開的事實
Beryl	女／包（貓）	飼養近三年，因急性腎衰竭選擇安樂死，對安樂死選擇不知是否正確，偶有罪惡感。周遭親友雖給予安慰，但多要其轉化思考，故看到照片或流浪貓仍感哀傷	想處理難過、失落的情緒；想整理與毛小孩相處的點滴
Sandy	女／has（狗）	飼養超過十年，狗離世後，兩個弟弟不准再提起牠，認為講出失落事件會讓心情更難過，不講就沒事了，也怕朋友擔心，因此只在臉書發表隱藏文章。認為團體設計適合自己	想了解有相同經驗者如何面對毛小孩離開的事實；想認識有同樣經驗的同伴
Ying	女／（鳥）	飼養十年，雖是壽終正寢，但因突然離世，故仍有很大的衝擊。為寵物溝通師，曾與諮商師合作出書，了解團體諮商運作方式（第二次團體結束後退出）	想了解有相同經驗者如何面對毛小孩離開的事實

二、錄取通知

在篩選確定後，針對納入的成員寄發「錄取暨團體說明書」（如附件 8-2 所示），同時也對被排除的報名者寄出「未錄取通知書」（如附件 8-3 所示）。

附件 8-2　錄取暨團體說明書

書寫生命旅程的完整篇章：喪寵飼主支持性團體
錄取暨團體說明書

_____先生／小姐，您好：

我們是此團體的主要領導者靜平以及協同領導者文彬，非常感謝您報名並撥冗參加初次面談，在對您有初步認識後，非常榮幸邀請您參與本團體，我們也迫不及待想要多聽些您的分享，因此十分期待首次團體的到來。

面談時，已大致說明團體進行方式。但開始前仍有些重要事項須提醒您：

1. 本團體總共六次，時間分別為○○/○○、○○/○○、○○/○○、○○/○○、○○/○○、○○/○○，皆在週○晚上 19：00～21：00；地點：臺北市政府衛生局社區心理衛生中心團體室（地址）。
2. 因團體有其連貫性且每次都有不同主題的活動，若能全程、準時參與，將有助您更完整的與其他成員交流並獲得支持。若有事無法出席或必須晚到，請事先請假或告知，讓我們知道您的狀況。
3. 本團體會以討論、繪畫及拼貼、書寫等方式來進行，且會邀請您和成員們分享與毛小孩相處的過往以及牠生病乃至離開的種種事件，您可以衡量自己想在團體中分享之多寡與深淺；分享過程中，可能會出現些許情緒波動，但請您放心，我們都會接納、傾聽，並陪伴您一起走過這段歷程。
4. 雖然已為本次團體做好事前的準備，但由於我們仍是研究生，尚在學習的階段，為了讓團體進行的更順利以及不傷及您的權利，我們會接受本系沈慶鴻教授的專業督導。為了進行帶領後的反思，我們將以匿名的方式於團體過程中「錄音」、「錄影」及撰寫「團體紀錄」，以維護您的權益。若您對錄影有任何疑慮，我們可以用調整座位等方式讓您不用入鏡。所有檔案皆於團體結束後全數銷毀，敬請放心。
5. 若有任何疑問或擔憂，都歡迎隨時提出討論。

暨南國際大學諮商心理與人力資源發展學系輔導與諮商碩士班

靜平、文彬 敬上

附件 8-3　未錄取通知書

<div align="center">**書寫生命旅程的完整篇章：喪寵飼主支持性團體**</div><div align="center">未錄取通知書</div>　　　　　先生／小姐，您好： 　　我們是此次團體的主要領導者陳靜平與協同領導者江文彬。 　　首先感謝您報名並撥冗參加此次團體的初次面談，經過討論後，我們認為本團體可能無法符合您的期待以及滿足您的需求，是因為（依面談紀錄，進行個別化說明）。 　　很遺憾此次團體的目標與您的預期有這樣的落差。但如果您願意，我們非常樂意推薦您與「○○市衛生局社區心理衛生中心」或是「○○大學附設○○心理諮商中心」聯繫，這兩所中心有提供專業的個別諮商服務，相信對您目前所遭遇的困擾會有所幫助。同時，它們也會不定期舉辦不同類型的團體諮商，也請您持續注意相關活動資訊。 　　您報名參與團體的勇氣與決心，讓我們希望您能夠獲得最適合您的協助與資源，由衷的祝福您平安、順心，也再次感謝您的報名。 暨南國際大學諮商心理與人力資源發展學系輔導與諮商碩士班 <div align="right">陳靜平、江文彬　敬上</div>

第三節　團體設計與執行

一、修改後的團體內容

　　經面談了解成員的經歷與期待後，修改部分活動設計（如表 8-4 所示）。

表 8-4　修改後的團體內容

單元名稱	單元目標	活動內容	理論依據
第一單元 你好，我想讓 你認識我們	1. 透過活動讓彼此認識，建立關係 2. 說明團體性質及進行方式 3. 了解並澄清成員的目標及期待	自我介紹	
第二單元 想念的重量與 不易	1. 關心成員前次結束後的狀態 2. 訂定團體公約 3. 澄清「被剝奪的哀傷」，讓成員抒發過去被剝奪的經驗 4. 了解前次回家作業製作情況	1. 大家好嗎 2. 耕心田 3. 一起打勾勾 4. 說再見的機會	意義重新建構模式：外化情緒之慟

表 8-4　修改後的團體內容（續）

單元名稱	單元目標	活動內容	理論依據
第三單元 在我生命中的痕跡	1. 藉由團體檢核了解成員參加兩次團體後的狀態 2. 建立並強化與逝者的連結，認可並讚揚所愛逝者對生者的影響	1. 暖身活動 2. 社會計量 3. 生命標記	意義重新建構模式：持續的連結
第四單元 我的遺憾	透過重述死亡事件，協助成員覺察自己在關係中的未竟事宜	從憂傷看到傳承	意義重新建構模式：外化情緒之慟
第五單元 我與牠的生命故事	1. 協助成員整理自己與寵物生活的歷程 2. 藉由分享維持凝聚力，並提供成員情緒宣洩的機會	生命線	意義重新建構模式：接受失落事實
第六單元 未完，待續	1. 協助成員回顧及整理心得與收穫 2. 處理成員在團體中的未竟事宜 3. 書寫《生命之書》的序，為關係做總結	1. 我們生命的序 2. 心塵微光	意義重新建構模式：持續的連結

註：陰影處為增修的部分。

二、單次團體設計：以第四次團體為例

單元名稱	我的遺憾	團體人數	6 人	對象	喪寵超過半年者
團體時間	○○月○○日 19：00～21：00	團體地點	臺北市政府衛生局社區心理衛生中心團體室	設計者	陳靜平
單元目標	透過重述死亡事件，協助成員覺察自己在關係中的未竟事宜：即回憶死亡事件，更新其與逝者的連結，看到哀悼對自身於實質上、心靈上、精神上及生活上的影響。				

名稱	團體目的	內容及步驟	器材
暖身活動 （20 分鐘）	1. 關心近況 2. 穩定心情準備進入團體	1. 關心成員 指導語：很高興看到大家再次聚在一起，今天是我們團體的第四次，讓大家先喘口氣，畢竟大家可能是一下班就趕過來。因為上週有一個夥伴請假，想先讓這位夥伴知道我們上週的活動，先做一些前情提要。上週持續請大家分享製作《生命之書》的心得和心情，雖然大家的狀態都不太一樣，但這很正常。所以，大家都只要跟自己比較，如果覺得自己比之前好，就好了，不需要跟其他的夥伴比較。	無

名稱	團體目的	內容及步驟	器材
暖身活動 （20分鐘）		上次活動後，大家很熱烈分享，因此我請大家做了一個小小的回家作業，有人做了嗎？是否願意跟大家分享？ （等待是否有自願者，如果沒有的話，強調《生命之書》的內容屬於自己與毛小孩，不會要求一定要唸出來。） 2. 統整及回饋（若有人分享回家作業） 指導語：聽起來，用毛孩的角度來看我們的想法，應該帶給大家不一樣的感覺。接著，就請大家帶著整理過的心情，讓我們在接下來的時間與毛小孩同在。	
從憂傷看到傳承 （80分鐘）	1. 回顧死亡事件 2. 透過死亡事件啟發成員 3. 維持普同感	1. 說明活動 指導語：上次有提到，毛小孩過世前的那段時間，相信對你們來說一定是一段痛苦、難忘的回憶，可能在你們來參加這個團體前，也只能讓自己難過一下、哭一下，之後打起精神繼續面對生活的種種。今天我們要回顧牠們離開前後那段時間的種種，回想過程很痛苦，但現在有夥伴同在。 2. 活動開始：使用指導語引導思考後分組討論（20分鐘） 指導語：等一下請大家閉上眼睛，從我的話來想像這些畫面。如果在過程中讓你覺得真的很不舒服，你可以把注意力從我的話語轉移掉，如同我剛剛說的，你可以走一走、喝口水再回來。現在，大家可以調整椅子，把椅子調整到你覺得舒服的角度。 請大家閉上眼、深呼吸、吐氣，可以做七到十次的深呼吸，慢慢將你的身體、手腳、肩頸都放鬆下來…… ＊可自由依現場狀況帶領成員從毛小孩生前回顧至今，包含場景、情緒及感受。 現在記著這份感動，謝謝你所愛的毛小孩帶給你珍貴的禮物，讓你在思念時可以有所回憶。幾分鐘後，會請你們張開眼睛。 （3分鐘後） 現在請睜開眼睛，與旁邊的夥伴分享剛剛體驗的想法和感受。 3. 回歸大團體 指導語：我觀察到大家剛剛似乎滿踴躍在討論的，接下來想請大家每組派一個代表，大家分享你們剛剛向彼此說了什麼。	衛生紙2包

名稱	團體目的	內容及步驟	器材
從憂傷看到傳承（80分鐘）		4. 結束活動，平復成員的情緒 指導語：謝謝大家的分享、討論與回饋，今天的活動雖然沒有使用到《生命之書》，但是我希望大家可以把今天活動中讓你想到的回憶、所引起的情緒和感受，記錄在《生命之書》上；未來，當你想起牠時，可以從《生命之書》上看到今天在團體中，與其他夥伴一起激盪出來的新想法。	
統整與回顧（20分鐘）	1. 結束團體 2. 填寫回饋單	1. 結束團體 指導語：今天聽到這麼多故事，大家一同參與了這些孩子的生命，也許想到一些悲傷的、痛苦的回憶時，讓你覺得很難過，但希望你們可以記得自己並不孤單，我們一起面對。 差不多到了今天團體的尾聲，我想邀請大家對今天的活動講一、兩句感想，有人自願嗎？ 2. 填寫回饋單 指導語：結束前一點小提醒，下次依舊要請大家記得帶《生命之書》、1～2張毛小孩照片，這是下星期的活動會用到的。 另外，我想跟大家預告下一次的活動，下一次我會帶著大家「回顧毛小孩的一生」，大家可以利用這週好好想一想你跟毛小孩一起生活的一些值得回憶、記錄的往事。離開前請大家簡單的填寫這份回饋單。	回饋單6張 筆6支

三、團體紀錄：以第四次團體為例

單元名稱	我的遺憾	應到人數	6人	實到人數	6人
團體時間	○○月○○日 19：00～21：00	團體地點	臺北市政府衛生局社區心理衛生中心團體室	L	陳靜平
				coL	江文彬
單元目標	透過重述死亡事件，協助成員覺察自己在關係中的未竟事宜：即回憶死亡事件，更新其與逝者的連結，看到哀悼對自身於實質上、心靈上、精神上及生活上的影響。				

座位圖	出席狀況：全勤／參加者：Beryl、Sandy、May、Kay、Niki、Ruby 座位說明： （座位圖：門在上方，下方依序為 Niki、Kay、CoL、Ob、May、Beryl、Ob、Sandy、Ruby、L） ＊Ob 觀察員
團體開始前	・互動概況及動力運作 1. May 先抵達，狀似輕鬆但對 L 表示擔心上週未到影響分享。 2. 19：01 L 請 coL 下樓確認其他成員是否抵達。 ・特殊事件說明：此次成員較沉默，不像之前會寒暄和互相問候。
暖身活動	・互動概況及動力運作 1. L 宣布團體開始並詢問是否完成回家作業，部分成員完成；L 介紹心理位移，藉換位協助大家整理情緒；Niki 邊聽邊寫筆記，May 與 Sandy 亦認真聽。 2. L 邀請有寫作業的人分享，Beryl 表示自己雖未書寫回家作業，但總感覺聽見寵物關心自己和伴侶，而 Sandy 也附和（約 19：15 Ruby 進入團體），Beryl 持續分享，自責自己沒照顧好寵物而難過哀傷，coL 給予同理關懷，Beryl 表示參與團體就是試圖振作，彷彿與逝世寵物對話，卻也開始哭泣。 3. coL 反映 Beryl 情緒後以同理，邀請下一位分享者，Niki 回應有時也不知道寵物會對自己說什麼，L 反映 Niki 的困惑，鼓勵 Niki 以寵物還在世時的個性來揣測其回應；Niki 可依 L 引導去思考。 4. L 說明以第三人稱方式書寫並舉例，邀請下一位分享，Sandy 接著分享覺得上週結束後對描述與寵物互動的狀態和想法還印象清楚，coL 摘述內容並同理，也將 Sandy 的分享與 Niki 的分享連結。 5. L 看向 Ruby，Ruby 以為要換自己分享，L 說明生命之書是私密的，不強制分享。由於 May 上週沒來，向 May 分享上週團體。 6. L 進一步說明本週團體活動，強調活動中自我照顧的重要。

	・互動概況及動力運作
	1. L 邀請成員進入本階段活動，並引導放鬆及想像；Niki 躺在椅背上，Kay 低頭眉頭深鎖，Beryl 及 Ruby 在 L 唸完第一步指導語後即開始哭泣。
	2. L 結束引導。部分成員拿取衛生紙；部分成員面露哀傷。coL 協助開燈。
	3. L 邀請成員兩兩一組進行分享，成員間可以順利分組。
	・組一（May 與 Sandy）：May 分享時情緒哀傷、哭泣，Sandy 傾聽；Sandy 分享，不到 2 分鐘情緒轉為強烈。多由 Sandy 分享（多分享想法與價值觀），後續待 May 穩定情緒後，轉為 May 分享，May 的聲音變得有力。
	・組二（Kay 與 Niki）：Niki 先分享，後換 Kay 分享，兩人互有問答；無哀傷情緒顯現。Kay 多在描述寵物的病症、狀態，少說到自己的感受及情緒分享。coL 介入 Kay 的分享及回饋，並引導 Niki 分享，Niki 哀傷情緒湧現、哽咽（多看著 coL 分享），Kay 面露哀傷；coL 結束介入後，Kay 與 Niki 回到兩人分享，Kay 分享較為自然。
從憂傷 看到傳承	・組三（Beryl 與 Ruby）：Ruby 先分享，後換 Beryl 分享，兩人哀傷情緒強烈，Ruby 受渲染，分享過程互相展示寵物照片，Ruby 哀傷情緒再次出現。兩人分享的內容著重寵物的思念。
	5. 小組結束後，L 分享討論熱烈的觀察，邀請大家對團體分享。May 首先回應，Sandy 及 Ruby 給予回饋，coL 亦回饋兩人有共鳴之處。
	6. Beryl 稍作等待後出聲，分享時成員均專注傾聽，團體哀傷情緒明顯。coL 回饋寵物的無可取代性、獨特性，並同理 Beryl 的自責，邀請大家給 Beryl 回饋。L 心疼 Beryl 和 May，連結多數成員在寵物過世後嚴屬的自我檢討。
	7. Sandy 分享其與 May 在小組討論時的結論，coL 承接成員哀傷情緒；Kay 用手勢邀請 Niki；Niki 話語緩慢微小、情緒沉重、面露哀傷、有些哽咽，提及 coL 介入引導時，想起自己曾整天都在哭，但也慶幸曾有的哀悼歷程。
	8. L 回饋 Niki 哀悼的經驗，Niki 及 Ruby 點頭，Ruby 舉手回饋 Niki，過程哽咽、情緒湧現；Kay 看著地板；Sandy 表情哀戚。coL 反映成員情緒，回饋好好道別的重要性；Beryl 接著分享某次於工作時因突來的哀傷情緒至洗手間偷哭的經驗；coL 連結被剝奪哀傷，拉回團體主題。
	9. 成員情緒起伏大，L 統整活動狀態。邀請成員為情緒收尾，暫做休息；Beryl 聽到後暫離團體室。coL 邀請成員多做深呼吸；L 邀請成員將感受寫在《生命之書》裡面。
	・特殊事件說明：Ruby 於本活動時舉手踴躍。

結束 此次團體	• 互動概況及動力運作 1. 本次團體結束前，首先由 Ruby 分享，Sandy 表認同；coL 關心 Niki 狀態，其持續分享寵物離世後封閉自己的狀況；coL 鼓勵成員好好照顧自己。 2. Ruby 聽到處理完喪葬事宜後要回去上班的部分很有共鳴，Ruby 也提到好像自己在一條時間軸上，L 順著 Ruby 提到的時間軸，預告下週需要《生命之書》。 3. L 詢問團體結束前是否有人想回饋及分享。Sandy 回饋本次的活動是寵物連結大家來到這個地方，回饋 Niki 的經驗，覺得每個人皆有獨特的經驗。 4. May 亦回饋 Niki，連結被剝奪的經驗。coL 回應每個人都需要不一樣的方式。再次感謝成員的分享。再次提及生命線活動。 5. 正向肯定成員們勇敢哀悼的事件。回饋單均回收後宣布本次團體結束。
成員狀況及 L 因應	一、成員狀況 • Beryl：維持穩定狀態，主活動時可迅速進入冥想情境，強烈宣洩情緒；因與 Ruby 的經驗相似，小組討論時非常熱絡；回到大團體後，較少與其他成員有互動及回饋，但對 coL 的回饋有所回應。 • Ruby：因第二次請假，第三次較難進入團體中；但本次團體踴躍主動發言及回饋他人，且在主活動中，能隨著 L 指導語進入冥想情境、宣洩情緒；與 Beryl 小組討論時，因寵物皆為貓、皆因腎病離世，兩人冥想時的情緒反應也最大，故小組討論時相當熱絡，進入大團體時也能維持小組討論的熱度。 • Niki：主動提出自己對回家作業（心理位移）的疑問，但能夠很快理解 L 的說明，會運用口語及非口語的方式回應。冥想準備時很快調整座椅的角度及身體姿勢，然活動結束後，觀察員回饋 Niki 看似接近情緒崩潰的邊緣，表情及肢體看起來變得無力。 • Kay：在大團體中鮮少發言，但小組討論時，仍可分享過往沒提過的內容，但較難接觸到情緒面；與 Niki 一組，兩人不論是動物、相處時間、死亡方式完全迥異，因此小組討論時進入瓶頸，經 coL 介入後，可聚焦、姿態回歸自然，也可觸碰情緒面，但大團體分享時則由 Niki 發言。 • Sandy：本週發言的內容更聚焦，且在小組討論時給予 May 適當的支持與安慰，在其他成員抒發哀傷情緒時，也相當有耐心的傾聽。 • May：上週因病請假，原於第一、二次團體中較不願觸碰情緒，在本次團體中能配合 L 引導，嘗試表達對寵物離世後的情緒面，也在小組討論中不時哭泣，雖抒發悲傷情緒非其目標，但宣洩有助整理與寵物的過往。

成員狀況及 L 因應	二、L 因應 針對 Kay 的沉默：雖 Kay 曾於團體中自陳自己不善表達，但若不邀請就不會發言；經與 coL 討論後，認為可於下次團體中觀察，若 Kay 仍保持沉默，將試圖把沉默與其不太處理哀傷情緒做連結。 由觀察員回饋得知 Niki 的狀況，下次暖身活動將詢問成員回家後的狀況。
L 與 coL 的合作議題及觀察員回饋	暖身討論及回想失落事件，均由 L 主帶；引導過後的分享與回饋，則多由 coL 接住成員的情緒與回饋。L 和 coL 在承接與回饋階段，皆能將成員分享接回前幾次團體討論內容（被剝奪的哀傷經驗）。小組分享時 Kay、Niki 組分享狀況不佳，coL 適時介入引導，讓成員分享內容更加符合分享主題。
團體氣氛	上次團體結束前 L 即預告活動，使團體開始前氣氛些微凝重，但也顯示成員在團體外有進行準備。冥想活動中，成員狀態及 L 指導語營造氛圍皆適當，延續上次團體活動讓成員連結寵物的個性、特質，對自己的影響，使成員更貼近對寵物的哀慟情緒及想念。團體中能互相傾聽、宣洩，讓被剝奪之哀傷充分表達。
整體評估	團體進入工作階段狀況佳，成員對活動及家庭作業重視度高，對彼此的哀慟情緒表現包容，並能充分給予支持與傾聽，對不同觀點未有批判，還能以同理關切的角度嘗試傳遞理解和鼓勵。成員對彼此的哀慟故事有深入理解，相似經驗可讓其互相貼近，普同感及支持性強；在被接納且被理解的過程中，多位成員能在團體分享對生命意義的不同體會。
備註／與原設計不同之處及對下次團體的建議	因本次的活動著重於死亡事件，原訂下次團體要進行繪畫創作——「死後的世界」，但考量成員尚未統整自己與寵物的生命過程，且原訂第二次團體要進行之生命線活動尚未進行，故第五次之主活動將調整為生命線。

第四節　團體評量

一、歷程評量

　　團體過程的評量，由兩位領導者及觀察員摘要回顧每次團體過程及重要事件；再依 Toseland 與 Rivas（2016/2017）的團體動力四向度：溝通與互動

方式、凝聚力、社會控制結構、團體文化，來評量團體歷程（如表 8-5 所示）。

表 8-5　各階段團體動力四向度評量

動力型態	初始階段 （第一、二次）	轉換階段 （第三次）	工作階段 （第四、五次）	結束階段 （第六次）
溝通與 互動方式	成員發言：自由 漂浮型 回饋：輻射型	成員發言：自由 漂浮型 回饋：輻射型 以熱椅子促進沉 默者發言	同前兩階段	同前三階段
凝聚力	由領導者示範討 論敏感議題，降 低成員防衛	團體檢核使成員 感受領導者的關 心，促進團體凝 聚力	成員間彼此給予 回饋的次數增 加，且分享內容 更為深入 成員全勤參與	成員可互相回饋 彼此的發言對自 己的成長
社會控制結 構	規範制定前：討 論易離題、較具 批判性；出現挑 戰者 規範制定後：討 論可聚焦	依循團體規範， 成員角色一致	完成回家作業成 為隱藏規範 出現帶頭分享及 帶頭回饋的角色	同工作階段
團體文化	具「尊重生命」 之共同價值觀	出現靈性議題， 互相尊重個別信 仰	可更自在討論死 亡議題	同前三階段

團體療效因子：綜觀整體團體歷程，成功創造「灌輸希望」、「普同感」、「團體凝聚力」、「宣洩」、「存在因素」、「人際學習」、「利他主義」、「傳遞訊息」及「行為模仿」，共九項因子。

（一）團體動力的變化

1.初始階段

(1) 溝通與互動方式：討論過程中，領導者與協同領導者會使用「暗示與增強」的技巧，以眼神邀請成員發言。

(2) 凝聚力：兩位領導者主動分享安樂死等較具爭議的議題使成員安心，且因成員經過篩選，其動機與期待相似，故成員很快的與團體建立連結。根據觀察員紀錄可知，成員不僅傾聽且能融入他們分享的情境，與分享者共悲；但有時因成員發言發散、過於冗長使凝聚力渙散。

(3) 社會控制結構：

　① 規範：團體規範制定前，容易導致離題、批判、「被剝奪哀傷」等言論；制定團體規範後，狀況有降低或消失；有成員第一次團體結束後，利用回家作業整理情緒，將團體中習得的技巧運用於日常生活中。

　② 角色：Sandy 為挑戰者，於團體規範制定前與領導者爭奪話語權，並影響該次團體原規劃與進度，所幸在團體規範建立後即卸除角色。

(4) 團體文化：從自我介紹時，團體成員即展現「對生命的重視」為共同的價值觀，判斷應是團體議題的特殊性所致。

2.轉換階段

第三次為轉換階段，透過團體檢核了解成員的狀態，促使成員表達其狀態和感受，使團體能夠順利進入工作階段。

(1) 溝通與互動方式：同初始階段的狀態，但此階段起，「暗示與增強」不再僅限於領導者與協同領導者使用，成員同樣也會以眼神暗示的方式希望領導者邀請其分享，判斷應是仍顧慮回饋的時機、不確定可否直接發言，故以眼神示意。

(2) 凝聚力：在團體檢核時，領導者藉由 Ying 退出團體一事，再三確認其他成員參與團體後的想法及感受，領導者尊重及關心的態度詢問，使成員可於檢核時表達正向或負向感受，進而除維持願意傾聽的狀態外，更表達願意為團體功能承擔責任，讓領導者感受到成員對團體、對領導者的信任，使領導者能夠貼近成員；此外，也因為成員願意分

享飼寵時的兩難與矛盾心情，提升成員間的信任感，使成員互相影響並給予回饋。

(3) 社會控制結構：無隱藏規範產生，且成員地位一致。

(4) 團體文化：除對生命的重視外，成員於分享的過程中提及寵物溝通師、靈媒、輪迴等的話題，但成員們尊重個別信仰，並未出現批判、評價等回應，顯示團體中對靈性議題的尊重。

3.工作階段

於第四次及第五次活動進入工作階段，乃因於透過轉換階段的團體檢核評量，成員們於評量過程中表達出承擔團體功能責任的意願後，領導者所設計的活動與死亡事件更為貼近；以下是工作階段之動力呈現方式：

(1) 溝通與互動方式：同前兩階段，除了維持「暗示與增強」的方式外，兩位領導者在回饋個別成員時，亦會針對共同點去連結其他的成員，營造團體間的情感連結，提升團體的普同感。

(2) 凝聚力：此階段維持願意傾聽、正向和負向感受的表達、彼此互相影響、出席人數穩定的狀態外，兩位領導者有效運用其他成員的回饋，針對成員的回饋調整活動；領導者觀察到於轉換階段使用熱椅子技術的目標成員，於此階段較退縮、出現當次團體無發言次數的情況，但仍專注傾聽維持與團體的連結。

(3) 社會控制結構：

① 規範：依循公開的團體規範，在此階段隱藏規範產生，成員普遍將團體所習得的技巧運用於日常生活中，並會執行回家作業，在下一次團體中分享回家後的狀況與心得。

② 角色：Sandy 較多回饋、Beryl 是每一個活動第一位發言者，因此團體動力的運作會由這兩位成員出發。

③ 成員地位一致。

(4) 團體文化：因活動設計與死亡事件的連結更深，故靈性議題出現更加頻繁，所幸團體中「尊重個別信仰」、「對生命的重視」兩項文化相當明確，不但沒有引發衝突，更讓團體得以順利討論死亡的意義。

4.結束階段

因本團體的次數僅六次，故第六次即為結束階段，以下是本團體於結束階段之動力呈現方式：

(1) 溝通與互動方式：同前三階段，領導者維持於工作階段時的作法，回饋時利用共同點連結成員們，營造情感連結，兼具回顧團體的作用。

(2) 凝聚力：維持與工作階段一致，且成員勇於表達領導者的回饋不夠確實或貼近成員的想法；於進入工作階段起，出席人數穩定，皆為全勤。

(3) 社會控制結構：維持與工作階段一致。

(4) 團體文化：維持與工作階段一致。

(5) 療效因子：此次團體明顯可見成員面對失落事件之態度、想法、價值觀與意義之轉變，透過團體的支持力量，獲得勇氣去面對深埋心中的創傷感受，使其從被剝奪的哀傷經驗中，重新獲得與人談論、分享與連結的能力。

二、成效評量

（一）整體狀況：量表檢視

為了解以「意義重新建構模式」為基礎之支持性團體，幫助喪寵飼主因應失落的成效，故採用準實驗法中的單組前後測設計（one-group pretest post-test design），於團體開始前先評量飼主哀傷及意義重建的程度，並於團體結束後執行後測。為輔助了解團體進行時的改變情況，輔以觀察員紀錄，了解團體如何對飼主之失落情緒有改善的益處。

本團體評量以「哀傷與意義重建量表」上所獲得之資料作為分析依據，包含持續的連結、個人成長、感覺平靜、空虛與無意義、珍視生命、整體哀傷與意義重建之分數，進行無母數 Wilcoxon 符號等級檢定。成員於「哀傷與意義重建量表」分數之平均數、標準差及 Z 值顯示，如表 8-6 所示。

表 8-6　「哀傷與意義重建量表」前、後測：Wilcoxon 符號等級檢定

	前測		後測		Z 值
	平均數	標準差	平均數	標準差	
持續的連結（CB）	26.67	3.20	32.33	1.37	-2.207*
個人成長（PG）	27.67	5.00	29.67	4.55	-1.219
感覺平靜（SP）	19.33	5.16	20.83	2.56	-.736
空虛與無意義（EM）	18.17	3.31	22.00	7.04	-1.753
珍視生命（VL）	16.50	2.43	18.00	1.41	-1.476
總分	112.67	15.81	122.83	11.07	-1.992*

*$p < .05$

由表 8-6 的資料顯示，團體成員經過參與六次的支持性團體後，於「哀傷與意義重建量表」中之各項分數均有增加，但僅有「持續的連結」與總分達顯著水準，表示經六次團體後，成員哀傷程度有顯著的改善，並與寵物的連結加深；然個人成長、感覺平靜、空虛與無意義、珍視生命等四項則未達顯著差異。

若將此結果與活動設計及領導者在指導語上的引導方向來看，確實較偏重於持續與逝者保持連結的活動，使「持續的連結」為五個向度中前後測分數進步最多的項目。將活動偏重於保持連結的原因，乃因此類別的活動較好操作，雖然 Neimeyer 的悲傷治療技術對象是人類，本團體失落對象為寵物，但因更新連結的活動較易更換失落主體，其他的技術活動則受限於領導者哀傷治療及活動設計的能力尚未成熟，故較少使用。

（二）成員個別目標檢視

首先，檢視成員於「寵物依附量表」所呈現的分數，參考 Burse 等（2019）的研究，由 2,525 筆資料排除具遺漏值後，分析 931 位兒童及 1,536 名成人照顧者的數據，結果顯示兒童依附分數平均為 2.9 分、成人照顧者平均分數為 2.8 分。而本團體每一位成員的寵物依附總分均超過 3 分，可見六位成員與寵物的依附關係相當緊密。其次則是檢視「哀傷與意義重建量表」（GMRI）各項與總分的前後測分數（五項因素之平均），此部分將搭配成員於團體中的狀態評量於團體前後之變化及是否達成其目標（如表 8-7-1 所示）。

表 8-7-1　成員之依附總分及「哀傷與意義重建量表」前後測分數

依附總分（滿分 4 分）		持續的連結（CB）		個人成長（PG）		感覺平靜（SP）		空虛與無意義（EM）		珍視生命（VL）		總分	
		前	後	前	後	前	後	前	後	前	後	前	後
Ruby	3.19	4.0	4.7	3.3	3.0	4.6	4.8	2.5	2.5	3.5	4.5	103	111
May	3.11	4.6	4.9	3.7	4.4	4.2	4.6	3.3	5.0	3.8	4.5	114	136
Kay	3.11	5.0	4.6	4.0	4.6	2.8	3.6	2.7	2.5	4.5	4.8	111	116
Sandy	3.63	4.3	4.3	4.7	4.4	4.2	3.6	3.8	4.7	4.8	4.3	126	124
Niki	3.37	5.0	4.7	4.9	4.9	5	4.4	3.3	4.5	4.8	5.0	133	136
Beryl	3.48	3.7	4.6	3.1	4.1	2.4	4.0	2.5	2.8	3.5	4.0	89	114

以下針對每位成員「哀傷與意義重建量表」之前、後測（五項因素總分）差異，對照團體前後表現及狀態，描述其改變及評量是否達成參與團體之目標。

Ruby（如表 8-7-2 所示）於團體前會談時，不時提及寵物的病程及死亡讓其想到其他的失落事件；因在生活中無傾訴對象，想藉由參與團體活動的過程抒發、整理哀傷的情緒。第一次團體自我介紹中，詳細描述與寵物相處的過程，以及寵物離世所帶來的哀傷，但第二次團體請假，使其第三次團體時

難以進入團體脈絡，而自覺有些格格不入，覺得自己不在哀傷的狀態中，會逃避發言。然第四次團體起，雖不會主動發言，但是會用眼神暗示領導者邀其發言，確實掌握了參與機會抒發思念之情。喪寵的失落情緒在團體中轉變為對寵物的內疚感，但其他成員的回饋，有助其在結束後整理情緒。

表 8-7-2　成員之變化：Ruby

1. Ruby（寵物：紋）

寵物依附量表		哀傷與意義重建量表					
親密感	關係維護	CB	PG	SP	EM	VL	總分
3.73	2.81	+5	-2	+1	0	+4	+8

第二次團體討論之團體期待：無（當次請假）。

雖在分享中，Ruby 認為自己與寵物是不同個體，但從量表結果來看，「持續的連結」（5 分）與「珍視生命」（4 分）分別有進步，總分也增進 8 分；雖然「空虛與無意義」這一個項目看似沒有變化，但檢視量表內容後會發現，Ruby 在前測時多選擇中間值，但經過團體工作階段，Ruby 對題項的選擇出現變化，顯示團體對 Ruby 來說，具有一定程度的功能。

　　May（如表 8-7-3 所示）於團體前會談時即展現很大的開放度，對自己與寵物的過往侃侃而談，報名的動機始終明確，希望可以藉由團體整理與寵物相處的過往，更期待藉著團體幫助自己製作《生命之書》。進入團體後，領導者及觀察員皆發現，May 在大團體時鮮少主動發言或給予其他成員回饋，但分組討論時，不僅願意與同組成員分享心情，還落淚數次；領導者評估，也許是 May 將個人目標著重於「完成《生命之書》」，因此對活動的配合度較高。最後一次團體時坦承，自己曾有過中途退出的念頭，是倚賴個人目標維持參與動力。

表 8-7-3　成員之變化：May

2. May（寵物：寶 A）

寵物依附量表		哀傷與意義重建量表					
親密感	關係維護	CB	PG	SP	EM	VL	總分
3.45	2.88	+2	+5	+2	+10	+3	+22

第二次團體討論之團體期待：1.整理自己的回憶；2.完成《生命之書》，送給寶 A 當禮物。

後測分數與前測相比進度很多，尤其個人成長（5 分）及空虛與無意義（10 分）的進展，顯示 May 雖在團體中表示自己不想再養新寵物，也對他人給予類似的建議感到反感，但從其「空虛與無意義」後測分數來看，未來有可能投入能貢獻一己之力的活動或嗜好中。雖在大團體中積極度中等，但其前、後測總分的差距是所有成員中第二高者（22 分），顯示 May 應該是利用自己的方式與步調參與團體，團體對其同樣有所幫助。

　　團體初期，Kay（如表 8-7-4 所示）嘗試向成員談論寵物時，因受前面發言成員情緒的影響，使其分享時哀慟情緒高漲；後分組活動時，Kay 主動要求要與協同領導者一組，可能與此次經驗有關，不過在協同領導者引導下，仍難明確擬定團體期待及個人目標。Kay 屬較不主動發言或給予回饋的成員，表現較退縮；領導者於團體中期已建立團體凝聚力後，嘗試以熱椅子方式表達對 Kay 的關切，給予較多表達機會、邀請成員與其對話，增加其被接納的安全感受；至團體結束階段時，Kay 已不需領導者持續的邀請，會於活動中整理與感受，並在分組時有更多表述。而在聆聽其他成員的分享時，雖未主動回饋，但其表情、肢體會隨分享成員的話語而變化。

表 8-7-4　成員之變化：Kay

3. Kay（寵物：寶 B）

寵物依附量表			哀傷與意義重建量表				
親密感	關係維護	CB	PG	SP	EM	VL	總分
3.55	2.81	-3	+4	+4	-1	+1	+5

第二次團體討論之團體期待：能夠自在一點談論死亡。

Kay 在個人成長與感覺平靜的部分皆有 4 分的成長。其在女友鼓勵下報名，面談時可大略講述喪寵的經過，但無團體經驗；由於 Kay 喪寵時間距離報名時僅五個月，不符合報名資格。然考量其特質較不易觸碰及表露情緒，且無喪寵相關服務可轉介，領導者討論後認為此次團體是 Kay 處理寵物猝死傷慟的契機，再考量其與協同領導者同為男性，可降低成員多為女性所造成的隔閡或退卻，故將 Kay 納入團體中。期待團體是個楔子，能助其達成所設定之期待。

Sandy（如表 8-7-5 所示）因其寵物（has）是狗，故在「寵物依附量表」的呈現上，「關係維護」的分數較高。於面談時能夠聚焦的說明報名的動機及狀態，但第一次團體的自我介紹時，反而聚焦向其他成員闡述其價值觀以及曾經接受過的訓練，導致團體的凝聚力渙散，並與團體領導者競爭發言權。但於第二次團體規範建立之後，發言不聚焦的情況減輕許多，且會主動回饋成員、給予其他成員正向支持，以及平衡部分成員自哀慟情緒轉變而來的自責與愧疚，反而成為領導者的助力。

Sandy 參與團體的目的是希望可學習協助家人及有同樣情況者的技巧；經由領導者與協同領導者於團體中堅定傳達尊重個人哀傷歷程的概念，Sandy 已降低要「幫助他人面對哀傷」之企圖，並回歸到每一段關係來到生命中帶給個人的力量，轉化其對他人面對失落事件方式之看法。

表 8-7-5　成員之變化：Sandy

4. Sandy（寵物：has）

寵物依附量表		哀傷與意義重建量表					
親密感	關係維護	CB	PG	SP	EM	VL	總分
3.82	3.5	0	-2	-3	+5	-2	-2

第二次團體討論之團體期待：1.找到面對的最好方式；2.協助身邊有相同經驗的人。
Sandy 是唯一在「哀傷與意義重建量表」後測分數低於前測分數的成員，可能因其前測分數偏高，例如：「持續的連結」在前測為滿分，後測仍維持滿分，故在分數的進展上沒有差異。在空虛與無意義的部分是唯一有進步的項目。由於 Sandy 已因飼養寵物的機緣投入動保業，但此項目仍有進步，顯示 Sandy 在參與團體後可能會對自己的工作更加有使命感。

　　Niki（如表 8-7-6 所示）在團體前面談時，讓兩位領導者感受到她對寵物的用心以及失落事件對她的影響，Niki 面談及團體分享時，都能將自己與寵物（弟）自相遇至死亡每一件事的年分都記得相當清楚。且因寵物是罹患失智症，長時間全職的照護，使生活重心都在寵物上，因此失落反應劇烈，寵物過世後曾把自己關在房內 20 多天，透過朋友介紹與靈媒／溝通師接觸後，慢慢釋懷。

　　團體過程中 Niki 不論分享或回饋都掛著笑容；其實 Niki 與 Kay 的寵物僅離世滿半年，但兩人的哀傷表現差異明顯。直到第四次團體，Niki 跟著領導者的指導語進入回憶後，開始將原本外表的面具卸除，呈現出自己真正哀慟的樣貌。第六次團體結束前，提及童年對分離的不捨及恐懼回憶。

表 8-7-6　成員之變化：Niki

5. Niki（寵物：弟）

寵物依附量表		哀傷與意義重建量表					
親密感	關係維護	CB	PG	SP	EM	VL	總分
3.45	3.31	-2	0	-3	+7	+1	+3

第二次團體討論之團體期待：透過持續對話與溝通了解生命消逝的歷程。
雖然 Niki 的「哀傷與意義重建量表」前測總分是最高分者，但後測的總分仍有進步，在空虛與無意義的部分增加 7 分，由於近期 Niki 除了參與團體外，於臉書社團認養一隻狗，判斷除了團體活動的協助外，可能新的寵物讓 Niki 產生將愛延續的動力。

面談時，Beryl（如表 8-7-7 所示）提到與寵物生活的過往，會刻意使用很快的語速，意圖快速講完，因此在速度放慢後，邊哭邊說自己的不捨與決定安樂死所帶來的罪惡感。自第一次團體起，Beryl 都是第一位發言者，也由於是相關科系畢業，較了解團體帶來的療效，因此十分投入團體中；從第一次團體談及寵物時哭泣，到第六次以微弱的燭火開寵物玩笑，足見 Beryl 在團體中的變化。

表 8-7-7　成員之變化：Beryl

6. Beryl（寵物：包）							
寵物依附量表		哀傷與意義重建量表					
親密感	關係維護	CB	PG	SP	EM	VL	總分
3.73	3.31	+6	+7	+8	+2	+2	+25

第二次團體討論之團體期待：讓包活在更多人心中。

量表部分，Beryl 是成員中成長幅度最大者（25 分），尤其在感覺平靜的項目增加 8 分，與其在團體中的情緒表現吻合；持續的連結與個人成長分別增加 6 分及 7 分，最後一次團體回饋時，Beryl 提到自己是相關科系畢業的，與朋友彼此安慰時會聯想到理論，但在這次團體中並無此情況，顯示團體對 Beryl 來說，最大的成長是能夠專注、回歸於個人。

（三）團體目標檢視

本團體目標有四，根據量表或觀察員紀錄達成狀況如下。

1. 協助成員與已逝去的寵物持續建立連結

此目標是根據 Neimeyer 整理之「哀悼的五個挑戰」所擬定協助成員面對寵物離世的策略之一，在團體的工作及結束階段時，均有成員回饋：感覺寵物仍陪伴在身邊，因此有能量面對生活，或是將喪寵經驗轉為助人的動力；此外，依據「哀傷與意義重建量表」的呈現，「持續的連結」的平均分數，後測較前測成長 5.66 分且達顯著差異，故達成此目標。

2. 協助成員面對寵物離世的事實，可將悲傷情緒一般化

由於喪寵飼主的失落經驗不易被重視，飼主易有哀傷被剝奪的經驗，隱藏其悲傷情緒。本團體除在第二次團體「說再見的機會」活動中，讓成員分別描述曾受不當安慰之經驗，並抒發對這些經驗之負向感受，在其他活動中，亦有成員表示，原為避免親友擔心，刻意隱藏對寵物的想念及哀傷情緒，但決定此後要忠於並表現自我狀態。由於所使用之量表無法評量此項目，故就成員表現及觀察員回饋，評估達成此目標。

3. 透過成員間彼此分享，從回饋中整理寵物存在的意義

在團體中，成員意識到因寵物的陪伴，使自己於職涯、家庭、人際關係經營或擴展上有更多能量。成員能相互回饋對生死的觀點、意義、價值觀，並對寵物離世的愧疚感、自責及匱乏感有新的思維。此外，依據「哀傷與意義重建量表」後測總分較前測成長 10.16 分且達顯著差異，亦顯示成員為失落找尋到新的意義。

4. 減輕成員的悲傷程度並學習因應喪寵失落的方法

領導者在六次團體中，不斷讓成員理解《生命之書》的作用，且給予非常彈性的製作空間。團體中後期，成員表達逐漸感受到逝者（寵物）一直與其同在，感覺自己仍被陪伴，降低了哀傷的感覺；最後一次團體尾聲，領導者也提供了數個技巧，讓成員於團體結束後可持續完成《生命之書》。仍有一名成員仍受哀慟情緒影響，結束時回饋仍無法用平靜態度看待寵物猝逝，需要多些時間消化及沉澱；但兩位領導者與觀察員均同意該成員已由初期迴避的態度，至後期能與共同飼育者談論逝者，顯示已提高開放程度。由於影響成員悲傷程度除了團體外，亦受到時距及個人特質交互影響，故若只針對情緒調適的部分，此目標僅部分達成。

三、學習、反思與建議

（一）學習及反思

　　喪寵團體牽涉失落議題、生命教育，也牽涉部分具爭議的價值觀，如安樂死、積極或安寧醫療等；但中文相關議題的實務論文較少，多是國外文獻，然國內外價值觀差異甚鉅，故對工作者或研究者而言，若非對此議題有感觸、想法及經驗，很難貿然執行。

　　為使本團體設計有完整架構，領導者需對動物福利有基礎了解，故曾參與團體或個人所開辦、針對動物照顧者、安樂死等議題之工作坊及講座，亦修習哀傷諮商專題，以具備哀傷失落處遇的相關知能；但因授課師以Neimeyer博士的著作為主，故選擇哀傷理論時，雖然其他理論更為知名（如Worden的哀悼任務論），仍決定以最熟悉的「意義重新建構模式」安排團體架構。

　　在招募策略上，因團體議題與合作單位將舉辦的活動相似，且時間接近，故其協助不如預期；網路宣傳確實是成功的管道，但招募時間不宜操之過急，乃因團體諮商對許多人來說較為陌生，且對於觸碰失落經驗感到懼怕，以PTT「貓板」的招募訊息為例，雖瀏覽人數超過千人，但無報名者由此而來；然瀏覽者會將團體資訊轉發給需要的親友，擴大觸及度使報名效果佳。

　　因報名人數充足，兩位領導者可一一與每位報名者接觸，詳細篩選出狀態一致且穩定的成員；成員的穩定度使團體結構較無太大的改變，雖真正執行的活動與原本的活動設計差異頗大，但更為流暢。

　　協同領導者與領導者的性格及經驗恰好互補，故相當考驗兩人的合作默契；然協同領導者尊重領導者的團體設計與概念，並積極於每次團體前討論，或溫和誠懇的給予意見及鼓勵，亦會主動詢問領導者期待該次團體應發揮何種功能、扮演何種角色，活動過程中也會適度的補充、示範、承接領導者不足之處。由於協同領導者尚未接觸與哀傷失落處遇有關的課程與訓練，故信賴且配合領導者，因此團體過程未出現競爭議題。

　　基於對團體的重視，故商請兩位同學協助擔任觀察員，其中一位為全職實習心理師，團體經驗多；另一位觀察員同為修習團體諮商的同學，兩人在經驗與觀察的角度不同，可達到互補的效果；但領導者除活動前提供細流外，需與觀察員溝通特別需要觀察、記錄之處，才能將觀察員的功能極大化。

（二）建議

1. 理論：減緩哀傷失落的理論相當多元，成員亦呈現其他理論所述的狀態，若從不同理論出發，也許能有更多元的結果。

2. 團體次數：重構逝者離去對生者來說需要時間醞釀，且要以不同觀點面對失落，需要團體很大的支持，因此建議團體次數至少為八次，以八至十二次尤佳。

3. 量表標準化：現行與哀傷失落相關的量表，失落主體多半為人類，若是如同本次團體將現成的量表直接修正，恐影響量表的信效度，使用信效度未知的量表作為團體的評量工具，非但無法如實呈現團體療效，若所得數據與實況有所差距，將使團體領導者判斷錯誤，建議對此主題有興趣者研發並使用針對喪寵飼主之標準化量表。

4. 追蹤：雖於第一次團體時，取得所有成員之參與研究同意書，但因未詢問施行追蹤測之意願，故無法得知成員於團體結束後，是否持續製作《生命之書》，也無法判斷團體療效於一段時間後的情況，稍嫌遺憾。惟團體結束一年後，領導者竟收到一名成員來信，分享其利用一年的時間所完成的《生命之書》及製作心情，因此若有追蹤將可完整掌握成員變化。

5. 活動設計：本團體設計之初，主要採表達性藝術治療的方式，但因成員書寫能力佳，且有抒發需求，故將藝術治療部分全數刪除。然藝術治療可帶出不同層次的討論，也可抓出成員在意識層面下未說出口的議題，對於團體的討論會有更多的刺激，將有機會對個別成員更多的發現及認識。

參考文獻

中文部分

內政部戶政司（2021）。人口統計資料。https://www.ris.gov.tw/app/portal/346

行政院農業委員會（2021）。寵物登記管理資訊網。https://www.pet.gov.tw/PetsMap/PetsMap.aspx

吳秀碧（2020）。失落、哀傷諮商與治療：客體角色轉化模式。五南。

吳佩珊（2014）。都會地區飼主同伴動物情感依附關係與主觀幸福感相關研究（未出版之碩士論文）。國立嘉義大學。

動物保護資訊網（2020）。108年度全國家犬貓數量調查結果統計表。https://animal.coa.gov.tw/Frontend/Know/Detail/LT00000559?parentID=Tab0000004

Neimeyer, R. A.（2007）。走在失落的幽谷：悲傷因應指導手冊〔章薇卿譯〕。心理。（原著出版年：1998）

Neimeyer, R. A.（2019）。重新凝視失落：哀傷治療技術的衡鑑與介入〔翁士恆譯〕。張老師文化。（原著出版年：2016）

Toseland, R. W., & Rivas, R. F.（2017）。團體工作實務〔莫藜藜譯，第4版〕。雙葉書廊。（原著出版年：2016）

英文部分

Burse, R. M., Mueller, M. K., & Gee, N. R. (2019). Measuring human-animal attachment in a large U.S. survey: Two brief measures for children and their primary caregivers. *Frontiers in Public Health, 7*, 107.

Chur-Hansen, A. (2010). Grief and bereavement issues and the loss of a companion animal: People living with a companion animal, owners of livestock, and animal support workers. *Clinical Psychologist, 14*(1), 14-21.

Clements, P. T., Benasutti, K. M., & Carmone, A. (2003). Support for bereaved owners of pets. *Perspectives in Psychiatric Care, 39*(2), 49-54.

Cordaro, M. (2012). Pet loss and disenfranchised grief: Implications for mental health counseling practice. *Journal of Mental Health Counseling, 34*(4), 283-294.

Cromer, L. D., & Barlow, M. R. (2013). Factors and convergent validity of the Pet Attachment and Life Impact Scale (PALS). *Human-Animal Interaction Bulletin, 1*(2), 34-56.

Dunn, K. L., Mehler, S. J., & Greenberg, H. S. (2005). Social work with a pet loss support group in a university veterinary hospital, MSW, ACSW. *Social Work in Health Care, 41*(2), 59-70.

Gillies, J., & Neimeyer, R. A. (2006). Loss, grief, and the search for significance: Toward a model of meaning reconstruction in bereavement. *Journal of Constructivist Psychology, 19*(1), 31-65.

Gosse, G. H., & Barnes, M. J. (1994). Human grief resulting from the death of a pet. *Anthrozoös, 7*(2), 103-112.

Hess-Holden, C. L., Monaghan, C. L., & Justice, C. A. (2017). Pet bereavement support groups: A guide for mental health professionals. *Journal of Creativity in Mental Health, 12*(4), 440-450.

Hunt, M., & Padilla, Y. (2006). Development of the pet bereavement questionnaire. *Anthrozoös, 19*(4), 308-324.

Keser, E., & Isikli, S. (2018). Investigating the psychometric properties of the Turkish form of the grief and meaning reconstruction inventory. *Dusunen Adam The Journal of Psychiatry and Neurological Sciences, 31*(4), 364-374.

Lavorgna, B. F., & Hutton, V. E. (2019). Grief severity: A comparison between human and companion animal death. *Death Studies, 43*(8), 521-526.

Levinson, B. M. (1984). Grief at the loss of a pet. *Pet Loss and Human Bereavement*, 51-64.

Packman, W., Field, N. P., Carmack, B. J., & Ronen, R. (2011). Continuing bonds and psychosocial adjustment in pet loss. *Journal of Loss and Trauma, 16*(4), 341-357.

Quackenbush, J., & Glickman, L. (1983). Social work services for bereaved pet owners: A retrospective case study in a veterinary teaching hospital. In A. Katcher & A. Beck (Eds.), *New perspectives on our lives with companion animal* (pp. 377-389). University of Pennsylvania Press.

Stokes, S., Planchon, L., Templer, D., & Keller, J. (2002). Death of a companion cat or dog and human bereavement: Psychosocial variables. *Society & Animals, 10*(1), 93-105.

Toray, T. (2004). The human-animal bond and loss: Providing support for grieving clients. *Journal of Mental Health Counseling, 26*(3), 244-259.

Turner, W. G. (2003). Bereavement counseling: Using a social work model for pet loss. *Journal of Family Social Work, 7*(1), 69-81.

第九章
擁抱真實的我：
大學生自我接納團體

王瑄、張天維、沈慶鴻

第一節　團體設計

一、緣起與理念

（一）問題陳述

　　現代社會中，我們須在不停變動的多元價值觀下，尋找自身的價值，在愈來愈複雜的社會中，肯定自我需要花費很大的心力（張春興，2013）。根據財團法人「張老師」基金會多年來的服務統計，因「自我人生觀」之自我探索問題而求助的民眾一直居高不下，是民眾求助第二多的問題類型，僅次於家庭關係（三立新聞網，2019），而依臺中「張老師」的服務統計，「自我探索」則是 2018 年最多的求助問題類型（盧金足，2019）；可見，人生觀的探索、自我認同的困惑，已成為受大眾重視且是現代人探索的重要課題。

　　「自我探索」是個體對自我及自我成長的關注與覺察（蘇益志，2006）。自我探索又分類為外在探索、內在探索兩大類，探索內容又可從職業生涯、生活意義、人際關係、內在自我等不同面向作參考架構（陳蓉，2015）。除此之外，不同類型的家庭議題也會影響自我概念（邱珍琬，2014），透過不同經驗與角色的嘗試以及碰撞，探索並建立屬於自己的價值體系、塑造穩定的自我意向；然而，無論內、外在的自我探索，大致都會聚焦於內在自我，且與自我概念有關。

　　自我概念（self-concept），是指個體對自己多面向之綜合看法，包括了對自己能力、性格，與人、事、物之關係等諸多面向的形塑，也包括了個體對目標與理想追求的成敗經驗，以及對自己的正、負向評價等，因此個體對自己的自我評價（self- evaluation）、經由自我評價產生的自我價值（self-worth）都包括在自我概念內。若個體對自己的體貌、能力、成就表現等的自我評價屬於積極，即表示個體對自我的接納，表現出自尊（self-esteem）的態度；

反之，若個體對自我的評價屬消極、不接納或否定，則稱為自卑（inferiority）（張春興，2007）。不管是自尊或自我價值，均涉及個體對自己的廣泛性評價，是能接納、肯定自己的程度（陳函筠等，2017）。

總括言之，自我概念涵蓋了自我評價、自我價值、自我認同、自我接納、自尊等面向，是個體對自己多面向的整合性看法。此一整合性看法除了由個體知覺產生，亦常透過與他人的交流互動中而形成（莊秀敏、陳揚學，2016）。由於自我概念是自我探索的核心，在探索中產生的覺察、接納或評價，對形成新的自我概念非常重要。

（二）族群需求與困境

根據 Erikson 的心理社會發展理論來看，大學生處於青少年期到成年初期的轉換階段，「自我統整或角色混淆」為其關鍵任務，此階段需發展明確的定向和自我認同，發展的結果將影響成年初期「友愛親密或孤僻疏離」的任務發展，更會成為之後發展的重要關鍵。然今日的大學生雖成長於相對富裕且不需擔憂溫飽的環境下，會希望創造更多的自我價值，但青少年期正是課業壓力最大的階段，多數時間都花在學習上，導致在此階段的青少年沒機會探索自己，容易出現認同混淆、沒明確目標、找不到自己的定位等情形，甚至在大學後相對自主的階段仍找不到生活目標與意義（社團法人國際城市浪人育成協會，2019）。由於現今的教育體系並未因應時代變化滿足學生自我實現的需求，在既有的教育體制中，多數學生不關心「自我探索」，普遍缺少對自我的認識及對社會的了解，導致他們找不到自己的使命所在，也對未來迷茫、對生命失去熱忱。

（三）使用「團體諮商」作為提升自我探索的介入策略

透過團體提升自我概念有許多優點，Yalom 認為團體的療效因子包括灌注希望、普同感、傳遞資訊、利他主義、原生家庭的矯正性重現、發展社交技巧、行為模仿、人際學習、團體凝聚力、宣洩、存在性因素等十一項。其

中普同感、團體凝聚力與人際關係的滿足有關，若在團體中能獲得支持與認同等較具支持性的人際關係，便能提升個人自我概念（Werner, 1993；引自陳騏龍，2001）。特別是當青少年在同儕團體中感受到被了解和被接納，自我概念便會明顯擴增，進而影響其生活適應、自我認同的發展（Giordano, 1995；引自羅品欣，2007）。

此外，當成員在團體中與他人有互動、能給予並接收回饋時，便能達到利他主義、發展社交技巧、行為模仿、人際學習等團體療效，且個體透過自我觀察、他人回饋、與他人比較就能有效提升自我概念，使自己有更多的選擇與改變機會（Corey et al., 2010）；可見「團體」的介入形式有助於建立自我認同、擴展人際關係、釐清生命目標與統整個人價值觀，對大學生的自我探索應有所助益。

（四）理論基礎

敘事治療是一種哲學，其理論基礎來自後現代主義，認為真實透過個體與他人互動而產生，並受到所處社會價值、文化的影響；在不同文化背景下，個體所建構之真實不完全相同，而是具有多元意義的（鍾美芳，2009）。

自我概念亦在互動下成形，負向自我認知與認同往往受到環境脈絡的影響，當案主以負向角度敘說自我評價值時，這些負向的自我概念通常是成長過程中學習了社會、主流文化的教條與框架；而透過敘事取向的談話，能夠協助當事人重新觀看社會、文化與自己的關係，以及對自我的影響，透過反思與覺察，有機會從自我貶抑與否定中解脫，並為自己建構出自己偏好的自我（林杏足，2013）。林杏足（2013）認為，敘事取向的談話讓當事人有機會拓展更廣闊的角度去觀照自我，挖掘被遺忘或忽略的內在資源，看見自己故事更新、找到替代故事的可能性，並在提升自我相信與認同的同時，也得到了希望感、展開新行動，而此一對自我認同的影響會呈現在「負向自我認同→重構社會期許與自我認同的關係→自我認同的多元開展→創造自我反思的生命思維」之不斷轉化的歷程中。

敘事治療的基本假設包括（周志建，2002）：

1. 人與問題是分開的，人不是問題，問題才是問題。
2. 每個人都是自己生命與問題的「專家」。
3. 自己才是自己生命故事的作者，每個人都有能力依照自己的偏好重寫自己的生命故事。
4. 許多問題都由種族、階級、性取向、性別、文化環境等所營造出來的，因此看問題要去看人背後的文化脈絡，而非人出了什麼問題。
5. 只要人能發現自我資源（自我特質），就能取得生命主權，進而有能力脫離受害者角色。
6. 人的一生中，總有幾次不被問題影響的例外經驗，因此治療師要把問話放在獨特結果的探問上。

問題外化、解構問題、重寫對話、定義式儀式，是敘事治療理論運用於團體諮商之介入策略；黃素菲（2018）強調敘事治療是提問取向，而非給予答案取向，透過各種不同的問話方式，開啟消除「症狀」及重構故事的歷程。由於團體即是一個對話的場域，因此敘事取向團體諮商強調營造一個安全、平等、互信的空間，透過前述不同的對話策略，協助成員解構充滿問題的故事版本，再依循自己的偏好建構新的自我認同與意義（敖昱婷、郭奕宏，2018）。

二、團諮目標

1. 促進成員自我探索，認識自己被賦予的角色、期待與特質。
2. 協助成員覺察自我評價，及外界對自我認知的影響。
3. 提升成員自我接納、自我肯定之程度。

三、合作機構

本團體與暨南國際大學諮商中心合辦，運用諮商中心的場地、資源提供服務；暨南國際大學十分重視學生的心理健康，諮商中心與校安中心、資源

教室經常合作為全校學生提供服務，還針對三級預防有不同的規劃與安排。諮商中心除提供個別諮商外，還提供相當豐富的工作坊、講座、測驗，另外每學期更固定開設 3～4 個諮商團體，鼓勵學生自由參與，主題多元、內容豐富，包括自我探索、生涯探索、情感議題、壓力紓解和家庭議題等。

　　根據暨南國際大學近幾年的觀察與統計，學生參與諮商團體踴躍，對團體形式的服務接受度高。此次與諮商中心合作，共同辦理「大學生自我接納團體」，期待能幫助有自我接納與探索需求的大學生與研究生，更期望參與團體的成員能透過自身參與的經驗，將諮商中心的服務口碑介紹給其他同學，讓更多學生能接觸並認識到諮商中心的各項服務。

四、設計與帶領

1. 領導者：暨南國際大學輔諮碩二研究生王瑄。
2. 協同領導者：暨南國際大學輔諮碩二研究生王汝廷。
3. 觀察員：暨南國際大學輔諮碩二研究生吳亭穎。

五、時間與地點

1. 執行時間：每週三晚上 18：00～20：00，連續六週，每次 120 分鐘，共計六次。
2. 地點：暨南國際大學諮商中心團體諮商室。

六、團體特性

封閉式、高結構團體。

七、邀請對象

　　以暨南國際大學內 18～24 歲之大學生優先，性別及科系不拘，對自我探索有興趣與需求者，預計招收 8～10 位成員。

八、成員來源

1. 來源：本團體將同時透過網路與實體（各學院、系所海報牆）進行宣傳，並透過諮商中心諮商師邀請有自我探索需求之同學或案主參與。

2. 聯繫方式：有意願報名之同學，請直接填寫報名表單，領導者將於收到報名表單後，與報名者進行聯繫，並寄發「團體面談說明書」（如附件 9-2 所示），約定面談時間。

3. 面談：為協助報名者做好參與團體的準備，所有團體成員都需經過個別面談，並認可團體進行方式，同意簽署「團體諮商同意書」（如附件 9-3 所示）。

九、團體內容

本團體六次內容規劃如表 9-1 所示。

表 9-1　團體內容

單元名稱	單元目標	活動內容	理論依據
第一單元 旅行的小王子們	1. 成員與領導相互認識，建立關係 2. 促進成員覺察自己生活中的角色 3. 探討角色與角色期待 4. 建立團體規範 5. 介紹團體進行方式、目標及澄清期待 6. 提升團體信任感與凝聚力	1. 角色九宮格 2. 交換名片 3. 拼拼圖 4. 貼小人 5. 結束與回饋	敘事治療：解構式傾聽
第二單元 我的星球	1. 協助成員探索個人特質 2. 催化成員覺察身上的標籤，以及標籤帶來的影響與感受 3. 提升團體凝聚力	1. 特質便利貼 2. 畫出我的星球 3. 關心儀式 4. 結束與回饋	敘事治療：相對影響對話、心理位移
第三單元 星球拍賣會	1. 覺察評價帶來的影響、感受與情緒 2. 促進成員探索評價的來源，以及自己吸收了哪些評價構成自我評價 3. 提升成員普同感，發展互相支持力	1. 拍賣我的星球 2. 關心儀式 3. 結束與回饋 4. 填寫團體氛圍量表	敘事治療：發現主流故事

表 9-1 團體內容（續）

單元名稱	單元目標	活動內容	理論依據
第四單元 看！星球上 有什麼？	1. 促使成員覺察被評價的感受 2. 引導成員將問題形象化，探索其長 相、個性及對自己產生的影響 4. 引導成員與困境對話 5. 提升成員間的連結，相互給予支持	1. 身體連連看 2. 我與小怪獸 3. 關心儀式 4. 結束與回饋	敘事治療： 問題外化
第五單元 星球「需 要」什麼？	1. 協助成員面對問題並接納問題 2. 協助成員探索自己的正向資源 3. 開拓成員新的可能性，並重寫生命故 事	1. 我的星球我作 主 2. 重新說故事 3. 關心儀式 4. 結束與回饋	敘事治療： 解構問題、 改寫生命 故事
第六單元 回家吧！ 小王子	1. 引導成員回顧活動，帶給成員新的意 義及希望 2. 透過治療性儀式，讓成員獲得正向鼓 勵與支持	1. 團體回顧 2. 祝福與回饋 3. 量表填寫 4. 太陽儀式	敘事治療： 豐厚故事、 治療性文件

十、團體評量

　　本團體使用量表、回饋單、觀察記錄進行團體歷程及成效評量，說明如下：

　　1.「自我概念量表」：使用李如雪（2008）根據大學生編製之「自我概念量表」，此量表參考 Fitts 的「田納西自我概念量表」（Tennessee Self-Concept Scale, [TSCS]），將自我概念分成生理自我、心理自我、家庭自我、學業自我、道德倫理自我、社會自我等六項分量表，Cronbach's α 介於 .6596～.8655 間，內部一致性佳。本量表採用李克特五點量尺（「非常不同意」得 1 分，「非常同意」得 5 分），負向題採反向計分。本團體使用此量表進行團體前、後測，以了解團體對參與成員「自我概念」的影響，不過由於團體次數僅六次，內容聚焦「心理」、「家庭」、「社會」三部分，因此僅使用「心理自我」、「家庭自我」、「社會自我」三個分量表。

2. 「團體氛圍量表」：本團體使用鍾明勳等（2013）進行信效度考驗的「簡式團體氛圍量表」（GCQ-S），包括三個分量表：「參與」、「衝突」、「逃避」，除了「逃避」分量表的信效度不高外，整體呈現良好的信度；量表使用李克特七點量尺（同意程度0～6），預計於第四次團體結束前使用以了解團體成員感受到的團體氛圍。

3. 團體回饋單：由團體領導者設計、邀請成員根據參與經驗進行自評，在團體結束（第六次團體）時使用，內容分別針對團體領導、個人參與、目標達成等三向度（五點量尺），以及開放性問題等。

4. 其他：最後領導者、協同領導者及觀察員還將成員出席、作品完成度、團體參與或投入狀況等之觀察進行記錄和整理，統整成為團體評量資料。

第二節　團體招募與面談

一、招募

（一）本團體透過以下管道進行宣傳及成員招募

1. 海報宣傳：依學校規定至各學系、圖書館、宿舍、學生餐廳及社團教室公布欄張貼海報及宣傳單（如本章首頁所示）。

2. 網站宣傳：在臉書與 Dcard 社團平臺貼文宣傳。

3. 電子郵件宣傳：透過諮商中心窗口同意並協助發送。

4. 請託心理師協助推薦：給諮商中心全體諮商師「給諮商中心諮商師的一封信」（如附件 9-1 所示），告知團體資訊，並請諮商師們協助推薦。

附件 9-1　給諮商中心諮商師之團體說明信

給諮商中心前輩們的一封信：
致謝與說明「擁抱真實的我──大學生自我接納團體」

親愛的諮商中心前輩您好：

　　我是諮商心理與人力資源發展學系輔導與諮商碩士班二年級的學生王瑄，因修習團體諮商的課程，將會到諮商中心進行為期六週的團體，十分感謝諮商中心願意協助我在預備帶領「擁抱真實的我──大學生自我接納團體」的過程中，讓我借用場地並提供各項素材媒介，甚至協助我招生。

　　一直以來，諮商中心就非常關切學生們所遇到的各樣問題，而大學生正好處在從青少年期到成年初期的轉換階段，需達成「自我統整與角色混淆」的任務，以免對成年初期的「友愛親密與孤僻疏離」造成影響，因此這是個很重要的發展階段。為使學生們能順利發展出明確的定向和自我認同，才想在校內舉辦自我接納的成長性團體。團體將以敘事治療及表達性藝術為基礎，在○○/○○～○○/○○的每周三 18:00～20:00，共進行 6 次的自我探索團體。

　　期待本團體能使暨南國際大學的學生有以下的收穫：

　　1.認識自己的特質及對自我的評價。

　　2.覺察正向與負向自我評價的來源。

　　3.接納、肯定與欣賞自己，提升自我價值感！。

　　也勞煩諮商中心的前輩，若在近期進行演講、推廣活動、志工活動或個別諮商時，有發現適合或有意願參與團體的學生，可以推薦其參加。以下為報名網址 https://forms.gle/b9fF6DDk7p4CcFQk7，或可透過掃描下列 QR Code 進行報名。

　　最後，我想再次感謝諮商中心願意協助我舉辦本次的團體，給予我足夠的資源與信任，能在各位前輩的協助下帶領團體，對我而言是非常珍貴的經驗。若對於我的團體還有任何的指教，請隨時與我聯繫，下列為我的聯繫方式。

　　聯繫人：王瑄　連絡電話：0900-000000

　　電子信箱：0000000000@gmail.com

敬祝　平安順心、身體健康

團體領導者　王瑄敬上

（二）團體成員招募步驟

　1. 全校性宣傳，包括：

　　(1) 在學校臉書社團及相關網站宣傳。

　　(2) 諮商中心協助寄發 email 給全校同學宣傳。

　　(3) 於全校公布欄張貼宣傳海報。

　　(4) 於中午時段至學生餐廳發放傳單吸引對主題有興趣的學生主動報名。

　2. 個別性宣傳，包括：

　　(1) 請授課老師協助在課堂上布達團體資訊，或在下課休息時間讓團體領導者入班宣傳。

　　(2) 透過諮商中心的諮商師宣傳和邀請，鼓勵有自我探索需求的學生參與。

二、面談

（一）聯繫

　　所有的招募文宣皆附有線上報名網址或 QR Code，有意參與者一律填寫線上報名表，因此可輕易的完成報名程序。領導者在接到報名資訊後，就透過電子郵件與報名者聯繫，約定面談時間，並寄發「團體面談說明書」（如附件 9-2 所示）。

（二）面談

　　領導者將個別面談時間集中排定至 2～3 個時段，並安排於諮商中心個人諮商室進行，期望透過面談協助成員認識團體，以協助其能順利的進入團體，並藉此蒐集成員參與團體的動機、對自我探索的意願、曾有的探索行動等。

　　團體的訪談大綱如下：

　1. 了解成員對於「團體」的認識與準備程度：

附件 9-2　團體面談說明書

擁抱真實的我──大學生自我接納團體
面談前說明書

親愛的夥伴，您好：

　　很高興能收到您的報名資料，我是「擁抱真實的我──大學生自我接納團體」的領導者王瑄，想邀請您在團體開始之前先進行面談，讓我們更了解您；更希望能透過這次面談，來釐清本次團體是否對您有益處，您只要帶著輕鬆的心情來這次的面談即可。

　　以下是面談相關資訊與注意事項：

一、 面談時間：依照您報名時填寫的面談時間為___月___日（__）的___午___：___，面談時間約 20 分鐘，期待與您見面。

二、 面談地點：活動中心五樓，諮商中心第__間個人諮商室。

三、 面談人員：團體領導者──王瑄。

四、 面談內容：
1.您是如何知道此團體的？
2.您覺得自己是個怎麼樣的人？（個性、特質）
3.您覺得身邊的人認為您是怎麼樣的人？
4.您喜歡現在的自己嗎？
5.想再多跟您談談，您對團體的期待。

五、 注意事項
1.再次提醒，正式團體時間為○○/○○～○○/○○
　 每周三 18:00～20:00。
2.面談結束後約兩日將寄團體邀請函給您，
　 協助您能做團體前準備。
3.若您有任何對團體的疑惑，歡迎來信詢問
　 （0000000000@gmail.com）。

再次謝謝您的報名，期待與您的相遇！

領導者　暨南國際大學諮人系輔導與諮商碩士生　王瑄敬上

(1) 您是如何知道此團體的？

(2) 對團體的期待？

(3) 能否全程出席？

2. 評量成員對「自我」的理解與因應方法：

(1) 您覺得自己是個怎麼樣的人？（個性、特質）

(2) 您覺得身邊的人認為您是怎麼樣的人？

(3) 您喜歡現在的自己嗎？以 1～10 分判斷（1 分為極度不喜歡，10 分為非常喜歡）。

三、成員篩選

10 天招募期，領導者收到 13 位報名資料，有 2 位多次聯繫不到，最後有 11 位報名者完成面談，其中 1 位成員已知有多次無法出席，不符下列篩選標準，因此決定邀請其餘 10 位報名者成為本團體的團體成員。成員共 5 位男性、5 位女性，所有成員皆為主動報名者，並同意「團體諮商同意書」（見附件 9-3）之內容。篩選標準如下：

1. 能全程參與團體者，優先納入。

2. 參加動機近似團體目標者，優先納入。

3. 參加意願高、自我開放度高者，優先納入。

四、團體通知

在團體成員名單確認後，領導者同時寄發「團體邀請函暨行前通知書」（如附件 9-4 所示）及「團體未錄取通知書」（如附件 9-5 所示），以便團體成員能儘早安排個人時間。

附件 9-3　團體諮商同意書

團體諮商同意書

親愛的夥伴您好：

　　我是暨南國際大學諮商心理與人力資源發展學系輔導與諮商碩士班的學生──王瑄，感謝您報名「擁抱真實的我──大學生自我接納團體」。在參與團體前有些事項須經過您的同意，請您先詳閱下列說明，如有疑問可立即洽詢團體領導者。

一、團體宗旨：團體諮商是透過團體領導者的帶領，成員彼此交流與連結，並共同討論彼此關心的議題。團體中會盡力營造一個開放、安全的討論空間，讓成員能自在的分享與回饋，提供彼此的陪伴與支持，鼓勵嘗試、體驗新的行為，進而達成團體及個人的目標。

二、錄音與錄影：我是一位正在接受團體諮商實務訓練之研究生。為維持活動品質及專業督導之進行，讓我們提供更好的團體品質給您，我們需要在每次團體進行時透過錄音或錄影的方式，了解團體進行的情形。請您不用擔心，所有的資料僅用於專業督導時使用，也會以匿名呈現，且會在團體結束後立即銷毀。

三、保密：您在團體中分享的事情，我們都會遵守保密原則，並與團體成員們約定不於團體外討論、分享，僅上課督導時進行討論。除了出現下述狀況（有危及自己或他人生命、自由與安全之虞、討論內容涉及法律責任等）外，所有內容皆不會洩漏給任何個人與機構。

四、全程參與：團體的療效是需要較長時間醞釀的，且每週的團體活動內容有所連貫，因此想邀請您能準時、全程參與。

五、團體時間：每次團體時間 120 分鐘，每週一次，總計六次。若有特殊情況得加以調整。

　　感謝您理解以上事項，如果您對於上述之任何事項有問題，歡迎和我一起討論，若您同意上述之事項，請於下方簽名，期待未來有機會能在團體中與您一同學習成長。

團體成員簽名：＿＿＿＿＿＿＿＿＿＿＿＿＿　＿＿＿年＿＿＿月＿＿＿日

團體領導者簽名：＿＿＿＿＿＿＿＿＿＿＿＿＿　＿＿＿年＿＿＿月＿＿＿日

附件 9-4　團體邀請函暨行前通知書

擁抱真實的我——大學生自我接納團體
團體邀請函暨行前通知書

親愛的報名夥伴，您好：

　　我是「擁抱真實的我——大學生自我接納團體」的領導者王瑄，首先十分感謝您報名此團體，在此告知您報名已錄取，因此要正式邀請您加入團體。由於團體次數有限，為了讓團體能更順利的進行，以下幾點小叮嚀供您參考，可以讓您在參與團體前有更好的準備：

一、自我探索是個需要花較長時間去了解的過程，且每週的團體皆有連續性與不同的目標，因此想邀請您這六次團體盡可能地全程參與。

二、團體過程中會有分享、討論的機會，也有可能邀請成員們揭露自己的故事，因此在進入團體前想請您先做一些準備，可以事先思考和整理自己的狀態，讓自己更安心地進入團體中，我們都會尊重您的表達意願，您可依照您舒適的步調自在的參與即可。

三、考量團體活動方便性，建議您穿著舒適、方便活動之褲裝。

四、由於團體領導者目前是還在修課的研究生，需要有老師的專業督導，所以在團體進行中會錄影，但僅供團體領導者撰寫紀錄與課堂討論使用，且會使用匿名的方式撰寫，不會將團體成員的身分及分享內容洩露於團體及課堂外，並將於課程完成後全數銷毀，請不用擔心。

最後再次提醒您，第一次團體時間為：
○○/○○(三)晚上 18:00，在活動中心五樓團體諮商室。
若您有任何對團體的疑惑，歡迎來信詢問
(0000000000@gmail.com)。

　　領導者與協同領導者在面談過後，依面談狀況討論許久，最終決定招收　位擁有不同故事的成員，我們相信不同的故事將帶來不同的、特別的漣漪。再次感謝您的報名，非常期待與您的相遇！

　　　　　　領導者　暨南國際大學諮人系輔導與諮商碩士生　王瑄敬上

附件 9-5　團體未錄取通知書

擁抱真實的我——大學生自我接納團體

團體未錄取通知書

親愛的報名夥伴，您好：

　　我是「擁抱真實的我——大學生自我接納團體」的領導者王瑄，首先十分感謝您報名此團體，但因團體的性質、人數上限、團體目標適配性等因素，經面談後的評估與討論，我們認為此團體可能無法滿足您的需求，所以很遺憾地必須告知您報名未錄取。

　　非常抱歉無法達成您的期待，但想在此提供您其他能協助自我接納的管道，您可至諮商中心預約一對一的個人諮商，這是學校免費提供的協助；且每學期都有開設團體，可多留意您的學校信箱。另外，也可查詢張老師中心的網路首頁，不定期有舉辦免費或學生較能負擔費用之團體及工作坊，希望能協助您面對所遭遇之困境。

　　最後想再次謝謝您願意撥空報名此團體，真心祝福您平安順心。

領導者　暨南國際大學諮人系輔導與諮商碩士生　王瑄敬上

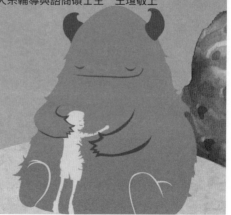

第三節　團體設計與執行

一、修改後的團體內容

面談後，根據成員需求進行微幅修改（如表 9-2 所示）。

表 9-2　修改後的團體內容

單元名稱	單元目標	活動內容	理論依據
第一單元 旅行的小王子們	1. 成員與領導者相互認識 2. 協助成員覺察自己生活中的角色、探討角色與角色期待 3. 建立團體規範 4. 介紹團體進行方式、目標及澄清期待 5. 提升團體信任度與凝聚力	1. 我的名字 2. 交換名片 3. 角色九宮格自我介紹 4. 團體規範——拼拼圖 5. 貼小人	敘事治療：解構式傾聽
第二單元 我的星球：特質	1. 引導成員探索個人特質 2. 促進成員覺察標籤帶來的影響、感受與想法 3. 提升團體凝聚力	1. 自我介紹二 2. 特質便利貼 3. 關心儀式	敘事治療：相對影響問話、心理位移
第三單元 我的星球：統整	1. 協助成員將自我概念形象化，找出真實的自我 2. 提升成員普同感，發展支持力量	1. 畫出我的星球 2. 分配星球 3. 關心儀式 4. 備案：目標再確認	敘事治療：發現主流故事、問題外化、解構問題
第四單元 看！星球有什麼？	1. 協助成員覺察理想中的自己與現實中的自己 2. 引導成員將問題（困境）形象化 3. 提升成員連結，發展支持力量	1. 畫出我的星球——分享 2. 關心儀式 3. 量表填寫	敘事治療：問題外化、解構問題

表 9-2　修改後的團體內容（續）

單元名稱	單元目標	活動內容	理論依據
第五單元 我與星球的距離	1. 與無法面對的自己相處，並覺察相關的感受與想法 2. 引導成員評量「現在」對自己的喜歡程度 3. 協助成員與「現在的自己」對話，提升對「現在的自己」的接納程度 4. 協助成員檢視「期待」與「現況」的自己之差距，引導成員進行自我對話	1. 面對感受 2. 我與星球的距離 3. 我「想」與星球的距離 4. 關心儀式	社會計量／敘事治療：解構問題、改寫生命故事
第六單元 回家吧！小王子	1. 回顧活動，帶給成員新意義及希望 2. 透過治療性儀式，使成員獲得正向鼓勵與支持 3. 訂定未來目標	1. 團體回顧 2. 收心盒分享 3. 星球祝福與回饋 4. 太陽儀式與祝福 5. 填寫量表、回饋單	敘事治療：豐厚故事、治療性文件

二、單次團體設計：以第五次團體為例

單元名稱	我與星球的距離		人數	9人	對象	大學生
團體時間	○○年○○月○○日		團體地點	團體諮商室	設計者	王瑄
單元目標	1. 與無法面對的自己相處，並覺察相關的感受與想法。 2. 引導成員評量「現在」對自己的喜歡程度。 3. 協助成員與「現在的自己」對話，提升對「現在的自己」的接納程度。 4. 協助成員檢視「期待」與「現況」的自己之差距，引導成員進行自我對話。					
名稱	團體目的		內容及步驟			器材
面對感受 （25分鐘）	1. 協助成員覺察與無法面對的自己相處時的感受與想法		➤團體開始前 L 播放輕鬆音樂，等待所有成員坐定。 ➤場內放置 11 個坐墊，邀請先到的成員可隨意選擇座位。 ➤團體開始時 L 將音樂暫停。			手機 喇叭 錄影設備 充電線

名稱	團體目的	內容及步驟	器材
面對感受 （25 分鐘）	2. 協助成員開拓新的因應方法	【指導語】 上個禮拜我有發現，大家在分享時比較沉默，我想或許是面對自己不喜歡的部分，要說出來是非常不容易的，想聽聽大家上週的感受。 討論內容： 1. 陳述自己不好的部分時，有哪些擔心？ 2. 當不喜歡的自己被他人發現時，自己的感受與反應？	
我與星球的距離 （55 分鐘）	1. 評量成員「現在」對自己的喜歡程度 2. 協助成員與「現在的自己」對話，提升成員對「現在的自己」的接納程度 3. 提升成員間的連結與普同感，發展支持力量	【指導語】 之前在面談時，有跟大家談到對自己的喜歡程度，現在是團體第五次，想請大家分享「現在」對自己的喜歡程度，進行方式是，我會在中間放一個抱枕，這個抱枕代表最真實的你，接著請大家先站起來，我們在這個空間內自在的走動，並從不同的角度看看這個自己（抱枕），從不同角度看，或許會有不一樣的想法。接著，你可以選擇一個位置，那就是現在的你與你喜歡的自己之距離。 等大家都站好之後，我會當採訪者，詢問我好奇的對象，問一些問題，同樣若有好奇的夥伴，大家也可以一起提問。被我問完的人，可以選擇下一個好奇的對象做採訪及詢問。 訪問內容： • 選擇這個位置的原因。 • 這個位置和距離一直都是這樣的嗎？什麼時候或情況會使距離有調整？ • 空間中其他物品是否有意義？（例如：有成員選擇在椅子的後面） • 看到其他人的位置，有什麼感覺嗎？	抱枕 *1
我「想」與星球的距離 （10 分鐘）	1. 協助成員檢視「期待」與「現況」的差距 2. 引導成員進行自我對話	【指導語】 現在我請大家再選一次位置，這個位置是你「期待」跟自己的距離，但這次不分享，找到合適的位置之後就坐下。 好的，請大家回到座位上，拿起放在坐墊上的抱枕，這個抱枕仍然是真實的自己，請大家看著自己的抱枕並思考看看，你想對它說些什	抱枕 *11

名稱	團體目的	內容及步驟	器材
		麼，有 5 分鐘的時間。時間到了之後，準備好的成員就可以分享想對真實的自己說的話了。	
關心儀式（20 分鐘）	回顧與自我接納	一、關心儀式 L 拿出材料。 【指導語】 最後我們一樣要讓大家進行關心儀式，我想今天大家的感觸很多，我們試著把今天的感受與想法都記錄下來，給大家 20 分鐘的時間。	色紙*N 原子筆*11
		二、心情分享與目標確認 【指導語】 20 分鐘到了，雖然有些人還沒有寫完，但我們可以等一下再讓沒寫完的人繼續寫，今天的活動，大家表露的情緒比較多，請大家分享一下現在的狀態。	

三、團體紀錄：以第五次團體為例

單元名稱	我與星球的距離	應到人數	9 人	實到人數	8 人
團體時間	○○年○○月○○日（三）1800～20：00	團體地點	團體諮商室	L	王瑄
				coL	王汝廷
單元目標	1.與無法面對的自己相處，並覺察相關的感受與想法。 2.引導成員評量「現在」對自己的喜歡程度。 3.協助成員與「現在的自己」對話，提升對「現在的自己」的接納程度。 4.協助成員檢視「期待」與「現況」的自己之差距，引導成員進行自我對話。				

座位圖	出席狀況：應到人數 9 人，實到 8 人。 座位說明： 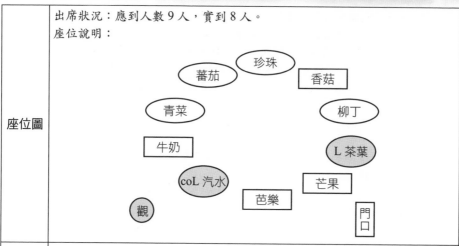
上週 回顧	・【團體內容】 1. 一邊等待成員一邊說明上週的內容，L 提出大家在探索自己時感受較複雜，探索自己是不容易的；牛奶回應不知道要如何精準的反應自己的內在而有一點擔心。 2. 青菜分享過去隱藏自己一部分的特質，但現在卻讓大家看見，心情有點不安，但也有點開心。 3. L 在徵得青菜同意後，邀請大家回應她。芒果、蕃茄、牛奶跟芭樂皆回應青菜。提及青菜隱藏的那些特質其實有優點，鼓勵青菜與物質共處、接納特質。 4. L 以電影「腦筋急轉彎」回應情緒與特質的功能，邀請青菜針對大家的回應分享感受，青菜表示從未用此角度觀察過自己，謝謝大家的正向鼓勵。 5. 芭樂分享上週的心情，提到在未準備好的情況下忽然被別人看見某面向的自己，覺得難為情、有點錯愕與震驚。 6. L 詢問大家是否有同樣錯愕的經驗，多數人都舉手，香菇跟牛奶則回應會有不知所措、想掩飾的心情。 7. L 順著牛奶的分享邀請大家談談這個想要掩飾的心情時，芭樂跳出來澄清自己不是不想談，只是沒有準備好要談。 8. L 同理芭樂並澄清討論非針對她，是要討論當遇到不知所措的經驗時，其他人會想掩蓋的心情，珍珠回應自己如果遇到了就會坦然接受，因為緊張只會讓狀況更糟。 9. 芭樂再次澄清，L 同理芭樂的感受，再次澄清討論焦點，芭樂開始可以回到討論的主軸中。 10. 芒果回應表示一開始會想掩飾，但會慢慢調整，並告訴別人自己做了哪些調整。

上週 回顧	・【互動概況及動力運作】 1. 香菇兩次缺席後今天回到團體，可以自在的跟大家相處。 2. 主要是 L 邀請成員分享，成員彼此主動的回應較少。 3. L 想跟大家討論當面對讓人困窘的事件時，大家的反應及心情，此時芭樂會想澄清她上週的處境，L 予以同理並說明討論非針對她。 ・【特殊事件說明】 1. 柳丁、珍珠遲到，荔枝請假。 2. 18：15 時 L 請 coL 打電話關心未請假亦未出現的成員。
我與星 球的 距離	・【團體內容】 L 說明：探索自己真的不容易，但大家參與這個團體就是想探索自己，這是團體的第五次，還有一次就結束，因此想了解大家喜歡自己、接受自己的程度。邀請團體成員自由走動，在不同的角度觀看自己，請大家依據現在跟自己的距離選一個合適的位置後停下。 1. L 詢問香菇的位置，香菇只是依據自己平常的位置但又再退一步，覺得自己跟自己不太熟。 2. L 邀請青菜，青菜表示轉來暨大後，有較多的時間跟自己相處，好像有更了解自己一些。 3. 珍珠認為自己與自己站得滿近的，自認很能接受自己，現在跟自己像朋友，有點了解但還沒摸透，在認識自己的過程中。 4. L 請珍珠對成員提問，珍珠很好奇香菇的位置怎麼這麼遠，香菇認為這是一個相對的概念，只是比認識的人再退一步而已。L 也好奇珍珠跟陌生人間的距離，珍珠劃分了一步，但 L 點出她跟陌生人的距離比跟自己遠，珍珠坦言有受到其他成員的影響，實際上會再往自己靠近一步。 5. 芭樂認為珍珠跟自己距離很近的狀態很棒，芭樂認為自己會隨時間與處境而有所不同，但珍珠好像隨時都能與自己靠近。 6. 珍珠表示這情況是除了在家庭之外，因為原生家庭父母與孩子是有階級的，所以在家中反而很難靠近自己。 7. L 關注其他人有無類似珍珠的情況，主動邀請上週分享過類似經驗的柳丁；柳丁亦表示自己的狀況與珍珠很像，也很不喜歡回家，寒暑假容易跟家人有衝突。柳丁同時表示跟自己的距離也類似珍珠，跟家人距離較遠，上大學以後跟自己的距離有變近。 8. 柳丁好奇蕃茄的情況，關注蕃茄跟自己的關係，蕃茄認為自己很多時候都較流於表面，L 連結並確認，柳丁跟珍珠都是在家中才較隱藏自己，但蕃茄好像是很多時候都會隱藏自己、不願表達自己。L 關心她是否有較能直接表達自己的時刻，蕃茄回應參加團體時能真實表達自己。 9. 珍珠詢問蕃茄，不同時間表現出不同的樣子讓她有什麼感受。蕃茄認為就是要跟環境妥協，變成環境中需要的自己，好像自己也較能被環境接納。L 關注蕃茄喜歡這個位置的自己嗎？蕃茄表示不一定，有時能接受，有時就不喜歡這麼配合環境的自己。

	10.芒果要去參加比賽，因此芒果離開前先分享他選擇與自己距離兩步，一步是不夠熟悉的自己，一步是自己不喜歡的特質、不確定怎麼接納自己。
	11.蕃茄邀請牛奶，牛奶表示一直不確定自己該站在哪，是隨著大家停下來而選擇一個還可以的位置，發現有人跟自己的距離比他跟自己的距離遠，讓他很安心。現階段想跟自己有段距離，眼前的有椅子可以保護自己，覺得安全。牛奶分享尋找自己的歷程，就學階段也很迷惘，在與室友分享心事時，室友曾直接反應「你真的很不了解自己耶」，使其相當受傷，很生氣自己怎麼這麼不了解自己。
	12.L同理牛奶，並詢問如果重新選擇會移動嗎？牛奶表示現在的位置已能代表現狀，不會想再移動。L請牛奶思考當初報名團體的動機，牛奶表示想趁機再多了解自己，L邀請成員回應牛奶。
	13.芭樂很感謝牛奶願意讓大家認識真實的他，芭樂也很困惑真實的自己在眼前時，跟自己相處會有怎樣的氛圍？並認為牛奶現在面對自己會有這麼多的擔心害怕，但這也代表他是個勇敢、真實面對自己的人。
	14.香菇感謝牛奶勇敢的分享，香菇認為牛奶眼前有椅子可以保護自己，或許可以嘗試把椅子往前一點、自己也往前一點。香菇認為自己很了解自己了，甚至可以站在枕頭上，但又有很多考慮，因此站在跟牛奶類似的位置，鼓勵牛奶可以一起往前。
我與星球的距離	15.L關注香菇剛剛賦予牛奶提到椅子的意義，好奇香菇生活中的「椅子」會是什麼環境，香菇認為團體就是自己的椅子（保護）。
	16.coL回應牛奶的勇氣，因為真實的自己也包含很多好的、不好的、不一定能接受的自己，也坦承自己會很抗拒靠近自己，很羨慕珍珠可以這麼貼近自己，也很欣賞柳丁能接納自己的狀態，也很敬佩青菜能看到焦慮不安的自己並向自己靠近。L感謝大家深度的分享，關心大家此時此刻的心情。
	17.牛奶的分享觸動珍珠，珍珠分享父母在家中是有階級的，珍珠跟現任交往時，父母很反對，她發現父母不如她想像中的關心與在乎她；因此回應牛奶，這種猶豫的狀態很正常，就像現在自己也不知道該如何和家人溝通，等到自己有能力時會再看看可如何突破。
	18.L承接珍珠，有時自己了解自己好像還不太夠，最重視的家人不夠接納自己時會很受傷。L看到珍珠有力量的部分是：停滯不前並非不處理，而是在蓄積能量，相當不容易（有跟珍珠確認回應有符合她的狀態）。做自己真的不容易，我們需要能量，諮商或團體能協助我們，大家不要孤軍奮戰。
	19.柳丁聽珍珠分享覺得很有感觸，因為她也是花了很多時間才能到現在的位置，一開始的位置可能跟牛奶一樣，眼前或許有更多椅子。以前的自己很像蕃茄，較順應環境，這是自我保護的方式，國中時有朋友鼓勵她多做自己一些，有被打醒，所以就開始嘗試找自己的樣子。想鼓勵牛奶真的可以推著椅子往前移動（同時以動作示意），或許也會慢慢退掉椅子（變成抱枕），但都在持續前進。

我與星球的距離	20. 成員們給牛奶的回應，牛奶表示很感動（同時開始放聲大哭），並提到其實一直都很想在團體中分享這些，但又很害怕團體都關注在他身上。coL 回應牛奶的分享有感動大家，讓大家更願意檢視自己。 21. L 關注青菜的感受，青菜覺得大家都有遇到類似的狀況，覺得很心疼大家。 22. L 揭露其自我探索的經驗，並提到在探索自我的過程中很需要他人推動，讓自己能慢慢看到自己的亮點。之後就算有人反應自己很不了解自己時，仍可以大聲說：「我就是不了解自己，但我正在努力。」 ・【互動概況及動力運作】 1. 蕃茄站在靠近觀察員的位置，會轉過來看觀察員幾次。 2. 牛奶分享的過程中開始臉部漲紅及哭泣，很貼近內心的分享開始觸動其他成員的心情，也拉緊了團體凝聚力及信任度。 3. 珍珠在分享前即提到自己可能會哭，成員也主動將衛生紙傳到珍珠面前。珍珠在分享中邊說邊哭，成員們很專注的聆聽彼此。 4. 牛奶大哭時，香菇主動拿衛生紙給他，L 以動作示意香菇在牛奶旁邊陪伴、安慰他，柳丁則主動口頭安慰他。團體氣氛顯得相當溫暖，凝聚力高。 ・【特殊事件說明】 芒果因要參加系上球類比賽，故中途離席，L 有向團體成員告知，並徵得團體成員同意讓芒果比賽結束後繼續回到團體中。
我「想」與星球的距離	・【團體內容】 1. L 邀請大家再次走位，找到個人期待跟自己的距離之位置，找到合適的位置以後就坐下。L 請大家記住現在的位置，記住以後就回到原位。請大家拿起手中的抱枕，抱枕仍是真實的自己，請大家看著自己的抱枕思考 5 分鐘，自己想跟它說些什麼。 2. （思考時間，青菜、珍珠短暫離開團體去上廁所） 3. （思考時間結束） 4. L 摘要前段內容，現在邀請大家跟自己說說話，請準備好的成員分享想跟自己說什麼。 5. coL 表示腳下的抱枕是自己：「謝謝無論我如何待你，你仍舊在這裡陪伴我。」 6. 香菇跟自己說：「雖然我這輩子永遠無法了解你，但很感謝你這輩子永遠都在等待我了解你，你應該是很有趣的人，才不會白費我花這麼多時間了解你。」 7. 芭樂想跟自己說：「感謝你的耐心等待，我永遠會往接近你的路上前進。」

我 「想」 與星球 的距離	8. 牛奶說：「雖然我現在還是很怕你，但有一天我一定能跟你自在相處，感謝你。」 9. 柳丁跟自己說：「又見面了，雖然我曾經很討厭你、想逃離你，但以後會努力往當朋友的路上前進。」 10. L跟自己說：「我相信你，我永遠都相信你，不管我在哪裡，我知道你永遠是善良的。」 ・【互動概況及動力運作】 1. 蕃茄仍坐在離抱枕很遠的位置。香菇、珍珠、青菜均離抱枕很近，但香菇背對抱枕。柳丁、牛奶在第二圈。芭樂依舊在原位。 2. 思考時間時大家都低頭思考，僅芭樂抬頭環顧空間（好像是在看音箱）。 3. 本階段的分享並未指定發言，由成員主動，一開始大家沉默，由coL主動分享後，其他成員開始發言。 ・【特殊事件說明】 芒果於對抱枕說話時回到團體中。
關心 儀式	・【團體內容】 1. 今天分享的內容較深，想留多點時間讓大家跟自己說說話。請心中願意接納自己的小天使現身，讓小天使好好關心一下自己。有20分鐘將這些關心與感受寫在色紙上，做關心儀式。而因為今天大家的情緒都比較飽滿，最後留10分鐘請大家分享一下心情。 2. L關注到香菇很快就寫完，有關心他一下，空閒時間他盤著腿靜坐等待大家完成。 3. coL提醒大家這是團體的第五次，邀請大家回顧團體的目標，芭樂回應是要認識自己、擁抱自己，柳丁回應要自我探索，牛奶回應要自我接納。 4. coL分享，今天大家分享很多，更了解自我接納真的很不容易，過程中也有很多的挫折，請大家肯定自己「我們做到了」。coL分享老師教過愛自己的兩個方式，一個是在鏡子前喊自己的名字、對自己微笑，另一個方式是擁抱自己；今天的分享中看到有些人相同、有些人不同，但我們都在努力了。剩下10分鐘，請大家回到自己身上，想想這五次團體中，是否有任一個片段或成員，讓你想分享的？ 5. coL邀請芒果分享，但芒果表示還需要些時間。改邀請香菇，香菇表示雖然有請假兩次，但今天來有大改觀，沒想過探索自己對某些人來說是這麼的困難，而自己因為生命中發生過很多事，不得不提早認識自己，因此很羨慕大家有很長的時間可以探索自己，無論是不是最好的自己，很開心能遇到大家。 6. coL覺察到香菇在道別，關心香菇下次是否會來，香菇表示不一定。coL回應接近自己真的不容易，感謝他先與大家分享下週的狀態。

關心 儀式	7. 因為蕃茄今天話較少，coL 邀請蕃茄；蕃茄表示自己從未請假，也沒有不喜歡講、也沒有不喜歡自己或不信任大家，但她不敢講。coL 同理蕃茄，有時真的只是還沒準備好，感謝蕃茄誠實的分享。 8. 再次回到芒果，芒果表示已經第五次了，但都較常聽、較少說，也覺得可惜，雖然經過幾次，但仍不太了解自己。coL 回應，團體的時間很短，但跟自己相處的時間很長，未來可以好好認識。 9. L 提醒大家下次是最後一次團體，誠如芒果說的，有時很少分享，下次會邀請大家分享收心盒的內容，期待最後一次大家都能來。 10. 芭樂在結束時表示，因她書寫較慢，想拿色紙回去寫祝福給大家，L 邀請其他有相同需求的成員也可以拿色紙回去。 ・【互動概況及動力運作】 1. 書寫關心儀式時，除芭樂在摺紙外，成員們都很認真寫，芒果一如既往的思考中。 2. 香菇最快寫完，柳丁第二位寫完，等待大家時放鬆的靠在椅墊上，雙腳朝向團體內。 ・【特殊事件說明】 因芒果沒有參加到中間的橋段，L 利用書寫時間跟芒果說明，並引導其加入書寫活動中。
成員狀 況及 L 因應	1. 柳丁：第四次團體中有較深度的分享自己的家庭，本週也分享了其自我認識與接納的歷程，並會主動回應牛奶，試圖提供支持。之前在團體活動的等待時間中，有時會滑手機，或是雙腳朝門的方向靠著和式椅坐，但本次均無此情況，等待時間也會關注其他成員。 2. 香菇：缺席兩次團體，但本次有準時前來，在團體中願意主動分享，可同理大家接近真實自我的不容易，也會主動給予牛奶支持，關照其他成員。 3. 珍珠：團體前期仍表述對自己清楚的了解，但受到牛奶的影響，坦承對自己的不了解，並分享父母對其自我接納的影響，能放下防備。 4. 蕃茄：分享內容較少，但有主動表示對團體的信任，也願意坦承自己害怕分享；在團體中有主動回應青菜，表示對她的支持。 5. 青菜：很少主動分享，但當 L 邀請其分享時，仍願意表達自己的內在，也願意與成員共同檢視內心，在團體中有表達對他人的關注。 6. 牛奶：本次團體深度揭露其對自我探索的情緒與壓力，真誠的分享也觸發其他成員有較深的分享與揭露，使團體氛圍更凝聚及互相支持。 7. 芭樂：團體開始時試圖為上週的情況做解釋，L 在同理她之後，將焦點回到討論的主題中，但芭樂本次在團體中多給予他人支持和回饋，較無揭露自己。結束時主動提到想在最後一次團體中給他人回饋。 8. 芒果：團體中途離開去參加比賽，而未參與到大家深度分享的過程。比賽結束回來後，在 L 的簡單摘要下，他也能回到團體中。

L 與 coL 的合作議題及觀察員回饋	1. 本次 L 對團體的掌握度高，即便有成員分享失焦時，仍能妥善回應並重新聚焦於討論中。 2. 因 L 能流暢帶領團體，coL 本次主要目標為引導個別成員（蕃茄），也回應阿農的深層分享；在團體分享陷入沉默時，主動發言示範促使其他成員開始分享。
備註	在深層的分享後，下次團體要先關注所有成員的狀態，適時給予支持。

第四節　團體評量

一、歷程評量

（一）成員出席率

在六次團體中，10 位成員中有 1 位成員流失，從未出席過團體，其餘 9 位中有 5 位成員全程出席，另 2 位請假一次、1 位請假二次、還有 1 位成員（香菇）請假三次（及出席三次）；若就團體次數而言，第三次、第四次團體的請假人數較多（含流失者各有 3 人），請假次數如表 9-3 所示。

表 9-3　成員出席統計

成員		第一次	第二次	第三次	第四次	第五次	第六次	總計
0	椰子	未到	未到	流失	流失	流失	流失	0/6
1	柳丁	√	√	√	√	√	√	6/6
2	青菜	√	√	請假	√	√	√	5/6
3	荔枝	請假	√	√	√	請假	√	4/6
4	珍珠	√	√	√	請假	√	√	5/6
5	蕃茄	√	√	√	√	√	√	6/6

表 9-3　成員出席統計（續）

成員＼次數		第一次	第二次	第三次	第四次	第五次	第六次	總計
6	芒果	√	√	√	√	√	√	6/6
7	香菇	√	√	請假	請假	√	未到	3/6
8	牛奶	√	√	√	√	√	√	6/6
9	芭樂	√	√	√	√	√	√	6/6
出席率		8/10	9/10	7/10	7/10	8/10	8/10	

（二）成員遲到狀況

　　此處以團體規範——準時出席，作為成員對團體認可程度的指標。大學生活動多、小組討論多，成員遲到的問題一直存在；每次團體均有 2～4 人遲到，特別是第二次團體有超過一半的成員遲到（5/9），第三次還有 3 位遲到，因此在成員都到了後，領導者將「遲到」一事當作團體重要議題進行討論，第四次團體遲到現象就改善很多。領導者也發現，遲到與個人習慣有關，固定成員有慣性遲到的現象；另外對照成員在團體內的表現，此現象與成員對團體的認可或團體中的投入度似乎關係不大（是否準時出席情況請見表9-4）。

表 9-4　成員參與狀況評量：團體規範達成統計

編號	成員	第一次	第二次	第三次	第四次	第五次	第六次
1	柳丁	準時	遲到	遲到	準時	遲到	遲到
2	青菜	準時	準時	請假	早到	準時	準時
3	荔枝	請假	遲到	遲到	準時	病假	遲到
4	珍珠	遲到	遲到	遲到	請假	遲到	遲到
5	蕃茄	準時	準時	準時	準時	準時	準時
6	芒果	遲到	遲到	準時	準時	準時、中離席	準時
7	香菇	早到	早到	請假	請假	準時	未到
8	牛奶	準時	準時	準時	告知遲到	準時	準時
9	芭樂	準時	遲到	準時	準時	準時	準時
遲到人數		2	5	3	1	2	3

成員柳丁因團體前有其他活動，因此都會延遲抵達。成員芒果則是前面活動結束後到團體開始前，中間還有一小段時間不知該要去哪，到處晃一晃後時間又超過了，後來（第二次）領導者告知可先來團體等待後，就無遲到現象了。

（三）參與狀況：作品完成度

本團體每次均有設計給成員於團體中完成的學習單／作品，由此亦可反映成員在團體歷程中的參與及投入程度；前三項作品（角色九宮格、特質便利貼、畫出我的星球）在完成後會立即於團體中分享，因此成員皆會積極完成，最後一項作品（收心盒）則是累積至團體最後一次才分享，保留很大的彈性讓成員自由發揮、陸續完成。說明如下（如表 9-5 所示）：

1. 角色九宮格：此作品是團體第一次的學習單，成員投入程度高，皆能積極完成學習單。

2. 特質便利貼：此作品是團體第二次的學習單，荔枝因未參與第一次團體，與其他成員較不熟悉，因此寫的張數較少，也少與他人互動。其他人則十分投入此活動。

3. 畫出我的星球：此作品是團體第三次的作品，由於該作品難度較高，需較長時間思考，因此在作品完成度上有落差。但因作畫時眾人皆認真作畫，領導者認為成員是專注投入的；但從分享作品的角度來看，成員分享自己作品似乎意願及參與度較低，應是受到帶領方式及信任程度的影響。

4. 收心盒：此作品是第二到五次團體關心儀式累積的作品，並於第六次完成。作品完成度受成員請假狀況影響，有請假則作品完成度就較低；另外成員芭樂在後期並非不願書寫，而是不便書寫，而以摺紙替代。從書寫的狀況評量成員參與、投入度，內容寫很多的成員通常收穫較多，不過不見得願意分享，領導者觀察此部分可能與成員個性有關。

表 9-5　成員參與狀況評量：作品完成度統計

編號	成員	角色九宮格	特質便利貼	畫出我的星球	收心盒
1	椰子	無	無	無	無
2	柳子	寫滿	積極參與	有完成	完成，寫較少
3	青菜	寫滿	積極參與	有完成	因請假僅完成 3/4，寫很多
4	荔枝	無	消極參與	有完成	因請假僅完成 3/4，寫較少
5	珍珠	寫滿	積極參與	有完成	因請假僅完成 3/4，普通
6	蕃茄	寫滿	積極參與	有完成	完成，寫滿多的
7	芒果	寫滿	積極參與	完成但畫較少	完成 3/4，有一次僅思考但未寫下，通常寫很多
8	香菇	寫滿	積極參與	有完成	因請假僅完成 2/4，寫很少
9	牛奶	寫滿	積極參與	有完成	完成，寫很多
10	芭樂	寫滿	積極參與	有完成	完成 1/4，後期因不擅書寫，改以繪畫代替

（四）「團體氛圍量表」

　　此量表在團體第四次時施測，評量包括凝聚力、衝突及逃避三面向。從分數統計上可發現，在第四次團體時，「凝聚力」分量表平均分數為 3.6（滿分為 6 分，3 分為中數），顯示整體凝聚力略高；而「衝突」分量表平均分數 1.39，顯示成員對團體衝突的感受少；另「逃避」分量表平均分數為 3.43，呈現出團體成員的逃避傾向——參考個別成員的分數，僅 2 位成員——牛奶（2.67）、芭樂（2.33）較少逃避傾向，其餘成員逃避分數皆高於中數，特別是柳丁的逃避分數高達了 5 分（如表 9-6 所示）。領導者推估與下列因素有關：

　　　　1. 施測的第四次團體時，團體正處於轉換階段，當次團體的主題「理想我與現實我」的差距，聚焦於「無法接受的自我」，因此成員逃避分

表9-6　成員感受之團體氣氛

編號	成員	凝聚力	衝突	逃避	請假次數
1	柳丁	4.2	2	5	0
2	青菜	4.6	2	3.67	1
3	荔枝	4.4	2.25	3.67	2
4	珍珠		請假		1
5	蕃茄	3.2	0.75	3.33	0
6	芒果	2.8	1.75	3.33	0
7	香菇		請假		3
8	牛奶	3.8	0.25	2.67	0
9	芭樂	2.4	0.75	2.33	0
合計		3.6	1.39	3.43	

享的傾向明顯；雖然如此，成員仍感受到團體的凝聚力，覺得成員間未存在衝突感。

2. 將個別成員的量表分數與請假次數做比較，發現成員對團體氛圍的感受與請假次數似乎無關（荔枝請假二次，但感受到團體高的凝聚力），推估可能與成員較內向的個性、較少與他人分享經驗有關。

（五）成員參與狀況評量

此部分整理自領導者、協同領導者及觀察員之紀錄，在釐清主動發言不等於「願意揭露個人資訊」後，將參與狀況分為「主動揭露」和「回饋他人」；經3人討論後確認，只有4位成員（4/9）在團體歷程中能夠主動揭露，而在「回饋他人」部分，則有4位（4/9）成員可主動、直接的向其他成員表達支持願意，2位成員（2/9）則在經鼓勵、引導後可回饋他人（如表9-7所示）。

表 9-7　個別成員團體歷程中的揭露與回饋狀況

編號	成員	主動揭露	回饋他人	歷程評量
1	柳丁	√	△	常主動發言、分享，能進行深度的揭露自我，偶爾會鼓勵成員接納自我。初期會滑手機，但後期滑手機次數下降，經判斷是因前期靜態活動時柳丁完成速度快，在等待他人；後期動態活動則能專注投入。
2	青菜	×	△	偶爾在領導者鼓勵下會主動分享，多數時候較沉默。偶爾會給他人回饋。某次因生活事件心情稍有起伏而猶豫要中途離席，經領導者關心後，青菜選擇留下參與團體。
3	荔枝	×	×	主動發言少，不常回饋他人，自我揭露度低。但最後一次團體領導者不斷邀請其發言後，荔枝分享較多深入的內容。朋友在團體期間聯繫荔枝，荔枝思考後決定繼續參與團體。偶爾會在等待其他人完成作品時滑手機。
4	珍珠	√	√	積極主動發言者，經常回饋與提問，自我揭露程度高。常因忙碌影響出席，較以其他活動為主，但會在忙碌完後來團體。雖不滑手機，可是曾出去講較久的電話，並經常在團體時走出團體室。
5	蕃茄	×	×	每次都準時抵達且從未請假。然團體中少主動發言，也不常回饋他人，自我揭露度低。但有表達過自己其實只是不善言辭，一直都很認真參與。偶爾會在等待其他人完成作品時滑手機。
6	芒果	×	×	在領導者暗示下偶爾會主動分享，不常回饋他人，自我揭露度較低。主要是思考及反應時間長，需思考完才能發言。偶爾會在他人分享時滑手機，但次數極少，且通常很快會收起來。 第五次團體因難以拒絕同學邀約，而中途離開幫忙比賽，但有事先告知領導者，且結束後馬上趕回來，也表達不能全程參與的可惜。
7	香菇	√	√	積極主動發言、分享者，時常真誠的回應他人提問。十分在意準時性，會提早到並準時離開，曾表達成員遲到及團體無法準時結束有造成其困擾。
8	牛奶	√	√	常主動發言、分享，會回饋他人，自我揭露度為團體最高者。團體中曾電話響，告知領導者後出去接電話，但非常快速的結束回到團體中。
9	芭樂	×	√	經常主動分享、發言，也時常回饋他人，但談及與自我有關部分較少。曾在團體分享時，被領導者的提問嚇到，拒絕自我揭露，自此後在團體中的分享與回饋都較表面。

註：「√」為「主動」；「△」為「可分享，但少主動」；「×」為「不主動、不分享」。

二、成效評量

（一）自我概念提升狀況：量表前、後側比較

　　為了解成員參與「自我接納團體」後，在自我概念上的改變狀況，本團體使用為大學生編製的「自我概念量表」為前（面談）、後測（最後一次團體）工具；因內容設計偏重「心理」、「家庭」、「社會」面向，因此僅採量表中的「心理自我」、「家庭自我」、「社會自我」三分量表。9位成員中因有2位請假未填後測量表，故僅能針對7位成員的狀況做說明（如表9-8所示）：

1. 心理自我：幾乎所有成員的「心理自我」在團體結束時的分數皆有提升，僅2位成員（柳丁、蕃茄）的後測分數略低（由4分降至3.8分；3分降至2.8）。

2. 家庭自我：有3位成員經過團體，在「家庭自我」的分數上是不升反降，此現象可能與2位成員在團體中曾分享「覺得父母不如自己想像中關心自己」有關。

3. 社會自我：與「心理自我」測量的結果相同，幾乎所有成員的「社會自我」在團體結束時的分數皆有提升，僅1位成員（珍珠）的後測分數略低。

　　綜合以上的分析，參與本次團體，有助於提升成員的自我概念；特別是在「心理自我」和「社會自我」的概念上提升明顯；7位成員中，僅1位成員（珍珠）在「家庭自我」、「社會自我」的後測分數較低，團體對其助益有限，推估可能與團體次數少尚不足以催化改變，也或者是與成員的開放度不足有關。

表 9-8　個別成員自我概念之前、後測變化（平均分數）

編號	成員	前測			後測		
		心理自我	家庭自我	社會自我	心理自我	家庭自我	社會自我
1	柳丁	4	2.83	3.25	3.8	3	3.75
2	青菜	2.8	3.67	3	3.6	4.17	3.25
3	荔枝	3.2	3.5	2.5	未測		
4	珍珠	4.4	3	4.25	4.6	2.83	4
5	蕃茄	3	3	2.75	2.8	3.33	3
6	芒果	4	2.33	3	5	4.33	5
7	香菇	4.6	4.33	5	未測		
8	牛奶	3.2	4.33	3	4	4	3.5
9	芭藥	3.2	4.17	3	3.6	3.67	3

（二）整體滿意度：成員回饋單

　　回饋單由領導者自行設計，於團體最後一次結束時填寫；回饋單分兩部分，包括封閉性問題（10題）、開放性問題。封閉性問題採五點量尺，分三部分：對團體的滿意度（4題）、對自己參與的滿意度（3題）、目標達成度（3題）等。結果說明如下（請見表9-9、表9-10）：

　　1. 對團體的滿意度：包括團體氣氛、領導者帶領、領導者合作、團體活動設計等，說明如下：

　　（1）團體氣氛：由平均分數（4.38）看來，成員對團體氣氛是滿意的。

　　（2）領導者帶領：整體來看，成員對領導者的帶領是滿意的（4.63），8位填寫成員中有5位成員給予最高分（非常滿意）。

　　（3）領導者合作：由分數（4.38）來看，成員對領導者和協同領導者的合作亦是滿意的。

　　（4）團體活動設計：8位成員中有5位對團體設計非常滿意，不過其中有1位成員（芒果）給了3分（沒意見）。

表 9-9　團體目標達成度：有關團體滿意度部分（平均分數）

成員代稱	團體氛圍	領導者帶領	領導者合作	團體活動設計
柳丁	4	5	4	4
青菜	5	5	5	5
荔枝	4	4	5	5
珍珠	5	5	5	5
蕃茄	4	5	4	4
芒果	4	4	4	3
香菇	無	無	無	無
牛奶	5	5	5	5
芭樂	4	4	3	5
平均	4.38	4.63	4.38	4.5

表 9-10　團體目標達成度：個人參與、自我探索期待達成滿意度（平均分數）

成員	參與程度	收穫程度	被支持和接納程度	團體內容符合期待	對自己更認識	更接納和肯定自己
柳丁	5	5	5	4	4	4
青菜	4	5	5	5	5	4
荔枝	3	4	4	3	4	5
珍珠	5	4	5	4	3	4
蕃茄	3	3	4	4	3	3
芒果	4	3	4	3	3	4
香菇	無	無	無	無	無	無
牛奶	5	4	5	4	4	4
芭樂	4	4	4	3	3	4
平均	4.13	4	4.5	3.75	3.63	4

2. 個人參與滿意度：成員對自己團體參與、收穫，以及團體支持氛圍的
　　滿意度，說明如下：

　　(1) 參與程度：雖然由平均分數（4.13）看來，成員對自己在團體中的
　　　　參與是滿意的，不過有 2 位成員只給了「沒意見」的 3 分。

　　(2) 收穫程度：整體來看，成員對參與團體的收穫是滿意的（4 分），

同樣的亦有 2 位成員只給了 3 分。

(3) 被支持和接納程度：成員皆肯定團體的支持，有一半的成員（4/8）對團體中的支持和接納「非常滿意」。

3. 「自我探索」期待達成的滿意度：自我探索是本團體的目標，由評量結果可看出成員對自我探索目標達成與否的滿意度，說明如下：

(1) 從成員對「團體內容符合期待」和「對自己更認識」兩題的反應（分別是 3.75 分、3.63 分），可看出成員雖沒有「不滿意」，但對團體內容和自我了解也未達「滿意」的狀態。

(2) 但在「更接納和肯定自己」部分，成員則是「滿意」的（4 分），其中只有 1 位成員（1/8）是「沒意見」（蕃茄），其實多數成員則是「滿意」的，其中還有 1 位成員（荔枝）對自己的自我接納和肯定是「非常滿意」的。

（三）期待達成度：前、後回饋比較

為評量團體成效——能否滿足成員自我探索的期待，此處將成員面談陳述之團體參與期待，與結束時成員回饋單填寫之內容——含「參加團體的收穫」（開放性問題）及「內容是否符合期待」（封閉性問題第八題，1-～5分）進行比較（如表 9-11 所示）。因當次有 1 位成員請假（香菇請假，未填寫），此處只呈現 8 位成員的期待檢視。結果大致分為兩類：

1. 期待獲得滿足，覺得自己有進步：根據成員陳述內容，此類成員有 5 位——柳丁、青菜、荔枝、珍珠、牛奶（雖然荔枝自評的內容符合程度只有 3 分，但由其撰寫內容，並參考其在團體中的表現，應屬本類），他們都覺得團體內容符合期待，且在自我探索上有成長，可能是更認識自己，也可能是有了新的嘗試或突破。

2. 有些了解，但還有進步空間：此類成員有 3 位（蕃茄、芒果、芭樂），他們認為參加團體讓他們聽到些觀點、開始與他人有些對話，也比較能坦然面對自己，但對自己的了解還不夠，覺得還有進步空間。

表 9-11　團體目標達成度：前、後回饋比較

編號	成員	達成度	參加團體期待	團體結束回饋
1	柳丁	✓	透過團體安全保密的環境，練習更接納自己	可以更好的整理自己，而且似乎有些小突破；我覺得都很好，我喜歡這裡的一切，不後悔來到這裡（4 分）
2	青菜	✓	想找到自己的優點，理解自我評價的來源，停止與他人比較	首次嘗試向不熟悉的夥伴們分享比較內在、深入的事情，過程比想像中溫馨，通過這次團體，促進我深入思考很多問題（5 分）
3	荔枝	✓	想理解自己行為背後的想法，並學會控制自己	增加同理心，了解每個人心裡都有自己要面對的課題，這些議題可能是我曾有過或現在有的，會讓我覺得接近別人也沒有那麼難。有變得更勇於改變，還有增加正向面對事物的能力（3 分）
4	珍珠	✓	已開始接納自我，想透過團體更加增進信心、堅定自我接納的想法。並了解過去的自己發生什麼事	雖然因為在參加團體之前就已經對自己有一定程度的了解，所以深度較淺的活動比較無法對我有更強烈的碰撞，但了解到他人對自己的看法和吸收他人的故事、經驗再加以反思，這個部分符合我的期待（4 分）
5	蕃茄	△	想更了解、接納自己	參加之前沒有預設想要達成或發現到什麼，但漸漸看到自己其實不太了解自己，也不太接納自己，但猶如大家給我的鼓勵，其實這也沒什麼不好，是我還沒找到方式而已（3 分）
6	芒果	△	改變自己討厭的部分，成為理想的自己	發現還是很不了解自己，不過聽到了很多別人的想法，綜合下來有一些對自己的反思，然後也比較能坦然面對自己（3 分）
7	香菇	-	想學會與自己相處，想透過與其他成員互動，在團體中找到普同感	請假未填

表 9-11　團體目標達成度：前、後回饋比較（續）

編號	成員	達成度	參加團體期待	團體結束回饋
8	牛奶	√	想要理解自我厭惡的原因，並試著自我接納。也想透過與其他成員互動，在團體中找到支持與普同感	參加團體有幫助我跟不同的人相處，跟大家表達自己的想法和感受。雖然每次自己要發言的時候，心跳都會很快，但每次的嘗試都有慢慢變得勇敢一點（4 分）
9	芭樂	△	想更了解自己，且往理想中的自己前進	看見不同的觀點、聽見不同的聲音、感受不同的體驗（3 分）

　　統整成員的回饋、量表分數，並結合領導者、協同領導者、觀察員的帶領與觀察經驗，本次的「自我接納團體」，成員對團體氛圍、領導者帶領、領導者合作、團體活動設計等是滿意的，且多數成員在「心理自我」、「社會自我」的概念上有提升，但在「家庭自我」提升有限，部分成員反而退步；而在團體目標——自我探索的期待達成上，沒有成員是不滿意的，多數成員（5/8）認為團體內容符合期待、是滿意的，少數（3/8）則認為對自己的了解還是有限，還有進步空間。

三、學習、反思與建議

（一）願意回饋與支持他人、但較少主動揭露，影響敘說成效

　　本團體成員皆是主動報名，且對自我探索、自我了解是具有高動機，但成員回饋、支持他人的意願與能力，較自我揭露、自我分享佳；雖然團體具有高的支持、接納氛圍，但成員對分享自我，特別是負向概念、不喜歡的自己時仍有疑慮，擔憂負向評價；由於「敘說」是需要成員分享生命故事，並透過不同的問話解構社會期許，然成員的逃避（第四次團體氛圍評量時，逃避的現象明顯）、防衛一直存在，因此主動敘說、深度敘說的次數不多。未來或許可以思考，如果在團體進行前為成員做好參與團體、與眾人對話的準備、增加成員對團體領導者的信任感，或者設定更清楚、初階的自我探索目

標可能有助於成員的揭露與分享。

（二）自我探索需要時間醞釀和等待

自我探索是一件重要、須花時間持續且長期投入的人生功課，然為配合課程及學校行事曆進度，只規劃了六次、每次 2 小時的分散式團體，在成員人數不少（7～9 人／次）的狀況下，分享的時間頗受限制，因此有成員建議：增加分享時間、思考時間，也建議增加內容深度；或許未來大學生自我探索團體可增加至八到十次，或每次 2.5～3 小時，才不會讓每次的團體都在匆忙之下結束。

> 「我覺得畫出自己的內心世界是很難的，尤其是沒有畫過的人，可以再多給些沉澱或是醞釀時間，感覺會比較能進入狀態。」（芒果）
> 「分享時間有點不夠，建議拉長，每個人都有深度分享，收穫會更多。」（荔枝）
> 「希望活動深度可以深點，若使用心理測驗可以給些具體的引導。」（珍珠）

最後，感謝所有成員的參與，以及協同領導者、觀察員的協助，看似只有六次的團體，然我們投入了數倍的時間和精力；與所有夥伴走一程自我探索之旅，雖只是生活的一小步，我們已收穫滿滿，祝福所有繼續前行的夥伴，加油！

參考文獻

中文部分

三立新聞網（2019）。張老師專線 12 月升級，最多 55 線同時服務。https://www.setn.com/News.aspx?NewsID=631540

李如雪（2008）。大學生身體意象與自我概念之相關研究（碩士論文）。https://hdl.handle.net/11296/uf2sxc

周志建（2002）。敘事治療與現實治療之比較。諮商與輔導，**200**，18-22。

林杏足（2013）。敘事諮商中當事人自我認同轉化歷程之研究。中華輔導與諮商學報，**37**，209-242。

社團法人國際城市浪人育成協會（2019）。**2018 年度成果報告書**。https://issuu.com/citywanderer/docs/20190327

邱珍琬（2014）。大學生知覺從原生家庭帶來的傷痛與影響。亞洲家庭暴力與性侵害期刊，**10**，53-86。

張春興（2007）。**教育心理學**。東華。

張春興（2013）。**現代心理學**（重修版）。東華。

敖昱婷、郭奕宏（2018）。高齡者敘事團體與懷舊團體之理念評比與實務應用。輔導季刊，**54**（3），67-78。

莊秀敏、陳揚學（2016）。大學生自我概念與智慧型手機成癮之相關研究。教育傳播與科技研究，**114**，43-60。

陳函筠、黃韞臻、林淑惠（2017）。大學生自尊與自我價值之研究：以臺中市七所大專院校為例。學校衛生，**71**，35-51。

陳蓉（2015）。自我認同的尋求：大學生的自我探索（碩士論文）。https://hdl.handle.net/11296/g7rz4f

陳騏龍（2001）。國小學童情緒智力與幸福感、人際關係及人格特質之相關研究（未出版之碩士論文）。國立屏東師範大學。

黃素菲（2018）。敘事治療的精神與實踐。心靈工坊。

盧金足（2019 年 10 月 30 日）。張老師復原力調查：中高年、研究所學歷、已婚者復原力較高。中時新聞網。https://www.chinatimes.com/realtimenews/201910 30004622-260405?chdtv

鍾明勳、郭珀如、杜家興、張達人（2013）。中文版團體氣氛量表之信效度。中華團體心理治療，**19**（4），45-56。

羅品欣（2007）。從人際關係的發展危機探討青少年自殺的成因。中等教育，**58**（5），1-8。

蘇益志（2006）。青少年自我探索之途。諮商與輔導，**246**，11-13。

鐘美芳（2009）。敘事治療團體對高職學生人際失落之輔導效果研究（未出版之碩士論文）。國立嘉義大學。

英文部分

Corey, M. S., Corey, G., & Corey, C. (2010). *Group: Process and practice*. Brooks/Cole.

第十章
打開情緒壓力鍋：
國中生情緒探索團體

王汝廷、沈慶鴻

情緒探索團體
打開情緒壓力鍋

「又不是我的錯，郭P4，我好委屈。」
「被人塑膠，好寂寞，沒有人會關心我。」
「超不爽，難道我連哭的權利都沒有嗎？」

歡迎想『更瞭解自己的情緒、和自己的情緒好好相處、把自己的情緒照顧好』的你/妳加入。

- 時間：11/25-12/30，每週三午休、第5節；每週四第5、6節(共6次，予以公假參加)
- 地點：校史室
- 參加對象：本校學生（一～三年級）
- 團體帶領者：王汝廷、吳亭穎(暨大輔諮所)
- 報名方式：填完報名表後，將報名表於11/11(三)前，繳給輔導室  老師。

＊成員確認名單於11/18(三)公佈＊

第一節　團體設計

一、緣起與理念

（一）問題陳述

情緒是個人與外界交流互動的產物，生活中各種事件都可能引發我們不同的情緒反應，正面的情緒有助個人生成力量，度過難關；負面的情緒則容易使人陷落不快、自怨自艾（香港特別行政區政府衛生署，2015）。

《親子天下》（2014）調查國中小學童的情緒問題時，發現近 96% 的輔導老師認為有「情緒困擾」的學生愈來愈多，他們認為學生在情緒的調整與表達上出了問題，影響其人際交往或日常生活；該調查報告指出，到輔導室求助或諮詢的學生近九成面臨「人際或感情困擾」（87%），其次則是「情緒困擾」（58%）、「家庭氣氛不佳」（51%）。董氏基金會（2018）針對 3,478 位六都國、高中職學生進行心理健康及憂鬱情緒調查，雖然逾六成青少年情緒狀態穩定，但仍有逾兩成學生情緒起伏不定，近一成學生覺得自己有明顯的憂鬱傾向且需尋求專業協助。對照行政院（2019）針對國中小情緒行為障礙的人數統計，也顯示情緒障礙學生人數逐年增加。顯見有愈來愈多青少年學子正為情緒困擾所苦，雖然情緒變化和起伏是正常現象，但若無法排解持續受到的情緒影響，會導致個人生活、學業、人際關係等方面的困難，嚴重者則可能引發情緒障礙（許素娟，2018）。

（二）需求與困境

情緒困擾是多種因素相互影響的結果，大致包括了個體內在狀態與外在環境兩大系統的互動，例如：個人背景、發展障礙、認知扭曲等個體因素，以及家庭、學校、同儕、社會等的環境因素（陳政見，1999；劉焜輝，1992，引自許素娟，2018；程小蘋、林杏足，2003）；影響青少年情緒的因素也大

致如此，除了生理因素外，家中與父母、手足的關係，學校裡與教師、同儕的互動，以及課業表現、升學壓力等，也都會影響青少年的情緒變化。

由於青少年／中學生一天近 8 小時都在學校，與教師和同儕的相處成為影響情緒的主要來源，良好的同儕團體與師生關係對青少年的行為發展有正向幫助，反之則加劇青少年的情緒問題；當青少年覺得被認同、獲得歸屬、感覺被理解和被接納，較能在生活遭遇困難時主動尋求協助，得到情感上的理解支持、促進健康的身心發展（田光祐等，2018；趙子揚等，2018）。不過，隨著科技發展，社群網站為青少年帶來新的挑戰，雖然好友、群組的留言、回饋提供不少支持力量，但「網路霸凌」卻也藉由網路特性使霸凌議題較過去更為嚴重；數位時代帶來更多元、複雜的情緒問題，青少年作為網路使用的重要群體，如何面對與處理網路交友所致的情緒困擾，成為青少年必修的課題。

青少年時期是個體轉銜至成人的重要階段，青少年情緒的反應與變化十分明顯，身心與環境的變化都為他們帶來影響（王櫻芬，2012；林海清，2017；徐嫚淳，2007；陳宣含，2018）；發生嚴重的情緒困擾會影響生活日常，若持續未得到妥適的抒發與關心，恐導致情緒障礙，甚而影響青少年生、心理的均衡發展，故為避免青少年遭受嚴重的情緒困擾，幫助他們學習理解自己的情緒十分重要。特別是隨著時代變遷，青少年被迫面對更多元且複雜的情緒考驗，一旦情緒管理失當而經驗過多的負向情緒，最終將導致生活適應上的諸多問題（羅婉娥等，2013）。因此建立青少年合理的認知、透過提升青少年個人與環境層面的正向能力與資源，可預防降低憂鬱帶給個人、家庭與社會的損傷（陳杏容，2017）。

（三）理論觀點

情緒行為是國中學生生活經驗重要的層面，青春期的孩子因為前額葉尚未發展成熟，大腦神經正在修剪中，因此情緒波動很大，生理與心理上的半成熟使他們容易衝動，然而情緒本身並無對錯，它不僅是青少年對於生活情

境所產生的反應，而且與其認知、學習、動機及人格均有密切的關係（許學政，2004；黃啟菱，2019）。

Albert Ellis 提出 ABC 理論，他認為事件（A）的發生引起了情緒（C），可是導致我們覺得情緒惡劣的原因是來自非理性的想法，如果能以理性的想法取代非理性的想法，那麼就能夠改變我們的情緒（洪嘉謙，2001）。吳怡蒨、陳佩玉（2018）研究指出，目前國中小老師教導情緒困擾或有情緒行為問題的學生，常用的策略與模式包含行為控制、情感調整、形象／想像、認知、人際關係和藥物生理等。REBT 強調認知的重建，同時顧及情感、行為層面，期盼藉著具體的認知、行為、情緒的方法，幫助個體克服自我貶低的價值體系，產生其引導自我充分發展的人生哲學，並增進個體有效適應的能力（許學政，2004）。

（四）團體諮商的適用性

青少年經驗的核心部分是同儕的壓力，因為他們很希望受到同儕的歡迎與接納；同儕的影響力因此促使個人盡力與同儕所讚許的行為取得一致，故青少年能學習如何建立相互滿足的同儕關係就成為一項重要的發展任務。青少年期面對自己與他人的期望，感受到成功的壓力。舊有的認知、人際與問題解決方法，可能無法因應目前發展任務的要求，因此需要學習新的認知、思考方式、人際關係與問題解決策略與技巧。可見現代的青少年大多數對自己這樣的現況是感到矛盾及不知所措的，所以亟需有認同及歸屬的團體（巫珮如、謝麗紅，2015；程致銘，2017）。

諮商團體工作是針對一般性的生涯、教育、個人、社會與發展議題，透過人際互動、支持與問題解決，增進發展初期已存在的人際問題解決能力，使其能因應當前問題，並可延用於解決未來類似的問題（吳秀碧，2005）。團體諮商近幾年來廣泛用於學校輔導實務上，許多研究皆已證實團體諮商運用於學校輔導具有良好的效果（張瓊珠等，2009；許惠慈等，2015；陳君盈，2018；魏啟倫，2017）。同時團體諮商有別於個別諮商最大的好處是，青少

年在團體中得以接觸到更多不同的價值觀，並從他人回饋聽見更多元的觀點與分享（張令儀，2020）；在團體諮商的運用中，除了領導者能提供個人協助以外，團體成員彼此間亦發展出互助的療效因子，透過成員彼此分享、理解、認同與回饋以達到治療效果。此外，當團體營造出接納安全氛圍，成員間相互鼓勵嘗試練習新的行為，有助於重新經驗良好的人際互動模式，同時經由替代性學習得到良好的經驗示範，經驗性的技巧與知識有助於成員內在與外在環境的適應。

有鑑於團體諮商模式在人際連結以及社會互動方面的特殊運作方式，以及滿足青少年渴望獲得他人認同、被團體接納等需求，同時降低個體遭標籤化，因此選定團體諮商模式介入，希冀對該群體具正向助長。

二、團諮目標

1. 協助成員認識情緒，並覺察自己的情緒狀態。
2. 提升成員增加對自己情緒的表達能力。
3. 協助成員檢視想法、行為與情緒對自我的影響，學習接納情緒。
4. 協助成員學習管理情緒，能運用適當的方式處理情緒。

三、合作機構

此次團體合作機構為○○縣國民中學輔導室，輔導室共設置 3 名專輔老師，雖然受到少子化影響，學生數及班級數逐年遞減，但是輔導室所服務之個案量卻是逐年提升，目前每位專輔老師各約有 20 名學生持續輔導追蹤，以班導師推薦為主要進案管道。學生被轉介的議題大致分為家庭衝突、人際議題、課業問題與情緒困擾，其中以情緒困擾最為棘手，因情緒問題常伴隨著強烈的外顯行為（如哭鬧、暴力、自傷等），當個體有不適應的行為出現，便容易遭受來自師長與同儕標籤化，導致個體遭受霸凌與排擠，對個人情緒排解與生活適應有著惡性循環，若處置不當將成為校安事件。

學校輔導室主任、專輔老師及各班班導與學生關係密切，長期關注並追

蹤學生於家庭及在校與同儕互動間的情況，對學生心理困擾提供強而有力的支持功能，在輔導學生事務上特別著重協助學生情緒覺察、控管自我情緒及負向情緒抒發管道。此次團體組成，主要由輔導室及各班導師轉介之危機個案為主，師長們對學生狀況有清楚的掌握。團體活動時間以不影響學生學業為前提，因此獲得師長大力支持。

四、設計與帶領

1. 領導者：王汝廷，暨南國際大學輔諮碩二研究生，具六年醫務領域服務經驗。
2. 協同領導者：吳亭穎，暨南國際大學輔諮碩二研究生，具十七年早療領域服務經驗。
3. 觀察員：暨南國際大學輔諮碩二研究生。

五、時間與地點

1. 時間：每週三（午休與課間）、週四（課間），每次 90 分鐘，共計六次。
2. 地點：校史室。

六、團體特性

封閉性、高結構團體。

七、邀請對象

有情緒困擾之國一至國三學生，以輔導室個案為優先，共 6 人。

八、成員來源

以老師推薦、自願報名為主。成員報名後，須經面談確認參與意願。

1. 團體前面談：團體領導者單獨與報名者面談約 15～20 分鐘，面談內

容主要為自我介紹、了解其團體參加經驗、對團體的期待、慣用的情緒處理方式，領導者亦說明團體目標，並關心學生近期面臨的情緒困擾經驗等。於面談結束後將家長同意書、成員邀請卡一併發放給成員，並說明相關程序與注意事項。

2. 聯繫方式：團體領導者在相關表單上留下自己的聯絡方式，便於學校師長、成員家長聯繫與提問。且考量成員保護以及聯繫便利性，團體領導者不會私下聯繫成員，由專輔老師協助傳達團體相關事件。

九、團體內容

如表 10-1 所示。

表 10-1　團體內容

單元名稱	單元目標	活動內容	理論依據
第一單元 是在「哈囉」	1. 成員與領導者相互認識 2. 說明團體進行方式及目標，了解和澄清成員對團體的期待 3. 建立團體規範，建立成員對團體的凝聚力及提升信任感	1. 哈囉！你好嗎？ 2. 當我們同在一起 3. 我們有個約定 4. 屬於我的故事	
第二單元 情緒大集合	1. 透過活動參與討論，提高成員參與度，增進成員凝聚力 2. 認識不同的情緒樣態 3. 檢視平時的情緒及反應	1. 暖身小遊戲 2. 說說我的故事 3. 情緒四葉草 4. 我的情緒小朋友 5. 分享與回饋	理情行為治療
第三單元 說不出口的心裡話	1. 透過活動討論，提高成員參與度，增進成員凝聚力 2. 檢視成員平時的情緒 3. 協助成員覺察自己的情緒變化	1. 暖身小遊戲 2. 說說我的故事 3. 情緒溫度計 4. 當情緒來敲門 5. 分享與回饋	理情行為治療
第四單元 一樣故事，不同心情	1. 協助成員覺察情緒 2. 檢視與情緒相關的行為或狀態 3. 探索成員間情緒因應的相似與差異，增加普同感與信任感	1. 說說我的故事 2. 不同的角度看風景 3. 秘密檔案 4. 分享與回饋	理情行為治療

表 10-1 團體內容（續）

單元名稱	單元目標	活動內容	理論依據
第五單元 「記敘」 好心情	1. 增加成員對事件情緒反應的覺察 2. 檢視情緒調適的方法，練習適當的 　　情緒宣洩 3. 透過成員間的鼓勵，強化正向經驗	1. 說說我的故事 2. 解開小情緒密碼 3. 我的生命線 4. 分享與回饋	理情行為 治療
第六單元 送你愛的禮物	1. 回顧與統整參與團體的收穫與學習 2. 邀請成員彼此回饋，強化在團體獲 　　得的正向經驗 3. 團體成效評量	1. 安安！我好嗎？ 2. 說說我的故事 3. 自傳 4. 心中有話輕輕說	理情行為 治療

十、團體評量

本團體使用「團體歷程評量」以及「團體結果／成效評量」進行評量分析：

1. 在歷程評量面向，領導者將記錄成員的出席狀況，以及成員在團體中情緒揭露、療效因子、喜歡的活動等，並歸納領導者、協同領導者及觀察員之觀察紀錄，以學校輔導室師長不定期提供的口頭回饋。

2. 結果／成效評量面向則是根據成員面談前所設定之個人目標，以及團體目標，蒐集團體成員在團體內或團體外的自陳性報告與他人回饋，以及團體觀察員之書面觀察紀錄。將上述資料分類與編碼，加以彙整成表，作為團體目標達成度分析評量之依據。

第二節　團體招募與面談

一、招募

為進行成員招募，本團體設計以下資料：

1. 設計招募海報，以中學生常用的網路用語，結合情緒性的敘述，貼近學生的心情，吸引學生注意（如第一頁團體招募海報所示）。

2. 成員邀請卡：清楚說明團體主要目標，於成員晤談後發給個別成員，幫助成員對團體有初步的了解（如附件 10-1 所示）。

3. 導師通知單：標示清楚團體進行的場地、日期與時間，提供給團體成員的班級導師知悉（如附件 10-2 所示）。

4. 家長同意書：簡介團體領導者的身分，說明團體目標與進行的方式、地點、時間安排等資訊，幫助家長了解團體資訊（如附件 10-3 所示）。

招募成員的步驟如下：

1. 在學校福利社外張貼宣傳海報，吸引對主題有興趣的學生主動報名。

2. 向導師宣導並印製宣傳單張，供老師發放讓學生索取，提升導師推薦學生參加之機會。

3. 向專輔老師、輔導組長與主任，說明團體目標與設計，提升師長們轉介學生之意願。

二、面談

（一）聯繫

本次團體合作的單位為國民中學，考量學校行政作業並保護學生隱私，故團體相關事務皆由專輔老師以電話、通訊軟體、電子郵件等三種方式協助轉達。團體初步接洽以電話進行，約定與專輔老師、組長、主任的面談時間，清楚說明團體合作目的、擬定執行方式，以及釐清雙方期待；後續進行團體設計，包含宣傳海報、成員邀請卡、導師通知單、家長同意書等表單製作，皆以電子郵件方式傳遞給專輔老師，並透過通訊軟體進行討論。

而團體成員的面談，亦是透過專輔老師協助通知導師及成員，團體領導者排定一至兩天，由專輔老師協助排定成員可面談的時間，於輔導室進行單獨面談。

（二）面談

團體前面談關乎到團體成員的挑選及組成，是領導者初次與成員建立關係並獲取成員資訊的機會，領導者可藉此機會個別接觸成員。此次團體主題為「情緒探索」，故除了基本的領導者自我介紹，並向成員介紹與說明團體目標與進行方式，針對成員的提問加以了解、回覆，並且藉由面談過程釐清成員的期待，篩選合適及淘汰不合適的成員；同時於會談過程中尋找素材，希冀團體的設計能夠更加貼近成員的需求，以利調整後續團體內容。

（三）訪談大綱

1. 了解成員對於團體的認識程度：
   - 之前有無參加團體的經驗？
   - 參加過最印象深刻的團體內容為何？
   - 對團體的期待？
2. 評量成員對「情緒」的理解與因應方法：
   - 最近一週的心情如何？有過劇烈的變化嗎？
   - 當你心情不好的時候，你都做些什麼讓自己感覺好一點？
   - 承上題，你覺得那是個好方法嗎？這個方法能如何幫助你？
   - 在你感覺到有情緒出現的時候，你都怎麼表達呢？

（四）成員篩選

1. 參加動機近似團體目標者，優先納入。
2. 參加意願高、自我開放度高者，優先納入。
3. 因團體安排在午休時間，學生因個人生理因素無法配合者將予以排除。
4. 團體預計進行六週，期間亦會借用課堂、技藝班時間，家長和師長不建議參加者將予以排除。

三、團體成員

　　本次團體成員由一至三年級學生組成，僅 1 位成員是在看到招募海報後主動報名，另外 5 位成員是由導師、專輔老師推薦或邀請入團（如表 10-2 所示）。在多數成員裡，有半數成員曾參與過團體，另外半數則是初次參加。

表 10-2　團體成員一覽表

成員代號	年級	性別	來源	期待
小雪	三年級	女	老師推薦	能學習不同的情緒宣洩方法
彎彎	二年級	女	老師邀請	能表達情緒
阿熱	三年級	男	老師邀請	獲得不同的團體經驗、交朋友
黑貓	二年級	男	老師邀請	認識情緒、表達自己
歐樂	一年級	男	老師邀請	上課無聊所以來
雯雯	三年級	女	主動報名	能更認識自己的情緒

附件 10-1 成員邀請卡

情緒探索團體　成員邀請卡

親愛的 _ _ _ _ _ _ _ 同學：

　　歡迎你加入情緒探索團體！這個團體可以幫助你檢視自己的情緒，學習如何與自己的情緒相處，並和其他成員一起分享討論情緒管理與找到合宜情緒抒發的方式，希望能幫助你更加瞭解自己的情緒。以下有幾點注意事項請你留意，這樣我們才能更順利的進行團體：

● **團體活動日期為**：OO/OO(三)、OO/OO (四)、OO/OO (三)、OO/OO (四)、OO/OO (三)、OO/OO (三)

（周三午休、第五節；週四第五、六節），共 **6** 次

● 第一次團體，請於 OO/OO(三)12:20 於輔導室集合。＊帶鉛筆盒

● 每次團體請準時出席並簽到，如於團體活動當天不克前往，請事先到輔導室通知 OO 老師。

附件 10-2 導師通知單

班導通知單 - 情緒探索團體成員名單

親愛的　　　　老師您好：

非常感謝您對於情緒探索團體招生的支持！

本次團體成員名單確定如下，煩請班導師協助留意。

● 團體活動日期為：共 6 次

● 每次團體進行時間：週O上午O:O-O:O；週O下午O:O-O:O（每次 90 分鐘）

參加團體將給予公假登記，若學生當天未準時前往參加團體，我將會與您聯絡，以確認學生行蹤(如學生當天請假或不克前往，請導師或學生事先告知)。有任何問題洽輔導室 OO 老師、或者與我聯繫，再次感謝您的支持與配合。

班級-姓名			

團體領導者王汝廷：　xxxx-xxxxxx

輔導室OO老師：分機 xxx

附件 10-3　家長同意書

【情緒探索團體】家長同意書

親愛的家長您好：

　　我是國立暨南大學諮商輔導所碩二生王汝廷，本學期專業訓練課程與 OO
國中輔導室合作，規劃「情緒探索團體」活動，希望能邀請貴子女參加，並得
到您的支持。

　　情緒是個人與外在環境互動的方式，每個人面對情緒都有著自己習慣的因
應方式，青春期的孩子認知和經驗都尚未成熟，面對情緒不免容易衝動、焦
慮，往往不知道該如何應對和傾吐。本活動的目的便是藉由團體學習的方式，
使學生學習辨識情緒以及因應情緒的方法，希冀能增進學生面對情緒困擾時的
因應能力。

活動資訊：

- 團體諮商：透過團體活動，引發學生對情緒經驗的覺察，並促進同儕分享
  學習情緒辨識、情緒管理與情緒因應之方法。
- 費用：免費。
- 團體活動日期為：
- 團體進行時間：(每次 90 分鐘)
- 參與團體之學生已獲得導師同意，並予以公假；團體活動地點訂於校內
  OOO，活動相關訊息亦一併知會班導師，有關安全部分，請您放心。若您
  有任何問題請洽輔導室 OO 老師、或者與我聯繫，再次感謝您的支持與配
  合。

　　　　　　　　　　　團體領導者王汝廷： 09xx-xxxxxx

　　　　　　　　　　　輔導室 OOO 老師：分機 xxx

回條請於 OO/OO 星期 O 前繳回輔導室 OO 老師，感謝您

學生姓名：　　　　　班別：

□已閱讀並瞭解活動資訊，同意 ＿ ＿ ＿ ＿ ＿ ＿ 參與團體。

□因＿＿＿＿＿＿＿＿＿＿＿＿＿＿，故無法參與此次團體。

家長簽名：　　　　　　　於　　年　　月　　日。

第三節　團體設計與執行

一、修改後的團體內容

如表 10-3 所示。

表 10-3　修改後的團體內容

單元名稱	單元目標	活動內容	理論依據
第一單元 是在「哈囉」	1. 成員與領導者相互認識 2. 說明團體進行方式及目標，了解和澄清成員對團體的期待 3. 建立團體規範，建立成員對團體的凝聚力及提升信任感	1. 哈囉！你好嗎？ 2. 當我們同在一起 3. 我們有個約定 4. 期待再相逢 備案：普同圈遊戲	
第二單元 情緒 大集合	1. 透過活動參與討論，提高成員參與度，增進成員凝聚力 2. 認識不同的情緒樣態 3. 協助成員對自我情緒的覺察	1. 小皮球點點名 2. 說說我的故事 3. 腦筋急轉彎／挑戰情緒配音員 4. 討厭的人都跌倒吧 5. 分享與回饋 備案：小皮球點點名進階版	理情行為治療： 覺察情緒（C）
第三單元 情緒 試試看	1. 了解成員間情緒經驗的相似與差異，增加普同感與信任感 2. 幫助成員探索與了解自我情緒	1. 請你聽我慢慢的敘說 2. 不能說的情緒秘密 3. 畫我的情緒面具 4. 介紹我的它 備案：都讓情緒來說	理情行為治療： 事件（A）、辨識情緒（C）
第四單元 情緒 各不同	1. 增加成員對自我情緒的認識與覺察 2. 檢視自己情緒的呈現方式 3. 探索與自己情緒相關的信念	1. 情緒不能說 2. 情緒探險隊 3. 我的情緒在哪裡 4. 分享與回饋 備案：傻傻玩	理情行為治療： 檢視信念（B）、感受情緒（C）

表 10-3　修改後的團體內容（續）

單元名稱	單元目標	活動內容	理論依據
第五單元 我的情緒 替身	1. 引導成員認識非理性信念對情緒表達的影響 2. 協助成員學習用我訊息來做情緒表達 3. 協助成員檢視平時自我的情緒反應，與事件之間的連結	1. 情緒的辯護律師 2. 換個角度看事件 3. 秘密檔案 4. 情緒慢慢說 5. 分享與回饋 備案：情緒賓果進階版	理情行為治療：想像、非理性信念、認知重建
第六單元 情緒 好好說	1. 透過團體分享，使成員學習到不同的情緒宣洩方法 2. 回顧與統整參與團體的收穫與學習 3. 邀請成員彼此回饋，強化在團體獲得的正向經驗 4. 團體成效評量	1. 情緒守衛戰 2. 回顧與統整 3. 心中有話輕輕說 備案：送給自己的祝福	理情行為治療：無條件的接納、自我陳述

註：陰影處為增修的部分。

二、單次團體設計：以第六次團體為例

單元名稱	情緒好好說	團體人數	6 人	對象	國中生
團體時間	○年○月○日	團體地點	校史室	設計者	王汝廷
單元目標					

單元目標	1. 透過團體分享，使成員學習到不同的情緒宣洩方法 2. 回顧與統整參與團體的收穫與學習 3. 邀請成員彼此回饋，強化在團體獲得的正向經驗 4. 團體成效評量

名稱	團體目的	內容及步驟	器材
情緒守衛戰 （20 分鐘）	藉由替代性學習經驗，提升與擴充成員情緒宣洩的技巧和方法	1. 成員分享覺得有效的情緒宣洩方法，引導成員們彼此鼓勵回饋 指導語 一連幾次的團體活動，我們討論了很多很多關於情緒的種類、情緒的表達方式，也帶到每個人對同一事件可能會產生不同的想法和情緒反應，影響個人表現出來的行為。想問問大家，當你覺得自己有好多好多情緒的時候，你都怎麼辦呀？什麼方法對情緒的處理比較有效？	情緒字卡

名稱	團體目的	內容及步驟	器材
回饋與統整 （50分鐘）	1. 回顧與統整團體參與的收穫和學習；強化成員所獲得的正向經驗 2. 團體評量	1. 回顧前面五次團體的活動和經驗，請成員分享自己印象最深刻的活動或經驗 指導語 我們的團體到今天即將結束，團體一共進行了六次，我們也一起參加了許多的活動，在團體裡面跟大家的相處，有的人真的很喜歡、很開心，但是有幾次我們也發生了一些衝突和感到生氣，無論是什麼樣的事件、什麼樣的情緒，那都代表著我們一起經歷和陪伴彼此的經驗，現在，想要邀請你們一起來回顧前面幾次的團體經驗，跟大家分享你印象最深刻的一次活動是什麼？ 2. 請成員畫出參加團體印象最深刻的畫面，分享當時的情緒感受 指導語 現在請大家回想一下前面五次團體經驗，我們一起度過了六次的活動，中間也經歷了不少的事情，有一些我們忘了，有一些我們記得，還有一些是會讓我們印象深刻的，現在請大家閉上眼睛，想一想這些印象深刻的經歷是什麼？然後，我們要一起把它畫下來。	圖畫紙 蠟筆
心中有話輕輕說 （20分鐘）	透過對成員的鼓勵與肯定，提升成員自我價值，並建立良好情緒經驗	1. 領導者將寫好的祝福小卡唸出來，並逐一分送給成員 指導語 很謝謝你們六個禮拜的陪伴和參與，在這六次的活動當中，你們都很投入也很用心的參與，願意給別人回饋，互相鼓勵。情緒是很稀鬆平常的存在，可是卻對每個人的生活都造成好大的影響，無論大家因為什麼原因來到團體當中，我們都要很肯定你們的參與和進步。 2. 邀請成員對領導團隊或其他成員鼓勵和回饋 指導語 聽完我們對你們的鼓勵和回饋之後，我們也很想聽聽你們有沒有什麼話想對我們說的，或是也好想給某位成員再多一點的鼓勵？讓我們把握最後一點點的時間，幫彼此打氣吧！	寫好的祝福卡

名稱	團體目的	內容及步驟	器材
備案：送給自己的祝福（10分鐘）	了解成員間情緒經驗的相似與差異；練習思考與表達情緒	成員挑選情緒卡代表自己現在的狀態，再挑選另一張情緒卡，代表對自己的鼓勵和祝福	情緒卡

三、團體紀錄：以第六次團體為例

單元名稱	情緒好好說	應到人數	6人	實到人數	6人
團體時間	○年○月○日	團體地點	校史室	團體帶領	L：王汝廷協同領導者
單元目標	1. 透過團體分享，使成員學習到不同的情緒宣洩方法 2. 回顧與統整參與團體的收穫與學習 3. 邀請成員彼此回饋，強化在團體獲得的正向經驗 4. 團體成效評量				
座位圖	座位說明： 				

343

團體紀錄： 等待時間	・團體內容 1. 小雪第一個抵達，並主動幫忙排坐墊，選擇與之前不同的座位。 2. 歐樂第二個抵達，驚訝已到的成員這麼少，簽到後便站在門口等黑貓。 3. 彎彎和阿熱一起抵達，彎彎擁抱小雪說好久不見，接著挑選小雪左邊的位子坐下。 4. 阿熱坐在小雪右邊一陣子後，也站到門口等黑貓。 5. 雯雯抵達後先在門口和大家一起聊天，之後坐在彎彎左手邊，兩人互相聊天並有頻繁肢體接觸。 6. 阿熱與歐樂都表示想要迎接黑貓，不肯回座，因已影響到團體開始的時間，L與成員們一同討論如何迎接黑貓。成員們紛紛提供意見，但無法達成共識，最終決議不刻意迎接成員。 7. L請coL幫忙至輔導室通知尚有一位成員未到，coL剛起身開門，就見到黑貓來了，加入團體。 ・互動概況及動力運作 1. 小雪連兩次請假，但她這次出現時，從座位選擇及互動可看出，她依舊是團體的中心人物。 2. 在等黑貓時，成員們皆有聊天、互動，次團體出現的頻率減少。 3. 雯雯與彎彎間有新的互動模式出現，團體進行中有頻繁的私下互動。 4. 歐樂對請假兩次的小雪有高度關注。 ・特殊事件 成員遲到以及花時間寒暄、討論是否迎接最後一名成員等，前述事件反映成員尚未準備好進入團體，L評量需要花時間先處理團體歷程，因而決定調整團體內容，取消「情緒守衛戰」活動。
回顧與統整 （第一部分）	・團體內容（主題分類） 1. L預告今日是最後一次團體，提示成員最後一次團體將進行的活動。接著帶領成員開始回顧前面幾次團體活動，並引導成員把參加活動的感覺和想法做連結，試著表達分享。 2. 阿熱分享自己印象最深刻的活動是辯論，因為辯論的主題很奇怪，此外，對於畫面具的活動印象也很深刻。小雪附和對畫面具的活動印象深刻，歐樂在過程中不時插話與離題，L多次引導與提醒，並在團體中指出歐樂的行為。 3. L反映歐樂此次參加團體的狀況，指出其在許多環節反覆提到小雪，關心其的狀況，歐樂沉默許久表示進入團體前有發生一些事件，遭到老師責罵。在其思考的過程當中，成員們都有插話，coL提醒成員們先讓歐樂說。 4. L藉著歐樂提出的事件，引導大家思考並分享當下的情緒和想法，阿熱、黑貓都分享了自己的情緒和想法。

回顧與統整 （第一部分）	5. L 注意到成員們無法專注思考問題，也都有些分心。L 藉由觀察與反應成員的行為，邀請成員進一步猜測可能的情緒為何，阿熱、小雪、黑貓回應了情緒與想法，為團體成員帶起示範效應，成員們重新專注在情緒、想法和行為的聯想。 6. L 根據第五次團體曾出現的情緒，邀請成員們輪流分享，成員們多能分享自己團體參與當下的情緒、想法與行為之間的關聯，L 統整成員們的反應，並強調這五次團體的重點是了解情緒，指出成員們的進步並加以肯定，同時引導成員思考自己應對情緒時的方法為何。 7. L 指出當情緒來襲，會導致很多的想法跟行為出現，有些成員分享自己在充滿情緒的當下會揍人、自殘等，L 帶領成員討論這些行為的好處與壞處。 8. L 延伸討論，提問若將情緒都隱藏起來的好處及壞處。成員們紛紛發表自己的想法，討論踴躍。最終 L 彙整成員們的意見，反饋給成員。
	・互動概況及動力運作 1. 歐樂對請假兩次的小雪表現高度關注，其他成員都感到困惑與尷尬。 2. 成員此次普遍表現都較為浮躁和興奮，互相插話的行為很多，L 花很多時間維持秩序。 3. 小雪在成員們回顧前幾次活動時有較多分心的舉止出現，例如：抓癢、東張西望、低頭沉思、閉目養神等，彎彎、雯雯在此階段互丟暖暖包。L 引導成員回到主題，多數成員皆積極投入，說出許多事件中會有的情緒。少數成員在 L 的邀請下能夠說出自己的看法。
	・特殊事件 1. 成員們的狀態在這一次都顯得較為浮躁，輔導老師在團體進行到一半時，也協助維持團體秩序。 2. 歐樂因團體前的生活事件受到影響，連帶影響了其他成員參加團體的狀態，L 藉由歐樂的事件，邀請其分享，並讓成員們一同討論事件當中的情緒、信念與行為之間的關聯，歐樂也從中覺察自己的狀態，同時感受到被其他成員的理解與鼓勵，有助於團體動力的推進。
回顧與統整 （第二部分）	・團體內容 1. L 請大家將幾次團體印象最深刻的活動、場景畫出來，並與當時的情緒做連結。大家七嘴八舌討論，阿熱主動幫忙整理媒材讓成員們可以方便拿取。僅歐樂坐在原地，coL 引導歐樂也可以選用顏色代表情緒。 2. 阿熱邊觀察大家邊畫；黑貓很快速、專注的開始畫；小雪和彎彎湊在一起安靜的畫；歐樂笑著對雯雯比中指，雯雯回笑了一下，但未動筆。

回顧與統整 （第二部 分）	3. 小雪、彎彎很快的畫完，表示想要去洗手和上廁所；黑貓誇獎歐樂的畫很棒，兩人討論彼此的圖畫，交換欣賞，雯雯加入。 4. 見所有的成員都完成畫作，L 邀請成員們將畫作放在中間，一起用手指出最想聽誰先分享，作為邀請。 5. 彎彎用藍色畫底，黑色寫「辯論」兩字，分享說辯論時她很開心，因為可以ㄍㄧㄠ∨ㄇ；歐樂第二個，用紅色畫了許多線條，歐樂分享自己到廢棄遊樂園，有很臭的味道，被嚇到的感覺，L 詢問歐樂在團體當中是否曾經有被嚇到的感覺，歐樂搖頭，L 接著問是否有其他生氣或者是愉快的情緒，歐樂則回答說還好；小雪用黑色的筆畫面具，表示覺得這個活動讓她很期待，因為想看到不同的面具；阿熱畫了面具，表示自己的情緒很複雜，覺得團體中有歸屬感和安全感，有好有壞；黑貓也畫面具，表示自己當次面具沒畫完，回家又一直忘了補畫，感覺很生氣；雯雯分享說自己覺得開心，但沒有特別有印象的活動，L進一步引導後，雯雯說出寫情緒的那個活動。
	• 互動概況及動力運作 1. 畫圖時團體氛圍融洽，成員間先專注於完成自己的畫，畫完後會與其他成員交談，表達自己的好奇。 2. L 讓成員決定成員們分享順序，可以指出想要優先聽誰分享，成員們會想先聽話較少的彎彎和常常被成員打斷話語的歐樂說，但當歐樂說話時又會再打斷他。雯雯通常都會被留到最後。
心中有話輕 輕說	• 團體內容 1. L 說明最後一個活動的進行方式，將和 coL 給予每位成員祝福小卡並唸出卡片的內容，鼓勵成員在之後接續說出想對該成員表達的祝福，且接受祝福的成員能夠回應。 2. coL、L 唸卡片的時候大家鼓譟、裝哭。黑貓、小雪都主動協助管理秩序。阿熱不斷狂笑，L 和 coL 制止成員鼓譟、干擾。 3. 成員們彼此給祝福的時候，露出靦腆的微笑，後半段的鼓譟、狂笑、分心、擺動身體等動作都比較少了，成員們較能專心聆聽彼此給予的祝福以及回應祝福。 4. L 詢問最後大家是否有非說不可的話，小雪帶領大家一起說謝謝老師。 5. 團體結束後小雪引導大家一起收坐墊。彎彎有點不想拿自己的畫作回去，L 鼓勵成員還是將自己的作品帶走。 6. 成員們彼此等候，一起離開團體，並在離開前揮手、帶著笑意，大聲的跟 L 群道別。
	• 互動概況及動力運作 1. 成員都優先選擇聽 coL 講祝福小卡的內容。

	2. 成員們對彼此給祝福的情境都有些迴避，且對要給別人祝福、別人給予自己祝福都感到害羞、不自在，會說一些搞笑的言論，試圖用很多的打鬧和笑聲掩飾自己的害羞和不自在。
	3. 即使有成員反映自己趕時間，但當 L 同意成員先離開時，成員們都選擇留下來到最後。
	• 由於在管理團體秩序、維持成員專心等事宜上花費較多時間，因此，L 將此階段的兩個活動合併一起進行。
備案：送給自己的祝福	未進行。
成員狀況及 L 因應	• 黑貓：本次整體都很躁動，L 需較多的提醒和引導其專心。
	• 阿熱：一開始有點躁動不安，在團體後段，變得平靜且穩定，能夠認真且深入的分享，幫助團體維持彼此祝福的氣氛。
	• 小雪：因連續兩次未來團體，一開始重新加入有點困難，L 關注她一開始的參與狀態，並且適度給予鼓勵。
	• 歐樂：生活中發生的事件影響他參與活動的狀況，L 於團體中反映成員的狀況並提出關心，在團體後段能嘗試分享，也減少插話的行為。
	• 雯雯：本次對活動參與專注度較低，但 L 問跟活動無關的問題時，會認真且快速的回答。有多次分心，需 coL 運用非語言訊息提醒要專注。
	• 彎彎：在團體中多與其他成員私下互動，不與他人私下互動時會環抱雙膝、搖擺身體。與前兩次團體相比話少很多，需要 L 多次邀請發言。
L 與 coL 的合作議題及觀察員回饋	• 成員們此次有許多的鼓譟和分心的情況，L 與 coL 在合作上較前面幾次團體來的更有默契，無論是在引導成員或者是管理秩序的部分，都能有良好的搭配與補位，有助於團體活動的進行。

一、歷程評量

（一）成員出席率

以表 10-4 呈現成員的出席狀況。成員總出席率平均數達 94.43%，僅成員小雪第三次團體因學校運動會賽事無法出席、第四次團體則是請病假，因故缺席兩次，整體而言，成員出席狀況穩定。

表 10-4　成員出席統計

成員＼次數	第一次	第二次	第三次	第四次	第五次	第六次	總計
小雪	√	√	√	請假	請假	√	4/6
彎彎	√	√	√	√	√	√	6/6
阿熱	√	√	√	√	√	√	6/6
黑貓	√	√	√	√	√	√	6/6
歐樂	√	√	√	√	√	√	6/6
雯雯	√	√	√	√	√	√	6/6
出席率	6/6	6/6	6/6	5/6	5/6	6/6	

（二）成員在團體當中發言或自我揭露的深度

成員們在六次團體當中的主動發言程度高，然深度發言則是到第三次團體才顯現，且當次的深度發言皆是出現在活動「不能說的情緒秘密」階段，討論到成員們生活中被否認的、受傷的因應情緒的經驗，成員們情緒較平靜，也能夠專注在領導者的催化，因此有 4 位成員皆提出深度的自我揭露；表 10-5 亦顯示，特殊事件會影響成員的發言，例如：成員阿熱在第三次團體當中因

為特殊行為被領導者和師長糾正與約談，影響第四次團體參與的狀態；成員歐樂則是在第三次團體發現自己個人積分落後，在團體中又得不到其他成員的接納，影響當次主動發言行為，雖然仍有深度發言，但團體參與度降低。

表 10-5　團體成員發言統計

次數 成員	第一次		第二次		第三次		第四次		第五次		第六次	
	主動發言	深度發言	主動發言	深度發言	主動發言	深度發言	主動發言	深度發言	主動發言	深度發言	主動發言	深度發言
小雪	✓		✓		✓	✓	請假	請假	請假	請假	✓	✓
彎彎			✓		✓	✓	✓		✓	✓	✓	
阿熱	✓		✓		✓				✓	✓		✓
黑貓			✓		✓		✓		✓	✓		
歐樂	✓		✓								✓	
雯雯			✓		✓		✓		✓	✓	✓	

（三）成員對團體認同感

此處由成員主述、領導者（含協同領導者與觀察員）觀察，以及學校師長回饋等三來源評量成員對團體的認同（如表 10-6 所示）。成員主述部分，成員在團體當中提到「希望可以一直參加團體」與「在團體當中獲得歸屬感和安全感」等語句，皆可視為成員直接表達對團體認同感的表現（阿熱、歐樂、雯雯）；而領導者（含協同領導者與觀察員）對成員的觀察部分，則是看見成員重視團隊合作（黑貓、彎彎、阿熱、雯雯）、可共同維護團體秩序（小雪、彎彎）等行為，亦展現了成員們對團體的認同感；師長對成員參與團體的觀察部分，觀察到成員（黑貓）會擔心錯過團體、能對師長表達對團體的喜愛和收穫。前述種種，無論是成員們的直接表達，或是領導者和師長的觀察反饋皆具一致性，顯示成員對團體有認同感。

表 10-6　成員團體認同之評量

成員	成員對團體的回饋	觀察成員非語言行為	師長的觀察與回饋
黑貓		• 與成員們共同合作且重視目標達成	• 輔導室老師轉述，黑貓在團體暫停當週，仍到團體場地報到，沒有看到其他成員，還跑到輔導室詢問，擔心錯過團體 • 黑貓告訴輔導主任，自己參加團體後學習到很多，能參加團體覺得很開心
小雪	• 謝謝兩位老師諄諄教誨，我真的懂了很多	• 小雪帶領其他成員一起排或收拾坐墊，也表達對領導者們的感謝 • 主動維持管理秩序	
彎彎		• 與成員們共同合作且對於達成目標相當重視 • 主動回饋其他成員要在團體裡多交幾個朋友，你被欺負的時候才有人能夠幫助你 • 主動提出需要先離開團體的需求，但當領導者提醒可以先離開，彎彎卻搖頭表示想要待到團體結束才離開	
阿熱	• 在團體當中獲得歸屬感和安全感	• 多次提前或準時到 • 阿熱重視與成員們共同合作達成目標	
歐樂	• 希望團體可以不要結束	• 在團體中出現多次自我揭露	
雯雯	• 我一定會很早就到 • 想要一直參加團體	• 在團體中期重視與成員們共同合作達成目標	

（四）成員對團體活動的滿意度

在成員對活動滿意度的面向方面（如表 10-7 所示），除了成員彎彎表示「喜歡辯論活動，認為可以在活動當中直接說出心裡的想法和感受」外，小雪、阿熱和黑貓皆表示喜歡「畫我的情緒面具」活動，原因彙整有「可以看到不同的表情，感覺很特別」、「對自己和別人的面具印象深刻」、「重新認識自己的情緒狀態」。顯見成員普遍對創作面具的活動感到新奇與喜歡，且依據團體紀錄，成員們於當次團體開始接續出現深度發言。

團體當中亦有各式不同的活動設計，但評量分析結果，成員們對於能夠創作、自由表達接受度高，且此類型的活動設計也有助於團體歷程推進，若未來還有機會帶領相似族群或主題，建議可將此活動設計之概念延用或延伸，持續觀察成員們的接受度與其成效。

表 10-7　成員偏好團體活動統計

成員	喜歡的活動	印象深刻的活動
小雪	畫我的情緒面具	畫我的情緒面具
彎彎	情緒的辯護律師	
阿熱	畫我的情緒面具	畫我的情緒面具
黑貓	畫我的情緒面具	畫我的情緒面具
歐樂		情緒的辯護律師、秘密檔案
雯雯		情緒探險隊、情緒的辯護律師

（五）團體療效因子

本團體歷程中，根據領導者、協同領導者、觀察員歸納出的療效因子有五個：灌注希望、普同感、利他主義、人際學習、團體凝聚力等分別說明於表 10-8 中。

表 10-8　團體療效因子觀察

療效因子	成員自述／團體現象
灌注希望	1. 團體後期，領導者與協同領導者撰寫祝福小卡給成員，並在團體當中唸出來，直接指出成員的優勢 2. 成員們在團體裡彼此加油鼓勵，例如：「被嘲笑的夢想才有價值」、「不管發生什麼事情我們都要勇敢跨過」等
普同感	1. 成員在團體當中坦露因自己被誤解而情緒低落或高漲，其他成員能回應類似的經驗，並且彼此勉勵，例如：「當我被誤會的時候，我也像你一樣覺得委屈跟生氣」、「我也曾經因為情緒失控而傷害自己或家人，我其實也覺得很後悔」 2. 表露自己被排擠、被邊緣化的經驗，其他成員能在團體當中表示同理，例如：「我很害怕沒有人喜歡跟我做朋友」、「其實我也不擅長與人互動，來到團體我有很多的擔心」、「我在班上也是如此，就跟你一樣」
利他主義	1. 領導者在團體設計裡加入個人積分競賽遊戲，說明團體最後會結算積分，獎品只會給第一名，或者是可以選擇讓所有成員都同分，每個人都分得獎品。在團體初期，成員們皆是以個人積分為主進行競賽，團體中期開始，成員們會在意彼此的積分是否一致，並且積極想要達成一致，相互在團體當中提供幫助與鼓勵 2. 當成員在團體當中表述自我情緒和想法有困難時，其他的成員也會願意幫忙描述，或者能夠主動分享自己的情緒經驗，以幫助其他成員們有不同的情緒思考視角
人際學習	1. 成員在參加團體前，經師長觀察其人際交往方式有較多的迴避或衝突型態，團體初期亦呼應師長所提供的資訊，然而在團體中後期，成員間的衝突性降低，彼此也能有所覺察，且能相互提醒挑釁行為或語言 2. 團體後期，部分成員針對個人的人際關係與交往出現了新的想法，也表示獲得與過往不同的經驗，例如：「別人都說我是壞孩子，但是我其實不想要跟那些人當朋友」、「我一直都很邊緣，在團體裡得到歸屬感和安全感，感覺好複雜」
團體凝聚力	成員表示在團體當中獲得安全感、歸屬感，能到團體當中結交朋友覺得很開心

二、成效評量

（一）個人目標達成度

　　個人目標達成的評量，是依據個人在參加團體前初晤面談之內容訂定，每位成員對於即將參加團體都帶有一些期待，領導者在了解成員個別狀態，以及介紹團體的組成、性質與目標之後，進一步與成員討論個人參加團體的目標訂定，並在團體當中，記錄成員的表現、口語表達與成員的改變。在最後一次團體當中，成員口述自己參加團體前後的進步，以及覺察到自己的改變，成員能夠反思自己過往慣用的情緒宣洩方式可能導致不好的後果；覺得結交到新朋友，能向朋友傾吐心情也是很不錯的方法；也有成員一開始不太表達自己，但在後面幾次團體都積極爭取用不同方式練習表達情緒。相較於團體前的表現，團體中後期成員對個人目標達成度高（如表 10-9 所示）。

表 10-9　個人目標達成檢核表

成員	個人參加團體的目標	參加團體後的改變	目標檢核
小雪	能學習不同的情緒宣洩方法	使用傷害自己的方式抒發情緒，會令人傷心，可以有其他的方式宣洩情緒	達成
彎彎	能表達情緒	多次練習在團體中把自己的情緒表達出來	達成
阿熱	獲得不同的團體經驗、交朋友	獲得歸屬感與安全感	達成
黑貓	認識情緒、表達自己	團體中多次主動發表想法、分享感受	達成
歐樂	上課無聊所以來	團體很好玩，更加認識情緒	達成
雯雯	能更認識自己的情緒	練習在團體中分享情緒	達成
達成度		100% (6/6)	

（二）團體目標達成度

1.達成協助成員認識情緒，並覺察自己情緒的狀態（目標一）

對照成員們參加團體前後的情緒表達／表現，顯見多數成員在團體中後期出現較多對自我情緒狀態的覺察和分享（如表 10-10 所示），例如：在「畫我的情緒面具」活動當中，較少口語表達的成員畫出了眼淚、裂痕等代表悲傷，並在團體分享時能夠清楚表達「我覺得很難過，同時我也把這個難過的情緒都藏起來了」／「我很不擅長跟人相處，在團體當中面對其他成員，其實我感到有些不安」。相較參加團體前以及團體初期，成員在自我情緒狀態的認識與覺察方面皆表現得更多，在團體當中也能主動的展現。

表 10-10　成員自我情緒覺察檢核

成員	團體前	團體中	團體後
小雪	多感受到難過	否認生氣	發現自己的生氣與難過等情緒
彎彎	不知道	好像有難過	感受到自己會難過也會不爽
阿熱	逃避情緒	帶有攻擊與挑釁的談話與行為	表示感受到安全感、覺察自己的情緒
黑貓	不知道	覺得情緒藏起來比較好	覺得自己在團體中很快樂
歐樂	常生氣或不知道	挑釁與攻擊、討好等言談與行為	覺察到自己的害怕
雯雯	不確定、好像很多情緒藏起來	挑釁、討好、迴避行為	覺得參加團體很開心
達成度		100%　（6/6）	

2.增加了成員對自己情緒的表達能力（目標二）

團體成員之組成涵蓋國一至國三的中學生，其表達能力原本就有程度上的差異。2 位表達能力較佳的成員在團體當中能很快的說出不同向度的情緒字

彙，也能仔細描述自己的情緒，此項目標的改變程度並無顯著；然而團體當中有 3 位是在初晤以及團體前期都較少發言，或者較常以「我不知道」、搖頭等肢體動作回應，然在團體的中後期，也能夠主動或者在領導者與其他成員的邀請下，分享自己的情緒經驗；另有 1 位成員，一開始僅能表達「生氣」、「我想打人」等負向且較多攻擊性的情緒字彙，對於其他情緒狀態皆無法描述，然在團體中後期開始，無論是團體活動的參與，或者回應其他成員情緒經驗分享，該成員能夠表達「失望」、「難過」或「開心」等情緒字彙，分享與回饋時，也會出現覺得快樂、開心等正向情緒表述，雖然相比其他成員需要花費更多的時間思考，但該成員仍能在每次情緒情境的練習當中都有較高的主動性，爭取在各式情緒情境當中都做出不同情緒向度的表達，顯見該成員在此項目標的進步（如表 10-11 所示）。

表 10-11　成員表達情緒檢核

成員	團體前	團體中	團體後
小雪	能說自己的心情	能說更多自己的感覺與情緒	能說出自己與別人的感受和想法
彎彎	很少表達自己	能說自己的心情	能指出他人與自己類似的情緒，並鼓勵對方
阿熱	能清楚表達自己的感受與想法	較多觀察與思考	能清楚表達自己的感受、想法與情緒
黑貓	無法表達自己	學習觀察、向他人提問	能分享自己的心情
歐樂	情緒表達多半是生氣、不爽	仍以「生氣」、「不爽」等詞彙表達居多，	能嘗試用不同的情緒在不同情境中做表達
雯雯	會將情緒藏起來，迴避表達	鮮少表達自己	能練習表達自己的想法與情緒
達成度		100%　（6/6）	

3.部分成員能檢視想法、行為與情緒對自我的影響，學習接納情緒（目標三）

　　在團體組成中，女性與男性成員各 3 位，依照成員自我表述之內容，顯

見 3 位女性成員對自我情緒能較快速覺察與接納，例如：在團體當中與其他成員發生爭執，能夠坦誠面對生氣情緒，並且穩定自己／藉由畫作表達心中的悲傷，同時表達會想安慰自己。反之，3 位男性成員在團體中表現出對自我情緒的迴避與拒絕接受，例如：在與其他成員起衝突時，領導者關注此時此刻的情緒感受，成員會一邊叫囂一邊笑著回應「我沒有（情緒）啊！我哪有」；當領導者引導成員回想負向的情緒感受時，成員會刻意搞笑，或是誇張的反應「你們怎麼都那麼慘啊，哈哈哈」。但是，在團體後期，有 2 位男性成員也在團體當中分享「我其實有點擔心跟其他成員互動」／「我害怕大家都不想跟我當朋友」，由成員從否定和拒絕自我情緒，轉變為成員對自己情緒有所覺察與連結，是成員自我情緒接納程度提升的表現（如表 10-12 所示）。

表 10-12　成員能檢視想法、行為與情緒對自我影響的檢核

成員	團體前	團體中	團體後
小雪	情緒反應大，難以自控	出現較多戲劇性的表演與分享	覺察自己衝動的想法與行動，讓家人擔心
彎彎	不知道	嘗試表達想法與情緒	發現結交朋友，與朋友分享有助情緒調節
阿熱	被家人、朋友排斥	覺得自己不被認同	發現自己對家人的排斥源於自己錯誤想法
黑貓	不知道	覺得情緒不要講出來會比較好	無特殊
歐樂	不知道	出現挑釁與討好行為	表達擔心自己不被成員接納的想法
雯雯	不知道	鮮少表達自己的想法與情緒	無特殊
達成度		67%　（4/6）	

4.部分成員學會管理情緒，能運用適當的方式處理情緒（目標四）

　　原本的團體活動設計包含教導成員選擇合適的情緒宣洩方法，然而在過

程中，發覺成員們對自我情緒的認識和覺察、情緒表達方面都有困難，考量成員在自我情緒狀態都摸不清，也無法表達的狀態下，選擇合宜的方法處理情緒較為困難，幾經考量，領導者決定以認識情緒、情緒覺察與情緒表達作為優先達成目標。在團體後期也引導成員們討論不同宣洩情緒的方法會有什麼樣的效應，幫助成員思考不同的宣洩情緒方式可能存在其優劣，然分析在此項目標的達成度仍偏低或未達成（如表 10-13 所示）。

表 10-13 成員學會管理情緒、合宜情緒宣洩方法的檢核

成員	團體前	團體中	團體後
小雪	聽音樂、自傷等	罵人、打人	能將情緒、信念與行為連結，面對情緒時較能接納自我情緒，並減少用不當的方式因應
彎彎	隱藏情緒	罵人、打人	能找到對象傾吐情緒
阿熱	寫文章、隱藏情緒	打電動	能找到對象傾吐情緒
黑貓	不知道	覺得不說話比較好、搞笑、轉移注意力	覺得不說話比較好、打電動
歐樂	打電動、飆車、跑步、打人	打人、搞笑、轉移注意力	會練習表達自己的情緒與想法
雯雯	隱藏情緒	乾笑、聊天	做別的事轉移注意力
達成度		33%（2/6）	

三、學習、反思與建議

（一）團體領導者

　　從團體設計、修改、帶領、評量至團體結束，對領導者來說都是很重要的環節，每個階段有不同的學習任務，例如：在團體初期的活動設計，領導

者需要同時思考選擇自己想要帶領的族群、主題與合作單位，提升自己對於族群、主題、單位特性的認識與了解，這些了解有助於團體目標與內容設計更佳順利，提高可行性；擬定合作方向，鎖定成員族群，團體領導者還需要努力招募有意願的成員，以及篩選合適的團體成員，這些招募與篩選是促使團體能否順利進行的關鍵，若招不到成員或者成員期待與團體目標不符，都可能使團體難以持續走下去；而在團體執行的過程當中，領導者作為團體催化劑，每個當下的應對與掌握都需要認真且專注的反應。

情緒探索團體裡最重要的主題為「情緒」，然而當領導者被成員激起情緒時又該如何處理？每當領導者受到成員的挑戰時，不免產生情緒，此時有幾個方法可嘗試：第一，把握情緒產生的當下，領導者以本身作為示範，使成員有所學習；第二，觀察成員對於領導者情緒的反應，稍作整理之後，反饋給成員們討論；第三，考量情境與成員的特性，必要時得忽視特殊成員的挑戰，以削弱成員的特殊行為。

（二）合作機構

國民中學因為設有輔導室及專輔老師，對於學生輔導事務相當重視，因此對團體的促成有很大的幫助。加以了解合作機構的特性、服務對象、工作內容與流程，都能有助於團體成形與推動，此次選擇較具規模的國民中學，校方的專輔老師、輔導組長與輔導主任對於學生輔導工作事務相當盡心，且對學生情況掌握度極佳，因此在挑選主題與成員時，校方能夠提供良好且中肯的建議，對於師長和學生的參與度、興趣等面向，輔導室也都能有效預測。

此外，領導者作為一個外來者，團體是否能順利推動與進行，亟需仰賴合作機構的大力支持，此次團體便是受到輔導室老師、組長與主任大力的支持與推動，成為團體領導者與導師、學生、學生家長間重要的溝通橋樑，並提供了良好的聯繫管道、場地等。作為成就團體的關鍵因素，合作機構的挑選絕對是相當重要的。

（三）團諮學習者

以一個團諮學習者的角度而言，有機會能夠實際執行團諮，絕對是會讓人有些害怕卻又最直接有效的速成養成方法之一，團體諮商與一般的任務團體不同，它具有療效又是小型社會的縮影，無論是領導者或成員，可能無意識的表露出自己最真實的樣子，任何團體經驗與感受，可能喚起個人負向的情緒經驗，卻也可能引發團體療效，因此團體諮商實在不怎麼好學習，但身為學習者，我們仍可以掌握幾個重要的學習關鍵，幫助自己有效的成長與學習。

1.勇敢向督導提問

此處指的督導包括學校督導、專業督導、合作機構、團諮前輩等。如果你是一位團諮學習者，那麼你一定有一些可以提問的督導或前輩，多數團諮新手可能因為感覺羞赧、害怕受挑戰或責罵、不知道該如何提問，而隱匿／保留一些關於團諮的問題不敢問，此種作法忽略了自己是「正在學習的新手」的事實，就是因為不懂才需要學習，我們勇敢提出的每一個問題，就是一次幫助自己有更多學習的機會。

2.建立一個互助團體

在筆者學習團諮的過程，有幸參加了一個小型互助團體，在小團體裡有筆者的協同領導者及觀察員，我們同是團諮學習者，能夠互相分享學習的想法、實作遭遇到的困難或挑戰，並一起腦力激盪、演練練習。這一個小團體的運作使筆者感覺到強而有力的支持，遭遇挫折不被艱難擊倒，而在度過危機時，又能夠欣喜的分享慶祝，有這樣一個互助小團體陪伴著筆者學習，對筆者學習團諮是非常有幫助的。

3.收藏幾個喜歡的活動設計

團體內容並不是隨意串連幾個活動就好，好的活動設計有助於團體目標的達成，幫助團體歷程推進，也提高成員參與度，還能促成團體療效因子的發揮，因此多蒐集幾個自己喜歡的活動設計，多參考其他人所設計的團諮表單，有助於獲得靈感，若有完整的活動設計得以參考和遵循，對於首次帶領的新手而言，也具有安心的作用。

參考文獻

王櫻芬（2012）。情緒調節在青少年人際依附與心理困擾之中介角色分析研究。**教育心理學報，44**（2），273-294。

田光祐、譚子文、董旭英（2018）。個人、家庭與學校因素及社會支持與青少年自我傷害行為之關聯性研究。**青少年犯罪防治研究期刊，10**（2），43-88。

行政院（2019）。**各級學校特殊教育身心障礙學生人數**。https://www.gender.ey.gov.tw/

吳秀碧（2005）。諮商團體領導原理的建構：螺旋式領導方法。**中華輔導學報，17**，1-32。

吳宜蒨、陳佩玉（2018）。國中普通班導師運用介入策略處理情緒行為障礙學生行為問題之探究。**特殊教育季刊，149**，13-25。

巫珮如、謝麗紅（2015）。正向心理團體諮商對新住民學生正向情緒與正向特質之影響。**輔導季刊，51**（3），37-46。

林海清（2017）。少年不識愁滋味：青少年的情緒與調適。**師友月刊，603**，22-28。

洪嘉謙（2001）。怎樣教書不生氣：教師如何運用理情行為法管理情緒。**師友月刊，401**，74-77。

香港特別行政區政府衛生署（2015）。**青少年情緒大檢閱**。https://www.studenthealth.gov.hk/tc_chi/health/health_ph/health_ph_eia.html

徐嫚淳（2007）。**國中生生活壓力、自尊與其幸福感之相關研究：以復原力的觀點探討**（未出版之碩士論文）。國立彰化師範大學。

張令儀（2020）。敘事取向團體諮商運用於國中生人際成長團體。**諮商與輔導，418**，11-14、32。

張瓊珠、簡秀芬、林宜美（2009）。情緒管理團體對護專學生之憂鬱與焦慮情緒之成效分析。**崇仁學報，3**，35-53。

許素娟（2018）。情緒障礙學生的輔導。**臺灣教育評論月刊，7**（10），270-274。

許惠慈、湯佳樺、李孟怡、莊勝發、韓珮彤（2015）。身心障礙者國小手足正向情緒團體成效探討。臨床心理學刊，**9**（2），34-35。

許學政（2004）。探索教育活動在青少年理情團體的運用。諮商與輔導，**224**，21-31。

陳君盈（2018）。敘事取向生涯諮商運用於國中生涯團體。諮商與輔導，**387**，20-23。

陳杏容（2017）。探討不同風險程度的國中生之憂鬱情緒的保護與資源因子。中華輔導與諮商學報，**50**，29-62。

陳宣含（2018）。青少年學校生活適應對基本心理需求之影響：以情緒陶冶為中介變項（未出版之碩士論文）。國立臺灣師範大學。

陳政見（1999）。情緒障礙學生的特徵與教學實務。特殊教育季刊，**107**，9-13。

程小蘋、林杏足（2003）。國中輔導教師對青少年個案身心特徵、晤談問題及諮商作法之知覺分析。彰化師大輔導學報，**25**，133-174。

程致銘（2017）。戲劇團體對國中生人際溝通能力影響之探究（未出版之碩士論文）。淡江大學。

黃啟菱（2019）。幼兒到青春期，7大階段情緒教養對策。未來**Family**雜誌，**48**。https://futureparenting.cwgv.com.tw/family/content/index/16328

董氏基金會（2018）。最新調查：每**7**位青少年至少有**1**位有明顯憂鬱情緒，需專業協助。http://www.etmh.org/News/NewsDetails.aspx?type=1&NewId=2202

趙子揚、宋曜廷、郭蕙寧、張瑩瑩（2018）。中學生考試壓力團體方案之成效。教育心理學報，**50**（1），31-52。

劉焜輝（1992）。慢性中毒：喝「情緒困擾奶水」長大的兒童。諮商與輔導，**75**，1-1。

親子天下（2014）。情緒力大調查：超過六成孩子有「人際困擾」和「課業壓力」。https://reurl.cc/NpWmp6

魏啟倫（2017）。運用完形取向於中低年級兒童情緒團體。諮商與輔導，**377**，26-30。

羅婉娥、古明峰、曾文志（2013）。正向情緒課程對國中生生活適應及情感狀態效果之研究。教育心理學報，**44**（3），609-628。

國家圖書館出版品預行編目（CIP）資料

團體諮商：概念與實作／沈慶鴻, 郭鳳鵑, 吳亭穎, 江文
彬, 陳靜平, 王瑄, 張天維, 王汝廷作; 沈慶鴻主編.
-- 初版. -- 新北市：心理出版社股份有限公司,
2022. 06
面；　公分. --（輔導諮商系列；21132）
ISBN 978-986-0744-95-8（平裝）

1. CST: 團體諮商

178.4　　　　　　　　　　　　　　　　111008482

輔導諮商系列 21132

團體諮商：概念與實作

主　　編：沈慶鴻
作　　者：沈慶鴻、郭鳳鵑、吳亭穎、江文彬、
　　　　　陳靜平、王瑄、張天維、王汝廷
總 編 輯：林敬堯
發 行 人：洪有義
出 版 者：心理出版社股份有限公司
地　　址：231026 新北市新店區光明街 288 號 7 樓
電　　話：(02) 29150566
傳　　真：(02) 29152928
郵撥帳號：19293172　心理出版社股份有限公司
網　　址：https://www.psy.com.tw
電子信箱：psychoco@ms15.hinet.net
排 版 者：辰皓國際出版製作有限公司
印 刷 者：辰皓國際出版製作有限公司
初版一刷：2022 年 6 月
I S B N：978-986-0744-95-8
定　　價：新台幣 450 元